Herzog · Dettling · Kieser · Spielvogel
Filialapotheken

Filialapotheken

Chancen – Risiken – Perspektiven

Von

Reinhard Herzog, Tübingen

Heinz-Uwe Dettling, Stuttgart

Timo Kieser, Stuttgart

Helmut Spielvogel, Wunsiedel

Mit 7 Abbildungen und 5 Tabellen

Deutscher Apotheker Verlag Stuttgart

Adressen der Autoren

Dr. Reinhard Herzog
Apotheker
Philosophenweg 67
72076 Tübingen
Heilpharm.andmore@t-online.de
www.Heilpharm.de

Dr. Heinz-Uwe Dettling
Rechtsanwalt
c/o Oppenländer Rechtsanwälte
Altenbergstr. 3
70180 Stuttgart
Dettling@oppenlaender.de
www.oppenlaender.de

Dr. Timo Kieser
Rechtsanwalt
c/o Oppenländer Rechtsanwälte
Altenbergstr. 3
70180 Stuttgart
Kieser@oppenlaender.de
www.oppenlaender.de

Dr. Helmut Spielvogel
Apotheker
Brunnen-Apotheke
Bibersbacher Str. 2
95632 Wunsiedel
dr.spielvogel@brunnenapo.com
www.bawun.de

Ein Warenzeichen kann geschützt sein, auch wenn ein Hinweis auf etwa bestehende Schutzrechte fehlt.

Bibliografische Information der Deutschen Bibliothek
Die Deutsche Bibliothek verzeichnet diese Publikation in der Deutschen Nationalbibliografie; detaillierte bibliografische Daten sind im Internet unter http://dnb.ddb.de abrufbar.

ISBN 3-7692-3557-6

© 2004 Deutscher Apotheker Verlag Stuttgart
Birkenwaldstr. 44, 70191 Stuttgart
Printed in Germany
Satz: Dr. Reinhard Herzog, Tübingen
Druck und Bindung: Hofmann, Schorndorf
Umschlaggestaltung: Atelier Schäfer, Esslingen; Titelbild: Dr. Reinhard Herzog, Tübingen

Vorwort

Eine der bedeutenderen Neuerungen des GMG, des Modernisierungsgesetzes der gesetzlichen Krankenkassen, ist die Aufhebung des Mehrbesitzverbotes zugunsten eines Vielbesitzverbotes. Maximal drei Filialbetriebe neben der nach wie vor persönlich zu leitenden Hauptapotheke im gleichen oder in direkt benachbarten Kreisen sind nun erlaubt. Die Anforderungen an die Filialapotheken entsprechen weitgehend den bisherigen Anforderungen an eine Apotheke. Die Pflicht zur ständigen Anwesenheit vertretungsberechtigter Kräfte sowie eine gegenüber den Aufsichtsbehörden zu benennende, approbierte Filialleitung stechen dabei wirtschaftlich besonders ins Auge.

Betrachtet man die Apothekenregister der ersten Wochen des Jahres 2004, ist bereits eine rege Filialgründungstätigkeit festzustellen. Das Interesse der Kollegenschaft ist außerordentlich groß. Umgekehrt sehen etliche Marktkenner die Filialisierung nur als eine Randerscheinung an. In etlichen Fällen dürften zudem bisher schon bestehende, mehr oder minder starke Abhängigkeiten nunmehr "legalisiert" werden.

Wo liegen die Chancen und Risiken der neuen Freiheiten? Stellen Filialapotheken eine Möglichkeit zur Stärkung der Marktstellung und Ertragskraft dar? Sind sie gar mittelfristig unverzichtbar, um in einem Umfeld schwindender Renditen - bei gleichzeitig steigenden Anforderungen und spürbarer Mehrarbeit - überhaupt noch überleben zu können?

Auf diese und andere Fragen möchte Ihnen dieses Buch einige Antworten geben. Es ist in Rekordzeit entstanden, um Ihnen aktuelle Hilfestellung zu geben. Mehrere Autoren beleuchten die Thematik von ihren jeweiligen Standpunkten aus. Dr. Reinhard Herzog, Apotheker, Fachautor und Berater, zeigt schwerpunktmäßig die wirtschaftlichen und strategischen Aspekte auf. Die Autoren Dr. Heinz-Uwe Dettling und Dr. Timo Kieser, beides im Apothekenrecht erfahrene Anwälte, hinterfragen die oft diffizilen, rechtlichen Hintergründe. Juristische Fallstricke gibt es bei dieser Erweiterung des Apothekenbetriebes, die ja neu für die Branche ist, viele. Dr. Helmut Spielvogel schließlich untersucht die praktischen Gesichtspunkte bei einer Filialübernahme oder -neugründung aus der Sicht des praktisch erfahrenen Offizinapothekers. Somit ergibt sich eine vielschichtige Gesamtbeurteilung des Phänomens "Apotheken-Filialen" aus heutigem Blickwinkel.

Verschiedene Standpunkte und Beurteilungen resultieren in unterschiedlichen Worten. Sehen Sie dies als kritische Diskussionsbeiträge zum Thema, als Abwägung des Für und Widers. Gewisse thematische Überschneidungen sind bei einer solchen Arbeit mehrerer Autoren möglich und gewollt, um Ihnen ein möglichst facettenreiches Bild zu liefern. Entscheiden müssen Sie hingegen selbst, gegebenenfalls unter Hinzuziehung entsprechender Berater.

Alle Autoren freuen sich über Rückmeldungen Ihrer praktischen Erfahrungen und stehen im Rahmen ihrer Arbeitsbereiche gegebenenfalls auch beratend zur Seite.

In diesem Sinne wünschen wir Ihnen eine interessante, erkenntnisreiche Lektüre und viel Erfolg für Ihre Zukunft.

Stuttgart, im März 2004

Dr. Reinhard Herzog	Dr. Heinz-Uwe Dettling	Dr. Helmut Spielvogel
Apotheker	Dr. Timo Kieser	Apotheker
	Rechtsanwälte	

Inhaltsverzeichnis

Vorwort 5

Abkürzungsverzeichnis 10

1. **Wirtschaftliche und strategische Betrachtungen**
    (Dr. Herzog, Tübingen) 13

1.1   Analyse der persönlichen und strategischen Ausgangsposition 13

1.2   Umfeldanalyse: Wo bieten sich Chancen? 20

1.3   Standortbegutachtung im Detail 21
1.3.1   Die Land-Apotheke 21
1.3.2   Die Stadtteil-Apotheke 22
1.3.3   Die Apotheke an der Peripherie 23
1.3.4   Die Ein-Mann-Apotheke 23
1.3.5   Die Center-Apotheke 24
1.3.6   Die Lauflagen-Apotheke 25
1.3.7   Die Ärztehaus-Apotheke 26

1.4   Umsatzpotenziale ermitteln 27
1.4.1   Verordnungen - nach wie vor die Nummer 1 27
1.4.2   Frequenzfaktoren 29
1.4.3   Ortsspezifische Faktoren 32
1.4.4   Apothekenspezifische Faktoren 32
1.4.5   Die Umsatz- und Marktpotenzialabschätzung 34
1.4.6   Kannibalisierungsphänomene 35

1.5   Der Weg zur Filialapotheke 35

1.6   Arbeitsrechtliche Fallen 38

1.7   Weitere Verpflichtungen bei der Übernahme 42

1.8   Hinter die Kulissen schauen 44

1.9   Wirtschaftliche Aspekte 47
1.9.1   Allgemeine Betrachtungen 47
1.9.2   Die "Mini-Max-Lösung" - eine gute Alternative? 53
1.9.3   Automatisierung - eine Lösung? 56
1.9.4   Entlastungseffekte 57
1.9.5   Synergie-Effekte - auch eine Entfernungsfrage 59
1.9.6   Rentabilitätsbetrachtungen 59
1.9.7   Vorsicht vor der Liquiditätsfalle 64

1.9.8   Die optimale Filialzahl 66
1.9.9   Filial-Controlling 66
1.9.10   Wunschtraum: Mehrere, große Apotheken in einer Hand 68
1.9.11   Filialen schließen 68

1.10   Blick in die Zukunft 70
1.10.1   Offene Fragen 70

1.11   Alternativen zur Filialgründung 72

1.12   Fazit 73

1.13   Literatur 74

2.   **Rechtliche Rahmenbedingungen für Filialapotheken**
         (Dr. Dettling, Dr. Kieser, Stuttgart) **75**

2.1   Einleitung 75

2.2   Grundlagen: Freier Heilberuf, Unternehmen und Filialen 76
2.2.1   Die öffentliche Aufgabe der Apotheker 76
2.2.2   Der Doppelcharakter des Apothekerberufs 78
     a)   Freier Heilberuf 78
     b)   Gewerbetreibender Kaufmann und behördliche Aufsicht 84
     c)   Apothekenrechtliche Sonderregulierung 86
     d)   Zusammenfassung: Leitbild des „Apothekers in seiner Apotheke" .. 93
2.2.3   Das frei- und heilberuflich geprägte Apothekenunternehmen 94
     a)   Unternehmen, Betriebe und Filialen im Allgemeinen 94
     b)   Das frei- und heilberufliche Apothekenunternehmen nach dem
         GMG 98
2.2.4   Verfassungsrechtliche Beurteilung des Fremd- und
        Vielbesitzverbots 104
     a)   Rechtsprechung, Literatur zum Fremd- und Mehrbesitzverbot 104
     b)   Fremd- und Vielbesitzverbot 105

2.3   Die Filialapotheke 108
2.3.1   Betriebsbeginn 109
     a)   Apothekenrechtliche und sonstige öffentlich-rechtliche
        Voraussetzungen 109
     b)   Anforderungen hinsichtlich der Filialleitung 125
     c)   Firmenrechtliche Anforderungen 136
     d)   Rechte Dritter 142
2.3.2   Laufender Betrieb 146
     a)   Apothekenrechtliche Überwachung 146
     b)   Arbeitsrecht 148
     c)   Wettbewerbsrecht 154

d) Berufsrecht 157

e) Kartellrecht - Missbrauchs-, Diskriminierungs- und
Behinderungsverbote nach §§ 19, 20 GWB 162

2.4 Literatur 168

3 Die Zukunft der Filialapotheke (Dr. Spielvogel, Wunsiedel) **175**

3.1 Aufstellung eines Filialgründungskonzeptes 177
3.1.1 Zusammenführung von Ehepartnerapotheken 178
3.1.2 Übernahme aus elterlichem Eigentum 178
3.1.3 „Freundliche Übernahme" 178
3.1.4 „Feindliche Übernahme" 180
3.1.5 Umwandlung der Erstapotheke in einen Filialbetrieb 180

3.2 Der strategische Preis 181

3.3 Projektplan 185

3.4 Die Infrastruktur einer Filialapotheke 186
3.4.1 Außenbereich der Apotheke 187
3.4.2 Innenbereich der Apotheke 191
3.4.3 Tipps zur Apothekeneinrichtung 196
3.4.4 Kommissionierautomat, Schubladenschranksystem 199
3.4.5 Apothekenwarenwirtschaftssysteme 203

3.5 Arzneimittelversandhandel und Botendienst 208

3.6 Personal und Öffnungszeiten 210
3.6.1 Zeitplanung 211
3.6.2 Filialapothekenleiter 213
3.6.3 Filialapothekenmitarbeiter 214

3.7 Warenlager 215

3.8 Wareneinkauf 216

3.9 Servicequalität 218

3.10 Qualitätsmanagement 220

3.11 Literatur 223

4 Anhänge **225**

4.1 Apotheken-Checkliste 225

4.2 Muster eines Filialleiter-Arbeitsvertrages 229

5 Sachregister **235**

Abkürzungsverzeichnis

a.a.O.	am angegebenen Ort
AAppO	Approbationsordnung für Apotheker
Abs.	Absatz
a.F.	alte Fassung
AGVwGO	Gesetz zur Ausführung der Verwaltungsgerichtsordnung
AktG	Aktiengesetz
Alt.	Alternative
AMG	Gesetz über den Verkehr mit Arzneimitteln
Anm.	Anmerkung
AnwBl	Anwaltsblatt
AP	Arbeitsrechtliche Praxis
ApBetrO	Apothekenbetriebsordnung
ApoG	Apothekengesetz
ApoR	Apotheke & Recht
Az.	Aktenzeichen
BAG	Bundesarbeitsgericht
BApO	Bundes-Apothekerordnung
BayOblG	Bayerisches Oberstes Landesgericht
BetrVG	Betriebsverfassungsgesetz
BfArM	Bundesinstitut für Arzneimittel und Medizinprodukte
BGB	Bürgerliches Gesetzbuch
BGBl	Bundesgesetzblatt
BGH	Bundesgerichtshof
BGHZ	Entscheidungen des Bundesgerichtshofs in Zivilsachen
BImSchG	Bundes-Immissionsschutzgesetz
BKartA	Bundeskartellamt
BOÄ	Bundesärzteordnung
BT-Drs.	Bundestags-Drucksache
BtM	Betäubungsmittel
BtMG	Betäubungsmittelgesetz
BTOElt	Bundestarifordnung Elektrizität
BVerfG	Bundesverfassungsgericht
BVerfGE	Entscheidungen des Bundesverfassungsgerichts
BVerwG	Bundesverwaltungsgericht
BVerwGE	Entscheidungen des Bundesverwaltungsgerichts
DAZ	Deutsche Apotheker Zeitung

DB	Der Betrieb
DVBl	Deutsches Verwaltungsblatt
EGV	Vertrag zur Gründung der Europäischen Gemeinschaft
EnPrR	Energiepreisrecht
etc.	et cetera
EuGH	Europäischer Gerichtshof
EWS	Europäisches Wirtschafts & Steuerrecht
f.	folgende
ff.	fortfolgende
Fn	Fußnote
GBl.	Gesetzblatt
GewArch	Gewerbe-Archiv
GewO	Gewerbeordnung
GmbHG	Gesetz betreffend die Gesellschaften mit beschränkter Haftung
GG	Grundgesetz
GMG	GKV-Modernisierungsgesetz
GVBl.	Gesetz- und Verordnungsblatt
GWB	Gesetz gegen Wettbewerbsbeschränkungen
HeilPraktG	Heilpraktikergesetz
HGB	Handelsgesetzbuch
Hrsg.	Herausgeber
i.S.d.	im Sinne des
i.V.m.	in Verbindung mit
JW	Juristische Wochenschrift
KG	Kammergericht
KSchG	Kündigungsschutzgesetz
LG	Landgericht
LRE	Lebensmittelrechtliche Entscheidungen
LVwVfG	Landesverwaltungsverfahrensgesetz
m.w.N.	mit weiteren Nachweisen
MarkenG	Markengesetz

n.F.	neue Fassung
NJW	Neues Juristisches Wochenblatt
NJW-RR	NJW-Rechtsprechungsreport
Nr.	Nummer
NVwZ-RR	Neue Zeitschrift für Verwaltungsrecht-Rechtsprechungsreport
OHG	offene Handelsgesellschaft
OLG	Oberlandesgericht
OTC	Over the counter
OVG	Oberverwaltungsgericht
p.a.	per annum (pro Jahr)
PartGG	Partnerschaftsgesellschaftsgesetz
PZ	Pharmazeutische Zeitung
RdA	Recht der Arbeit
RG	Reichsgericht
Rn	Randnummer
Rs	Rechtssache
S.	Seite
Slg.	Sammlung
sog.	sogenannte(s)
UPR	Umwelt- und Planungsrecht
VG	Verwaltungsgericht
VG-Entscheidungen	Verwaltungsgerichts-Entscheidungen
VGH	Verwaltungsgerichtshof
Vgl.	Vergleiche
VwGO	Verwaltungsgerichtsordnung
VwVfG	Verwaltungsverfahrensgesetz
WRP	Wettbewerb in Recht und Praxis
WuW	Wirtschaft und Wettbewerb
WuW/E	Wirtschaft und Wettbewerb Entscheidungssammlung zum Kartellrecht
ZIP	Zeitschrift für Wirtschaftsrecht

1. Wirtschaftliche und strategische Betrachtungen (Dr. Herzog, Tübingen)

1.1 Analyse der persönlichen und strategischen Ausgangsposition

Der wichtigste Erfolgsfaktor für die Einzelapotheke oder ein Filialkonzept läuft auf zwei Beinen in Form Ihrer ureigensten Person. Deshalb sollte eine vorbehaltlose Analyse der persönlichen Situation ganz am Anfang einer Entscheidung für oder gegen die Gründung von Filialen stehen. Sicher ist es ein Unterschied, ob lediglich eine kleinere Apotheke einige Straßen weiter als Zweigbetrieb ansteht, oder ob tatsächlich vier größere Betriebe unter einem Dach zusammengefügt werden sollen. Bei der nicht seltenen Allokation mehrerer Approbationen in einer Familie können zumindest theoretisch sogar Konglomerate von 8, 12 oder noch mehr Apotheken entstehen - das wären dann beinahe schon kettenartige Filialverbunde.

Zum einen sind es Ihre Fähigkeiten und Ressourcen, die auf dem Prüfstand stehen, zum anderen Ihre Motive, persönlichen Perspektiven und Ziele.

Welche Motive für eine Filialgründung kommen überhaupt in Betracht?

- Mehr Geld; sicher das naheliegendste, freilich aber auch das am stärksten zu hinterfragende Motiv,
- die Sicherung oder Verbesserung der strategischen Position auch gegenüber der Konkurrenz oder im Hinblick auf weitere Strukturbrüche in der Apothekenlandschaft und damit letztlich die Sicherung der Betriebsexistenz an sich; ein sehr nachvollziehbares Motiv, welches aber auf Stichhaltigkeit hin abgeklopft sein will - denn es gibt möglicherweise wirksamere, billigere und mit weniger Aufwand und Risiko verbundene Alternativen,
- in Ergänzung zu oben Gesagtem gar die Chance, aus einem unverkäuflichen, durch lange Mietverträge und sonstigen Verpflichtungen als Bremsklotz wirkenden Objekt auszusteigen (es wird dann einfach eine Filiale), und in ein neues, zukunftsfähiges Objekt einzusteigen,
- Machtgedanken, Wünsche nach Selbstverwirklichung und Selbstbestätigung, Expansionsdrang u.a.m., also überwiegend emotionale Beweggründe. Diese können als enorme Triebfeder auf dem Weg nach "Höherem" wirken, hingegen auch, vor allem bei Selbstüberschätzung, schnell in einen richtigen Crash münden.

Mehr Geld - das ist in erster Linie ein Rechenexempel, Näheres dazu an späterer Stelle.

Die Verbesserung der strategischen Position hat hingegen einen kurz- und einen längerfristigen Aspekt:

Durch Besetzung geeigneter Lagen ("Apotheken-Monopoly") kommt die Konkurrenz in Zugzwang, und es wird ihr schlichtweg Umsatzpotenzial beschnitten. Möglicherweise führt das zur Aufgabe konkurrierender Betriebe, deren Umsatz dann wieder Ihnen zufallen kann. Weiterhin heben Sie gewinnbringende Filialen auf ein Umsatzniveau, welches weitere Leistungsangebote ermöglicht, die Sie sich heute schlicht noch nicht leisten können - ob Botendienste, Spezialisierungen auf attraktive Patientengruppen, kraftvolleres Marketing u.v.m. Auch dazu werden Sie an anderer Stelle noch mehr erfahren. Kurzum: Sie entwickeln sich zum Hecht im Karpfenteich.

Doch es gibt nicht nur Hechte, es gibt auch Haie und andere größere, Raubfische. Zwar nicht im Karpfenteich - in den Sie der Gesetzgeber im Moment noch gesetzt hat. Doch in dem Moment, in dem Sie in die rauhe Hochsee geworfen werden, wird es für Sie selbst mit Ihren maximal vier Betrieben schwieriger, auch wenn diese florieren. Die Rede ist davon, dass eines Tages das jetzt durch ein "Vielbesitzverbot" abgelöste Mehrbesitzverbot vollkommen fallen könnte, und dann große, fremdbestimmte Ketten Fuß fassen. Die Wahrscheinlichkeit dieses Szenarios schwankt von unwahrscheinlich bis zu einem Zeithorizont von drei bis fünf Jahren, in denen die Ketten "sicher" kommen. Auch das ist jedoch nicht neu; solange ich denken kann, wird über Ketten spekuliert. Doch nehmen wir einmal den Fall an, dass die Beschränkungen fallen, was dann?

Mit einiger Sicherheit kann von Folgendem ausgegangen werden:

- Die Attraktivität des Arzneimittelmarktes ist auf heutiger Renditebasis, bei der gegebenen Regulierungsdichte, der Verpflichtung zum "Vollsortimenter" sowie angesichts der stets drohenden, staatlichen Eingriffe zumindest für heutige *Einzelhandelsketten* (die über das Know-how *und* die geeigneten Standorte verfügen) nicht mehr sehr hoch. Sie könnte insofern etwas steigen, als eine größere Kette eine hohe Nachfragemacht gegenüber der Industrie darstellt und hier bessere Konditionen herausschlagen könnte, was die Ertragslage dann wieder zurechtrücken könnte.
- Ein Großteil der *Großhändler* verfügt über keinerlei Standorte und noch relativ wenig Know-how, wie Apotheken wirklich zu betreiben sind.
- Ausnahmen sind die wenigen, *multinationalen Konzerne* wie die Celesio AG (vormals Gehe AG), die im Ausland bereits heute Apotheken unterhalten. Auch aus dem Ausland könnten apothekenerfahrene Konzerne ihre Fühler ausstrecken, wie es z.B. Wal-Mart im Lebensmittelmarkt getan hat (und daran bisher nichts verdienen konnte). Dennoch: Eigene Standorte zu

eröffnen ist teuer und langwierig, eignet sich zunächst nur für erstklassige Lagen in Ballungszentren. Die Übernahme bestehender Apotheken, für Großhändler die naheliegendste Lösung, ist erst recht langwierig und problematisch in der konkreten Abwicklung. Und vor allem: Welcher Großhändler riskiert diesen Einstieg, wenn er den Zorn seiner übrigen Kunden fürchten muss? Schnell treten massenhaft Kollegen aus, das kann sich kein Großhändler leisten. Insoweit ist der Angriff aus dem Ausland die wahrscheinlichere Variante - diese Konzerne müssen hier niemanden schonen. Dass damit auch hier neue Prozesse angestoßen würden, ist ebenfalls eindeutig.

- Kettenbetreiber wollen mit verhältnismäßig *einfachen* Geschäftskonzepten Geld sehen. Viele der heutigen Standorte sind für sie damit völlig uninteressant. Es werden also, vor allem in Kleinstädten, auf dem Land oder abgelegeneren Stadtteilen der Ballungsräume, immer noch viele Rückzugsräume für die inhabergeführte Apotheke bleiben.

- Konzerne haben viel Geld, Macht und Ressourcen, wenn sie es sich einmal in den Kopf gesetzt haben, gewisse Ziele zu erreichen. Es hat kaum einen Wert, sich dagegen zu stemmen, wenn man einmal in das Visier geraten ist. Clevere Ausweichstrategien sind dann gefragt.

Fazit: Wenn die Ketten kommen, dann kommen sie wahrscheinlich langsam und nicht über Nacht, penetrieren dann aber der Markt konsequent. Trotzdem wird es Platz für die klassischen Apotheken geben, auch wenn dieser enger werden wird. Filialkonzepte können dazu dienen, die Apotheke kleinräumig abzusichern. Wer das Kettenszenario fürchtet, sollte sich gerade *nicht* nach den besten 1A-Standorten umsehen, auf die andere auch sofort ein Auge werfen würden und auf denen enorme Investitionen und Kosten lasten. Vielmehr sollte er seine Position z.B. in einer Kleinstadt, auf dem Land oder in ausgewählten Stadtteilen zu annehmbaren Kosten absichern und zu einer uneinnehmbaren, zudem für Großkonzerne unattraktiven Bastion machen.

Auf der Seite der persönlichen Voraussetzungen möchten wir Folgendes zu bedenken geben:
Der naheliegendste Faktor ist schlichtweg das Alter, und weiter gefasst, die persönliche "Berufs- und Lebensuhr". In jungen Jahren ist das alles keine Frage, doch wenn erst einmal die Fünfzig oder gar Sechzig überschritten sind, sieht das doch anders aus. Ohne Zweifel kann man selbst in hohem Lebensalter noch sehr viel bewegen, entsprechende, körperliche und geistige Verfassung vorausgesetzt. Leider ist es nicht die Regel. Deshalb ist dieser Punkt wichtiger, als vielleicht anfangs gedacht. Je älter Sie werden, umso mehr zählen die gesunden Jahre, die noch vor Ihnen liegen. Mehr werden es nicht. Und vielleicht stellen Sie sich Ihren Lebensabend auch anders vor, als sich noch mit berufli-

chen Dingen herumzuärgern (für andere hingegen ist es ein regelrechtes Lebenselixir ...) Deshalb ist es sehr wichtig, die Motivlage (siehe oben) mit der oben erwähnten Lebensuhr abzugleichen. Wenn in höherem Alter Geld noch das Hauptmotiv darstellt, ist dies im Grunde traurig und zudem gefährlich. Prognosen und Planrechnungen sind, wie der Name schon sagt, nur Annahmen für die Zukunft. Schnell werden Anlaufzeiten länger, laufen Dinge nicht wie gewollt, tauchen Komplikationen auf. Auch die zeitliche Abstimmung der Verpflichtungen, insbesondere der Laufzeiten von Mietverträgen und Krediten, gehört hier hinein. Gehen Sie vor allem nicht selbstverständlich davon aus, dass sich die (Teil-)Betriebe später problemlos verkaufen lassen.

Das leitet zum nächsten Punkt über, dem der persönlichen Ressourcen. Wie schätzen Sie Ihre persönliche Stärke ein? Sind Sie (noch) ein Zugpferd, können (und möchten) Sie mitreißen und motivieren, etwas wirklich anpacken? Sind Sie ein Vorbild für andere, welches Mitarbeiter zu guten Leistungen anspornt? Diese Punkte werden für Filialbetriebe ungleich wichtiger, denn Sie müssen viel mehr aus der Hand geben und delegieren. Vielleicht haben Sie das Glück, eine(n) gute(n) Filialleiter(in) zu finden, welche(r) Ihnen hier viel abnimmt (und vielleicht zu Ihrer gefährlichsten Konkurrenz heranreift). Hand aufs Herz: Wenn Sie sich bereits heute überdurchschnittlich stark mit Personalproblemen plagen, es an allen Ecken knarrt und quietscht, und Sie ehrlicherweise daran Ihren guten Anteil haben, dann sind das per se keine guten Voraussetzungen. Die Gefahr, dass Ihnen Ihre Filialen aus solchen persönlichen Querelen heraus entgleiten, ist sehr groß. 20% oder mehr Umsatzeinbruch in den Tochterbetrieben sind im Nu zusammen, wenn dort die Motivation nicht stimmt und eine gleichgültige oder gar ablehnende Einstellung herrscht. Das kann Sie innerhalb kürzester Zeit in den Abgrund ziehen, selbst wenn Sie Ihren Hauptbetrieb noch einigermaßen zusammenhalten.

Und nicht zuletzt sind die finanziellen Ressourcen und Erwartungen zu betrachten. Vertragen sich hohe Investitionen mit Ihrer persönlichen Lage und Ihren Zukunftsplänen? Wie hoch wäre ein Kreditbedarf, wie viel Eigenkapital kann und soll eingebracht werden? Welche Alternativen gäbe es für die Anlage des Eigenkapitals zu welchen Renditen? Und letztlich: Welche Gewinne sind überhaupt realistisch, und in welchem Zeithorizont?
Hierfür habe ich einmal den Begriff des "Lebenseinkommensmodells" geprägt. Hierbei geht es darum, welches Gesamteinkommen aus der Berufstätigkeit erwirtschaftet werden kann - einschließlich Folgeerträgen z.B. aus aufgebautem Vermögen, neu geschaffenen Geschäftswerten oder auch erwirtschafteten Rentenanwartschaften. In diesem Sinne können Sie in Form einer kleinen Tabelle zusammentragen, mit welchen Nettoeinkommen Sie mit oder ohne Filialbetrieben rechnen könnten - und zwar über die nächsten Jahre hinweg

(siehe einfache Muster in den Tabellen 1.1 und 1.2). Natürlich sind das nur Schätzungen, aber als Anhaltswerte reichen sie allemal. Möglicherweise bedeuten die erwirtschafteten Filial-Überschüsse, die ja auf Ihr bisheriges Einkommen zugeschlagen werden und somit einer hohen Besteuerung unterliegen, nach Steuern und Abgaben nur noch Beträge, für die es sich nicht lohnt, die Risiken und die zusätzliche Verantwortung einzugehen. Sie sollten zudem Klarheit darüber gewinnen, was mit dem zusätzlichen Geld geschehen könnte. Was könnte daraus, zu x % angelegt, in y Jahren werden? Wie passt dieser Betrag in die Lebensplanung? Weiterhin ist es nicht falsch, ein Szenario für den Tag X der Abgabe des Betriebes zu entwickeln. Welche Verkaufspreise erscheinen realistisch (das lässt sich mit dem Ertragswertverfahren am zutreffendsten eruieren), mit und ohne Zweigbetriebe? Diese Erlöse gehören in die Gesamtbilanz mit hinein.

Tabelle 1.1: Versuchen Sie, eine langfristige Vorstellung davon zu entwickeln, was Sie erwirtschaften können, und wie viel davon wirklich übrigbleiben kann oder soll, um z.B. Vermögen zu bilden. Rechnen Sie das Ganze einmal mit und ohne Filialbetriebe. Hier geht es nicht um centgenaue Rechnungen, sondern Circa-Abschätzungen. Als Rechenbasis kann Ihre heutige Situation dienen, auf die Sie entsprechende Zu- oder Abschläge vornehmen. Eine gute Technik besteht darin, ein best case- und ein worst case-Szenario zu entwickeln, also sowohl betont optimistische als auch pessimistische Umsatz- und Ertragsszenarien zu Grunde zu legen.

Jahr	Netto-einkommen*	Kapital- und sonstige Erträge p.a. netto	Private Gesamt-ausgaben p.a. netto	Überschuss bzw. Unterdeckung p.a.
2004				
2005				
2006				
2007				
2008				
2009				
2010				
2011				
2012				
2013				
2014				
2015				
....				
Summe:				

* aus allen Apothekenbetrieben pro Jahr, betriebliche Tilgungen abziehen! Fremdeinkünfte, z.B. aus anderen Unternehmensbeteiligungen, erst einmal außen vor lassen.

18

Tabelle 1.2: Es empfiehlt sich, jedes Jahr eine private Vermögensbilanz - ehrlich und ungeschminkt - aufzustellen. Etliche Werte werden Sie schätzen müssen, wie die Geschäftswerte Ihrer Betriebe. Trotz der damit verbundenen Unsicherheiten: Sie erhalten eine Übersicht, ob Sie Werte auf- oder abgebaut haben.

Jahr: Vermögensgegenstand	zeitgemäßer Wertansatz, ggf. geschätzt, in Euro; ggf. Schulden gegenrechnen und Steuern (Betriebswert!) berücksichtigen
Barvermögen	
Wertpapiere	
Immobilien	
Geschäftswert Apotheke 1	
Sachwert inkl. Warenlager Apotheke 1	
Geschäftswert Apotheke 2	
Sachwert inkl. Warenlager Apotheke 2	
...	
Aufgebaute Anwartschaften (Rente als Barwert, Lebensversicherungen)	
Sonstige Vermögensgegenstände	
Private Bilanzsumme:	

Betrachten Sie ebenfalls die möglichen Probleme, machen Sie also eine nüchterne Risikoanalyse. Was könnte im schlimmeren Fall passieren? Mit welchen Kostenbelastungen wäre maximal über welchen Zeitraum (Mietvertragslaufzeiten!) zu rechnen? Könnte dies Sie soweit in die Tiefe ziehen, dass sogar Ihr jetziger Hauptbetrieb gefährdet wäre?

Sie mögen einwenden, dass dies alles ungelegte Eier seien; was soll es also, sich damit beschäftigen. Sie möchten Ihre Position jetzt sichern und ausbauen, schließlich sind die Chancen zum Zugriff nicht beliebig vermehrbar. Das mag sein. Nur - die Vergangenheit hat gezeigt, wie schnell sich Randbedingungen ändern können, wie rasch ehemals für unverrückbar gehaltene Bastionen ins Wanken geraten. Deshalb sind solche Risikoanalysen sehr wohl sinnvoll. Kombiniert mit dem Lebenseinkommensmodell, sind Sie zudem gezwungen, sich mit den Zahlen und Daten auseinander zu setzen. Das rückt manche Illusion vor dem Hintergrund der möglichen Gewinnchance im Vergleich zu Aufwand und Risiko zurecht. Wenn hingegen eine positive Bilanz zu ziehen ist, ist dies ein Grund mehr, wirklich ernsthaft und konzentriert auf das Wunschobjekt hinzuarbeiten und sich dann auch nicht von Nebenschauplätzen ablenken zu lassen.

Persönliche Checkliste: Reif für Filialapotheken?

- Verfügen Sie über hinreichende Führungserfahrung, bzw. möchten Sie überhaupt größere Einheiten leiten?
- Können Sie "loslassen" und delegieren, Freiheiten einräumen, bei gleichzeitigem, konsequentem Einfordern von klaren Zielen?
- Wissen Sie selbst, wohin Sie möchten? (Dann sollten Sie spontan eine gute Antwort auf die Frage finden, wo Sie sich und Ihren Betrieb in fünf Jahren sehen möchten.)
- Sind Sie hinreichend stressresistent, körperlich und psychisch belastbar und frustrationstolerant?
- Können Sie auch mit einem größeren Schuldenberg und hohen, längerfristigen Verpflichtungen noch ruhig schlafen und Ihr Leben genießen?
- Sind momentan keine großen, sehr kräftezehrenden Belastungen im persönlichen oder finanziellen Bereich absehbar?
- Haben Sie Ihren bisherigen Betrieb relativ unbeschadet von persönlichen Querelen mit Mitarbeitern geführt?
- Möchten Sie aus innerem Antrieb heraus etwas bewegen, größer, besser, stärker werden?
- Haben Sie eine gehörige Portion Risikobereitschaft?
- Können Sie selbst bei hoher Belastung noch lachen und dem Wort Lebensqualität einen Sinn geben?
- Spielt Geld *nicht* die primäre Hauptrolle?
- Passen neue Tochterbetriebe in Ihre persönliche "Lebensuhr", auch wenn sich gewisse Verzögerungen und Anlaufschwierigkeiten ergeben sollten?
- Wenn Sie A sagen, sagen Sie dann auch B (sprich, gehen Sie einen Weg konsequent weiter)?
- Sind Sie bereit, auch harte Entscheidungen zu treffen, z.B. eine unrentable Filiale zu schließen, Mitarbeiter freizusetzen und dies ggf. gegen deren Willen durchzufechten?

Je mehr der obenstehenden Fragen Sie mit einem klaren "Ja" beantworten können, umso günstiger ist Ihre *persönliche* Ausgangssituation für den Einstieg in das Filialgeschäft bei Apotheken zu beurteilen. Bis zu einem gewissen Grad gelten obige Kriterien für einen Selbstständigen schlechthin, doch verstärkt für diejenigen, die mit Filialbetrieben eine ganze Menge mehr Verantwortung und Risiko schultern werden.

1.2   Umfeldanalyse: Wo bieten sich Chancen?

Selbst wenn Sie für sich entschieden haben, in das Filialgeschäft einzusteigen - die entscheidende Hürde dürfte praktisch schlichtweg darin bestehen, im gesetzlich erlaubten Umfeld (eigener und benachbarte Kreise) überhaupt passende und zukunftsträchtige Standort zu finden.

Wie heißt es so schön: Der frühe Vogel fängt den Wurm! Mit dem Erscheinen dieses Buches dürften bereits manche "Filetstücke" geschluckt worden sein. Die ersten Claims werden jetzt abgesteckt. Dennoch tut sich auch immer wieder etwas auf: Kollegen gehen in Rente, neue Standorte entstehen. Deshalb heißt es jetzt für Sie: Aktiv werden! Das bedeutet:

- Nehmen Sie Stadtplan bzw. Landkarte zur Hand und grenzen Sie die in Frage kommenden Kreise ab (hierzu ggf. das Regierungspräsidium kontaktieren; wie werden z.B. "benachbarte Kreise" interpretiert? Vgl. dazu auch das Kapitel 2.3.1, insbesondere Seite 116 ff.).

- Welche Apotheken bestehen hier (auf der Karte markieren)? Von welchen lässt sich in Erfahrung bringen, dass der Inhaber bald in den Ruhestand gehen möchte oder aus anderen Gründen einen Wechsel sucht? Quellen sind die bekannten "Apothekerstammtische", die es hier und da gibt, oder Großhandels- und Pharmavertreter, die bekanntlich das Gras wachsen hören. Da die Zahl der Objekte begrenzt ist, können Sie durchaus auch ganz aktiv die betreffenden Kollegen kontaktieren und Ihre Absicht zu erkennen geben. Mehr als eine Abfuhr können Sie sich nicht holen. Zu große Zurückhaltung und Geheimniskrämerei, immer noch weit verbreitet, führt im Ergebnis oft nur dazu, dass Andere das Geschäft machen und viel an Ihnen vorbeigeht, auch aus schlichter Unkenntnis der Gegenseite ob Ihrer Absichten.

- Bevor Sie in die Offensive gehen: Machen Sie eine Grobanalyse des Standortes, schätzen Sie eventuellen Investitionsbedarf ab. Manche Apotheken werden gleich durch das Sieb fallen, andere sind hochinteressant. Doch lassen Sie sich nicht von Äußerlichkeiten zu sehr blenden! Gerade heruntergekommene Objekte können oft ein erstaunliches Potenzial bieten, wenn dort wieder etwas Schwung hineinkommt und der Standort an sich stimmt.

Hinweis: Nutzen Sie die Apothekenregister im Internet, aus denen Sie alle Betriebe in den jeweiligen Postleitzahlgebieten ermitteln können (z.B. www.apo-online.de, www.apoindex.de, www.aponet.de, www.apotheken.de). Unter www.yellowmap.de haben Sie ebenfalls eine gute Recherchemöglichkeit am jeweiligen Ort, übrigens auch nach Ärzten und sonstigen Lokalitäten aller Art, zusätzlich mit Stadtplanfunktion.

1.3   Standortbegutachtung im Detail

Eine treffsichere Standortbegutachtung ist ein Kapitel für sich, egal, ob Sie nun eine bestehende Apotheke übernehmen möchten oder gar an eine Neugründung denken. Wer sich dafür näher interessiert, dem sei das Werk *Erfolgsfaktor Standort* aus dem Deutschen Apotheker Verlag, ebenfalls vom Autor dieser Zeilen, empfohlen. Deshalb sollen im Folgenden nur die wichtigsten Punkte in knapper Form herausgegriffen werden.

Apotheken lassen sich in verschiedene Typen einteilen. Prinzipiell ist zu unterscheiden, ob es sich um einen Frequenzstandort, der durch hohe Passantenzahlen gespeist wird, oder eher einen verordnungsbezogenen Betrieb ("Ärztehausapotheke") handelt. Für ein Filialkonzept ergeben sich daraus bereits wichtige Schlussfolgerungen für die Unternehmensführung, denn es gibt einfache, unkompliziert zu betreibende Apotheken und auch "harte Nüsse", die besonderes Engagement, Feingefühl und möglicherweise auch ganz herausragende, fachliche Kompetenzen erfordern - zumindest, wenn man mehr als den "nicht verhinderbaren" Mindestumsatz erwirtschaften möchte.
Einige, ganz gut abgrenzbare Apothekentypen lassen sich wie folgt kurz charakterisieren:

1.3.1   Die Land-Apotheke

Manchmal sogar noch in Beinahe-Monopolstellung, häufiger aber mit einem oder zwei Kollegen am Ort um den eher schmalen Umsatzkuchen kämpfend, sind Land-Apotheken oft recht beschauliche Existenzen mit nicht selten ganz beachtlichen Renditen. Freilich sollten die Land-Apothekerin oder den Land-Apotheker folgende Fähigkeiten auszeichnen:

- Das Interesse an den Menschen vor Ort, ihrer Lebensweise und Sitten, idealerweise sind Sie sogar Einheimische(r),
- die Bereitschaft, am Ort zu wohnen und sich zu integrieren,
- der Wille zum sozialen, lokalpolitischen und vereinsmäßigen Engagement,
- die Bereitschaft, sich auf wenige Hauptverordner intensiv einzustellen und die z.T. ausgeprägte Abhängigkeit zu akzeptieren,
- die Fähigkeit, auf Stammkunden und ihre Probleme und Wehwehchen einzugehen,

- die Fähigkeit zur intensiven Kontaktpflege und zum Aufbau von Beziehungsnetzen,
- ein eher konservatives Weltbild, klassische(r) Apotheker(in).

Eine meist günstige Kostenstruktur, der Betrieb oft im eigenen Haus, gemäßigte Öffnungszeiten und das etwas geruhsamere Landleben geben diesem Apothekentyp ganz gute Zukunftschancen, auch wenn wirkliche Top-Standorte (mit Umsätzen über 1,5 Mio. Euro) rar sind - dafür haben die zahlreichen Konkurrenzgründungen in den entsprechenden Ortschaften mit den erforderlichen 5.000 bis 8.000 Einwohnern gesorgt. Der hohe Verschreibungsanteil und der meist unterdurchschnittliche Barverkauf drücken hingegen gerne die Handelsspanne auf eher schwache Werte - sofern nicht ein hohes, einschlägiges Umsatzvolumen die Vorlage für sehr gute Einkaufskonditionen liefert. Marketingaktionen haben häufig nicht die gewünschte Resonanz, vieles geht einfach seinen gewohnten Gang. Im Hinblick auf eine Filialapotheke sind die möglicherweise großen Entfernungen zwischen den einzelnen Betrieben zu bedenken. Aus oben Gesagtem ergibt sich zudem, dass die Bevölkerung gerne die Präsenz des Apothekenleiters und den intensiven, persönlichen Kontakt wünscht; häufig gilt dies auch für die wenigen Verschreiber, bzw. ist bereits aus Apothekensicht dringend zu empfehlen. Aufgrund der Kostenstruktur und Berechenbarkeit, sofern keine Änderungen bei den Ärzten anstehen, kann eine solche Apotheke als Filiale Freude machen - wenn der bzw. die richtige Filialleiter(in) gewonnen werden kann, welche(r) idealerweise im Ort verwurzelt ist. Ein reiner "Kassierbetrieb" hingegen wird nicht auf positive Resonanz stoßen, und allenfalls bei quasi monopolartiger Stellung haltbar sein. Angesichts der heutigen Motorisierung ist aber selbst dies vor dem Hintergrund der nicht mehr allzu üppigen Renditen fraglich.

1.3.2   Die Stadtteil-Apotheke

Am indifferentesten im Hinblick auf die wünschenswerten Fähigkeiten zu beurteilen ist die Stadtteil-Apotheke. Öfters in einem kleinen Einkaufszentrum mit Nahversorgern und dem einen oder anderen Arzt gelegen, handelt es sich gerne um abgeschlossene Städtchen am Rande der Stadt, um typische Schlaf- und Trabantenstädte oder ausgedehnte Wohngebiete. In Großstädten hingegen wird aus dem Städtchen meist eine richtiggehende Stadt, mit Lauflagen und Peripherie und einer ganzen Reihe von Konkurrenzapotheken, die dann natürlich anders zu beurteilen sind.

Es ist der Typ Apotheke, der fast jeden zufrieden stellen kann, zumal wenn gewisse Alleinstellungsmerkmale dazukommen. Dann können diese Apotheken sogar ausgesprochen lukrativ sein, ohne dass die betreffende Kollegin oder der Kollege sich allzu sehr verbiegen oder anpassen müssten.

Die wirtschaftlichen Randbedingungen (Spanne, Rendite) entsprechen häufig in etwa den Durchschnittswerten ohne bemerkenswerte Besonderheiten. Als Filialen dürften dies oftmals gute Standorte sein - sofern sie zu bekommen sind.

1.3.3   Die Apotheke an der Peripherie

Wer kennt sie nicht, die Apotheken an Ausfallstraßen, an der Ecke in irgendeinem Stadtteil oder in einer Seitenstraße gelegen. Diese häufigen 1B-Lagen müssen als am gefährdetsten gelten. Leider sind die Mieten häufig noch nicht auf 1B-Niveau, sondern im Gegensatz ausgesprochen stolz. Die Umsatzklasse von 0,5 Mio. bis 1,0 Mio. Euro ist hier sehr stark vertreten. Es sind dies Apotheken, die auch lebhaft angeboten werden und für einen "Appel und 'n Ei" zu haben sind - und somit einen leichten Filialeinstieg versprechen. Doch Kollegen, die hier einsteigen, sollten über einen hohen Durchhaltewillen und die Fähigkeit, auch ungewöhnliche, neue, ideenreiche Wege zu gehen, verfügen. Denn nur mit dem Warten auf das nächste Rezept sind viele dieser Standorte mittelfristig nicht zu halten - auch als Filiale nicht aufgrund der hohen Fixkosten. Insbesondere ist auf diese längerfristigen Perspektiven zu achten - viele dieser Randlagen haben ihre Talfahrt noch vor sich. Insofern kann sich ein solcher Standort vielleicht dazu eignen, einige Jahre noch den vorhandenen Umsatzkuchen abzuschöpfen, um dann endgültig zu schließen. Binden Sie sich also nicht zu lange (Mietverträge, Kredite, überzogene Investitionen). Doch aufgepasst: Hinter manch einer eher trist aussehenden "Bude" verbirgt sich sogar ein ausgesprochen hohes Potenzial. Dichte Bebauung, eine strategisch günstige Lage z.B. am Ende einer Straße, ein hohes Einwohnerpotential sowie manch lukrativer Hauptverordner in den umliegenden Gassen lassen manchmal ganz erstaunliche Einnahmen zu, die man von außen wirklich nicht erwartet hätte...

1.3.4   Die Ein-Mann-Apotheke

In Umsatzregionen um eine halbe Million Euro oder etwas darüber angesiedelt, sind diese Betriebe meist allenfalls noch gegen Warenlager erhältlich. Auch dies dürften die typischen Filialapotheken-Angebote sein, die én masse quasi umsonst zu haben sind. Was schon einem Einzelkämpfer mit hohem persönlichen Einsatz nur noch schwer gelingt, nämlich ein Gehalt zu erwirtschaften, dass wenigstens auf Angestelltenniveau liegt, dürfte bei "Fremdbewirtschaftung" nur durch angestelltes Personal fast ein Ding der Unmöglichkeit werden. Wenn ein Filialkonzept scheitern kann, dann unter anderem daran, dass Sie sich mit dererlei drittklassigen Apothekenstandorten ohne Zukunft vollsaugen und damit übernehmen. Die Hoffnung, den Betrieb so "nebenbei" laufen zu lassen und ein paar zehntausend Euro ebenfalls nebenbei "abzugreifen" (eine häufig gehörte Variante), ist trügerisch. Schnell laufen Ihnen die hohen Fixkosten davon (und Sie können kaum dagegensteuern), und aus den einigen zehntausend Euro Plus werden ebensolche im Minus. Wenn dann noch langlaufende Mietverträge und ungünstige, räumliche Gegebenheiten (zu große Entfernungen, sodass ein unkomplizierter Personal- und Warenaustausch schwierig wird) dazu kommt, ist der Reinfall perfekt.

1.3.5 Die Center-Apotheke

Noch vor wenigen Jahren als Exoten abgetan, haben sich Center-Apotheken heute auf breiter Front etabliert. Doch wer sich dafür interessiert, sollte wissen, dass Center-Apotheken in aller Regel keine einfachen Standorte sind und mitnichten nebenbei laufen:

- Erfolgreiche Center-Apotheker sind "frecher", lebhafter, gehen eher an standesrechtliche Grenzen, provozieren und fahren außergewöhnliche Aktionen,
- die Bereitschaft, unter häufigem Stress mit hohem zeitlichem Einsatz (Öffnungszeiten um die 70 Wochenstunden) zu arbeiten und trotzdem freundlich zu bleiben, ist eine Grundvoraussetzung,
- keine Angst vor Zahlen, Preis- und Aktionskalkulationen sowie den Grundzügen der Betriebswirtschaft, keinerlei Furcht, mit recht hohen Beträgen zu hantieren, sowie eine überdurchschnittliche Risikofreude sind wünschenswert, dergleichen ein ausgeprägtes Faible für Marketing, Gestaltung von Werbemedien sowie Events und Aktionen,
- gute Management-Fähigkeiten. Insbesondere Personalführung, Mitarbeitermotivation und Einsatzplanung sowie gute organisatorische und planerische Fähigkeiten sind nicht nur kostenrelevant, sondern bestimmen die Lebensqualität während der Arbeit entscheidend mit. So wichtige Kennziffern wie der Personalkostensatz sind nicht selten auch Spiegel der Managementfähigkeiten der Apothekenleitung,
- Flexibilität und Wechselbereitschaft ist gefordert, wenn der Center nicht läuft oder der Mietvertrag nach bereits 10 oder 15 Jahren ausläuft; ausgeprägte Sicherheiten und langfristig orientierte "Lebenszeit-Apotheken" finden Sie woanders leichter,

- im Zuge der Freigabe der OTC-Preise und vor dem Hintergrund des "Billig-Images" vieler Center erwarten manche Experten, dass gerade Center-Apotheken in Preiskämpfe hineingezogen werden. Dies könnte sehr kritisch werden, da die Rendite und Kompensation der hohen Kosten bisher nur durch höhere Handelsspannen möglich war. Und diese höheren Spannen kamen durchweg aus dem bisher preisgebundenen OTC-Segment.

Aus der Sicht des Kleinketten-Interessenten ist damit festzuhalten, dass es für einen jetzigen Centerapotheken-Betreiber sehr wohl Sinn machen kann, sich einen zweiten oder dritten Center-Standort zu suchen - schließlich verfügt er über das nötige Know-how und kann Marketingkonzepte übertragen. Doch muss er erst einmal passende Standorte im erlaubten, räumlichen Umfeld finden, was abseits der Ballungsräume schwierig werden dürfte. Und Center ist nicht gleich Center - es gibt auch genügend Beispiele, dass derartige Standorte darben oder sogar scheitern. Wenn also Centerstruktur, Passantenzahlen, Branchenmix und die Lage der Apotheke nicht stimmen, heißt es: Finger weg.
Für den klassischen Apotheker, der sich in die Center-Welt ausdehnen möchte, sind die Fragezeichen noch zahlreicher. Hier kann nur empfohlen werden, vorher Kontakt zu befreundeten Kollegen aufzunehmen, die über hinreichende Erfahrung in diesem Bereich verfügen.

1.3.6 Die Lauflagen-Apotheke

In vielerlei Hinsicht ist die passantenfrequenzabhängige Innenstadt-Apotheke mit einem Centerbetrieb vergleichbar. Auch hier stehen Marketing und ein ausgeprägtes, betriebswirtschaftliches Denken im Vordergrund. Kein Wunder, liegen die Kosten, wie die exorbitanten Mieten, höhere Großstadt-Löhne und nicht zuletzt die eigenen Lebenshaltungskosten in einem Bereich, der die erfolgreiche Führung einem Tanz auf dünnem Eis gleichen lässt. Die Investitionen in eine meist sehr aufwändige und ansprechende Einrichtung sind beträchtlich. Der Umsatzbereich, meist deutlich über 1,5 Mio. Euro beginnend, reicht in Einzelfällen über 5 Mio. Euro hinaus. Die erwirtschafteten Handelsspannen konnten in der Vergangenheit bei hohem Baranteil sehr gut (über 35% netto) liegen. Dennoch liegen die prozentualen Gewinne gerne nur im niedrigen, einstelligen Bereich. Das verlangt nach einem ausgefeilten Controlling, um die Kosten im Griff zu behalten und ggf. schmerzhafte, personelle Anpassungen vorzunehmen - um so mehr, als die Spannen jetzt gewaltig unter Druck geraten. Das muss man aushalten können. Die Öffnungszeiten erfordern dennoch prinzipiell einen hohen Personaleinsatz. Die Fähigkeit, immer auf dem Laufenden zu sein, Trends zu erkennen, die neuesten Produkte der Publikumswerbung in Aktionen zu verpacken, und nicht zuletzt die Freude daran, seinen Betrieb optisch äußerst ansprechend und hochwertig mit etwas Glamour regelrecht am Strahlen zu halten, zeichnen erfolgreiche Lauflagen-Apotheker aus. Letztendlich sind Sie aber mehr Manager denn Pharmazeut, um das Schiff auf Kurs zu halten und durch manche Stürme und Verwerfungen zu steuern - man denke nur z.B. daran, dass das benachbarte Groß-Kaufhaus verlegt wird, sich die Wertigkeit der benachbarten Läden verschiebt oder allgemein die Kauflaune zu wünschen übrig lässt und der Passantenstrom dahinschmilzt. So etwas kann keine Filiale sein; eine solche Apotheke mag als Hauptapotheke fungieren und ihrerseits ihre Fühler ausstrecken; als Zweigbetrieb lässt sich eine solche Aufgabe nicht schultern.

1.3.7   Die Ärztehaus-Apotheke

Als die "Playboys" unter den Apothekern werden hin und wieder die Kollegen bezeichnet, die in einem gut bestückten Ärztehaus mit Allgemeinärzten, Internisten sowie etlichen Fachärzten gesegnet sind. Der "nicht verhinderbare Umsatz" liegt oft erstaunlich hoch, unabhängig von der Präsenz des Leiters. Doch ganz so einfach ist es nicht, möchte man mehr herausholen und sich gegenüber einer möglichen Konkurrenz profilieren. Gefordert sind hier insbesondere:

- Eine exzellente, fachliche Kompetenz, um auf ähnlicher Augenhöhe mit den Ärzten kommunizieren zu können und sich als Partner zu profilieren,
- die Fähigkeit, die richtigen Mitarbeiter mit der nötigen Kompetenz, Freundlichkeit und Sensibilität für die jeweiligen Patientengruppen anzuwerben, zu motivieren und dauerhaft zu halten,
- ausgeprägte Marketingfähigkeiten, im Hinblick auf Bar- und Zusatzverkäufe, um der Rezeptabhängigkeit ein Gegengewicht zu setzen,
- ein stetes, sensibles Beobachten der gesundheitspolitischen Entwicklungen.

Die Ärztehaus-Apotheke - im Grunde der Traum vieler Kollegen - steht in der Tat auf einem festen Fundament, wenn die Verordnerstruktur stimmt und vor allem langfristig gesichert erscheint. Gesundheitspolitische Entscheidungen schlagen hier jedoch besonders drastisch durch. Die erwirtschafteten Spannen sind oft erstaunlich niedrig (teilweise nur zwischen 23% und 25%), dafür sind aber die absoluten Umsätze hoch, genauso wie die Korbumsätze Rekordmarken erreichen können. Ein mit vergleichsweise weniger Kunden erzielter Umsatz lässt auf geringere Personalkosten hoffen. Hohe, erforderliche Serviceleistungen, manch zusätzliche Rezeptur sowie die intensivere Patientenbetreuung vereiteln diesen Ansatz aber gerne. Vor dem Hintergrund der Kombimodell-

Honorierung müssen Ärztehausapotheken wesentlich kritischer betrachtet werden als früher. In erster Linie zählt jetzt die reine Zahl der Verordnungen, und paradoxerweise sind diese jetzt um so renditestärker einzuschätzen, je billiger (!) sie sind. Die ehemals so geschätzten, teuren Rezepte haben jedenfalls ihren Glanz vollkommen eingebüßt.

Auch dieser Apothekentyp dürfte in aller Regel den Ausgangspunkt für weitere Aktivitäten darstellen und daher als Zweigbetrieb ungeeignet sein.

1.4 Umsatzpotenziale ermitteln

Dieser Punkt entfaltet seine Bedeutung in erster Linie im Falle einer geplanten Neugründung. Doch auch bei der Übernahme eines bestehenden Umsatzes - was die Kalkulation natürlich erst einmal vereinfacht - kann es nicht schaden, sich über das mögliche Potenzial Gedanken zu machen. Und wenn die Sache auf längere Zeit angelegt sein soll, steht die Frage im Raum, welche absehbaren Veränderungen auf den Standort zukommen, seien es Verschiebungen der Standortwertigkeit an sich, Weg- oder Zuzüge von Verordnern, Baumaßnahmen, aber auch Bevölkerungszu- oder -abnahme und vieles mehr.

Doch welche Einflüsse entscheiden über das Umsatzpotenzial der jeweiligen Apotheke?

1.4.1 Verordnungen - nach wie vor die Nummer 1

Rund 80% des Apothekenumsatzes sind im Durchschnitt arztinduziert! Neben den direkten Verordnungen - GKV wie privat - sind das Empfehlungen seitens der Ärzte, aber auch Zusatzkäufe, die nur deshalb zu Stande kommen, weil ein Rezept eingelöst wird. Deshalb ist die Lage zu den Ärzten nach wie vor der entscheidende Standortfaktor überhaupt. Nur durch ausgesprochen gute, strategische Lagen und sehr gute Passantenfrequenzen lassen sich etwaige Nachteile auf diesem Feld wettmachen.

Praxis ist jedoch nicht gleich Praxis, wie jeder weiß. Wiederum grob 80% aller Verordnungen nach Wert und Menge werden von den auch zahlenmäßig weit dominierenden praktischen Ärzten und den Internisten, ebenfalls häufig hausärztlich tätig, ausgestellt. Diese stellen, neben den Urologen, auch nach Wert die (zumindest bisher) attraktivsten Rezepte aus. Und auch innerhalb einer Arztgruppe ergeben sich ganz erhebliche Streuungen, wie man anhand der Praxisumsätze erkennen kann. Praktische Ärzte setzen z.B. knapp 200.000 Euro im Jahr um - im Durchschnitt. Doch es gibt gar nicht so wenige Praxen, die maximal auf die Hälfte davon kommen, umgekehrt gibt es solche mit Umsätzen jenseits von 300.000 Euro. Das bleibt nicht ohne Auswirkungen auf das Verordnungsvolumen - es korreliert meistens mit dem Praxisumsatz ganz gut. Individuelle Verordnungsunterschiede treten hinzu, diese können, wie jeder praktisch tätige Apotheker weiß, erheblich sein.

Gemeinschaftspraxen sind ebenfalls kritisch zu hinterfragen. Mitnichten bedeutet eine Zwei-Ärzte-Gemeinschaftspraxis automatisch das doppelte Rezeptvolumen. Vielmehr sind nicht selten Gründe höherer Lebensqualität (mit niedrigeren Präsenzzeiten des einzelnen Arztes) für die Bildung einer solchen Gemeinschaft entscheidend.

Abschließend sei zudem auf die teilweise erheblichen, regionalen Schwankungen je nach KV-Bezirk hingewiesen. Das liegt unter anderem an der Arzneimittelpolitik in den einzelnen Bezirken und dem entsprechenden Engagement einzelner Ärzte. Doch werden unabhängig davon auf dem Lande die statistisch zu erwartenden Verordnungswerte pro Kopf der Bevölkerung oft um 20% und mehr unterschritten, wohingegen in Großstädten die Werte weit über den Schnitt hinausragen. Hintergrund sind einerseits die Facharztdichte und die nur dort vorhandenen Spezialambulanzen (z.B. Onkologie, AIDS-Zentren usw.), die auch Patienten von außerhalb anziehen, andererseits spezielle Besonderheiten der Großstädte - AIDS und Hepatitis C als Beispiel haben ihre Schwerpunkte nun einmal in den Zentren.

Fazit: Die angegebenen Durchschnitts-Verordnungswerte dienen als erster Anhaltspunkt. Privatverordnungen, die künftig zunehmen werden, treten jeweils noch hinzu. Für die exaktere Ermittlung des Rezeptaufkommens vor Ort müssen jedoch präzisere Einschätzungen und Analysen der individuellen Praxisgegebenheiten her. Dazu können Befragungen des Arztes selbst dienen (die meisten Ärzte sind durchaus zugänglich), Zählungen des Patientenaufkommens, möglicherweise auch Auskünfte von Pharmavertretern etc.

Tab. 1.3: Verschreibungsvolumina verschiedener Arztgruppen, Nettoumsätze ohne Mwst., ausschließlich Fertigarzneimittel (!) ohne Praxisbedarf, um den Kassenrabatt apothekengerecht bereinigt, nur GKV-Bereich, Durchschnittswerte. Anzahl Ärzte: Alle an der vertragsärztlichen Versorgung Teilnehmenden. Stand 2002/2003. Quellen: KBV, WIdO, eigene Recherchen. VO = Verordnung

Arztgruppe	VO-Volumen je Arzt, GKV p.a., Fertig-AM [EUR netto]	Anzahl Vertragsärzte [gerundet]	Gesamt-VO-Volumen GKV p.a. [Mrd. EUR]
Allgemein-, Prakt. Ärzte	205.000	44.000	9,00
Internisten	220.000	20.000	4,46
Urologen	165.000	2.800	0,46
Hautärzte	90.000	3.500	0,31
Nervenärzte, Psychother.	125.000	9.700	1,20
Kinderärzte	70.000	6.800	0,46
Frauenärzte	60.000	10.800	0,63
HNO-Ärzte	40.000	4.200	0,16
Augenärzte	45.000	5.400	0,25
Orthopäden	30.000	5.400	0,17
Chirurgen	20.000	5.600	0,10
Sonstige	115.000	10.800	1,24
Fertig-AM, alle Ärzte	142.000	129.500	18,4
Zusätzlich: Praxisbedarf, alle Ärzte	ca. 5.000 pro Arzt	(--)	ca. 0,70
Zusätzlich: Nicht-Fertig-AM wie Rezepturen, Hilfsmittel etc., alle Ärzte zusammen	ca. 15.000 pro Arzt	(--)	ca. 1,90
Zusätzlich: Privatverordnungen (!)	rund 10% bis >20%, steigend	(--)	(> 3,00)

1.4.2 Frequenzfaktoren

Welche Standortfaktoren spülen Ihnen schlichtweg Menschen in Ihre Apotheke? Es sind dies in erster Linie

* Straßen bzw. belebte Plätze,
* Verkehrsknoten, wie belebte Kreuzungen, Bushaltestellen, Bahnhöfe,
* touristische Attraktionen,
* größere Industriebetriebe an den Einfahrtsachsen,

- verschiedenste, gut frequentierte Läden in unmittelbarer Umgebung,
- aber auch - gesundheitsbezogen - Kliniken, Bäder, Kureinrichtungen etc.

Straßen können ein Ladengeschäft ungemein beleben, aber auch völlig abschneiden. Nicht selten darben Betriebe an vielbefahrenen Bundesstraßen trotz täglich mehrerer, zehntausend vorbeifahrender Autos regelrecht - wenn nämlich keine Park- und Abbiegemöglichkeiten zur Apotheke gegeben sind, bzw. das Anfahren der Parkplätze ein riskantes Unterfangen ist.

In **Fußgängerzonen und Einkaufsstraßen** - die absoluten Spitzenlagen in Großstädten wie Berlin, Hamburg oder München bringen es auf über 100.000 Passanten pro Tag - ist zwangsläufig mit einer entsprechend starken Belebung zu rechnen. Freilich sind die Mietpreise je nach Passantenzahl exorbitant, bis teilweise über 100 Euro je qm. An einer solch belebten Straße kommen meist nur etwa 1% bis 2% der Vorbeigehenden auch tatsächlich in die Apotheke. Wenn der wirtschaftliche Erfolg also nur auf die Frequenz abgestellt werden soll, sind mehrere zehntausend Passanten pro Tag ein Muss. Ärzte im Haus oder benachbart heben jedoch diesen Schnitt ganz erheblich.

Ähnliches gilt für Verkehrsknotenpunkte, Haltestellen und Bahnhöfe. Strategisch günstig gelegene Bus- und S-Bahn-Stationen, die größere Mengen an Personen aus der Innenstadt (Fachärzte!) heraustransportieren, können u.U. wesentlich höhere "Abschöpfungsgrade" bedingen und sich tatsächlich als "Goldgrube" entpuppen.

Touristische Attraktionen sind wesentlich kritischer zu sehen, selbst wenn sie hin und wieder ganz enorme Menschenmengen anziehen. Natürlich profitiert eine Apotheke davon, doch weit weniger, als vielleicht vermutet. Der Tourist ist eben nicht der typische Apothekenkunde, und schon gar keiner, der hohe Einkaufsbeträge beschert.

Industriebetriebe versprechen oft ebenfalls mehr, als sie dann halten können. Mehrere tausend Beschäftigte, das ist schon ein Wort. Doch sind meistens die Arbeitnehmer jüngerer Natur (gut 40% der Betriebe beschäftigen heute keine über 50-jährigen mehr!), was weit niedrigere Pro-Kopf-Ausgaben als sonst üblich impliziert. Das gilt verstärkt für Betriebe der High-Tech- oder Medienbranche. Zudem sind viele Beschäftigte, die oft von weither einpendeln, nicht selten erstaunlich stark an ihre Stammapotheke am Heimatort gebunden. Dieser Standortfaktor darf also nicht überschätzt werden.

Läden aller Art können exzellente Frequenzbringer darstellen. Doch selbst hier kommt es nicht nur auf die Zahl der Kunden an, sondern auf die Kundenstruktur. Ideal sind Läden, die von Frauen (diese stellen den größten Teil der Apothekenkunden und sind auch heute noch überwiegend für die Familieneinkäufe einschließlich Arzneimitteln zuständig) bzw. breiten Bevölkerungsschichten regelmäßig zur Deckung des Grundbedarfes aufgesucht werden. Deshalb sind Lebensmittler, und hier insbesondere die gut sortierten Vollsortimenter mit 3.000 bis weit über 5.000 qm Verkaufsfläche und mehreren tausend Kunden täglich ("Einkaufscenter") gute Frequenzbringer, die oft schon alleine eine Apotheke ernähren können. Weiterhin gute Frequenzbringer, wenn auch nicht mit so hohen Kundenzahlen, sind Bäckereien, Metzgereien, Toto-Lotto-Schreibwaren-Läden, selbst Post und Bank schneiden gar nicht so schlecht ab. Textil- und Modegeschäfte, Schuhläden, Betten- und Einrichtungshäuser, Computer- und Media-Märkte sowie die viel frequentierten Baumärkte bringen der Apotheke dagegen oft erschreckend wenig Kundschaft. Die Motivlage, ein solches Geschäft zu betreten, ist eine völlig andere, und wer hat beim Möbelkauf schon ein Rezept dabei?

Doch bei den hochgelobten Lebensmittlern sind ebenfalls spürbare Abstufungen zu machen. Typische Discounter sind schlechter zu beurteilen als die erwähnten Vollsortimenter. Allzu abgehobene, teure Spezialitätenläden sind ebenfalls nicht ideal.

Gesundheitsbezogene Einrichtungen, wie in Kurorten, versprechen genau die apothekengeeigneten Kunden heranzuführen. Das Problem ist hier, dass andere dies auch wissen. Die Apothekendichte ist folglich hoch, der Konkurrenzkampf hart. Hier entscheidet, inwieweit sich eine Apotheke durch die richtige, strategische Lage, gepaart mit einem ansprechenden Erscheinungsbild und gutem Service, ausreichend abheben kann.

Die richtige Analyse der Frequenzfaktoren verlangt nach erheblicher Erfahrung. Manch Kollege hat sich von den Menschenmengen blenden lassen, und war dann bitter enttäuscht. Idealerweise nehmen Sie Kontakt mit Kollegen in vergleichbarer Lage auf und lassen sich deren Erfahrungen schildern.

1.4.3 Ortsspezifische Faktoren

Hier ist in erster Linie die Analyse der direkten Umgebung und seiner Menschen gefragt. Entscheidende Prüfpunkte sind:

- die Bevölkerungsstruktur, nämlich Altersaufbau (Hintergrund: weit überdurchschnittliche Arzneimittelausgaben Älterer), Kaufkraft am Ort, dargestellt durch Kaufkraftindices, aber auch die Mentalität, wie ausgeprägte Sparsamkeit, Konsumorientierung usw.,
- die Bevölkerungsentwicklung: steigende Einwohnerzahlen, stagnierend oder gar schrumpfend (ganz erhebliche Bevölkerungsabnahmen von teilweise 25% und mehr in den letzten 10 Jahren wiesen manche Regionen in den neuen Bundesländern auf),
- die Erwerbsbasis vor Ort (z.B. Fabriken mit hohem Arbeiteranteil, High-Tech-Industrien mit zahlreichen, gutbezahlten Akademikern, zahlreiche Ämter, Schulen und staatliche Einrichtungen mit zumeist privat versicherten Beamten usw.),
- Strukturprobleme, möglicherweise sich erst abzeichnend, wie drohende Firmenschließungen und Produktionsverlegungen, risikobehaftete Orientierung auf veraltete Industrien "von gestern", Standortschließungen auch auf Seiten von Ämtern, Bundeswehrstandorten usw.

Zur Ermittlung dieser Hintergrunddaten ist die jeweilige Gemeinde der erste Ansprechpartner, auch die lokalen Industrie- und Handelskammern können weiterhelfen. Die statistischen Landesämter des jeweiligen Bundeslandes verfügen über Auswertungen zur Kaufkraft und zur Einkommenssituation.

Nur sollte man die ortsspezifischen Faktoren in den richtigen Zusammenhang stellen. Es ist der Boden, auf dem der Anbau bestellt werden kann. Auch karge Böden können, richtig und konzentriert bearbeitet, ihren Ertrag abwerfen. Eine wohlhabende Umgebung nützt umgekehrt nicht viel, wenn die Apotheke vom Lebensstrom abgeschnitten ist.

1.4.4 Apothekenspezifische Faktoren

Selbstredend bestimmt das Erscheinungsbild der Apotheke selbst sowie, ganz entscheidend, ihre Erreichbarkeit per Auto und zu Fuß ganz entscheidend den realisierbaren Umsatz. Nur - konkret in Euro und Cent angeben lässt sich das kaum.

Die **wichtigsten Dinge**, auf die Sie auch bei einer Filiale achten sollten:

- Die Erreichbarkeit und bequem befahrbare Parkplätze - die Asse im Standortpoker schlechthin! Fehlende Parkplätze und eine versteckte, schwer anfahrbare Lage lassen sich kaum kompensieren,
- die strategische Lage zu Verordnern und Frequenzbringern,
- Erscheinungsbild, Lage und Art des Einganges, Helligkeit, Schaufenstergestaltung usw. Dieser Punkt soll aber nicht allzu sehr vertieft werden, denn hier hat jeder seine eigenen Vorstellungen, und es besteht durchaus ein gewisser Konsens, wie eine attraktive, moderne Apotheke aussehen sollte.

Ein miserables, äußeres Bild der Apotheke kann sogar für denjenigen, der in der Position des Übernehmers ist, ein erheblicher Vorteil sein - kauft er doch einen Betrieb unter Wert, wenn die sonstigen, unverrückbaren Standortfaktoren stimmen. Denn das Erscheinungsbild hat er fortan selbst in der Hand. Das verspricht interessante Steigerungsraten. Meist es ist daher besser, in einen ungeschliffenen, verstaubten Diamanten zu investieren, als in einen hochglanzpolierten Halbedelstein.

Erwähnt werden muss an dieser Stelle aber auch, dass Dinge wie Freundlichkeit, Servicequalität und Lieferbereitschaft manchen Standortnachteil kompensieren können - die Erreichbarkeit muss aber einfach gegeben sein. Diese "weichen" Faktoren können Sie zu einem guten Teil jedoch wieder selbst bestimmen.

Faktoren, die **weniger wichtig** sind und oft in der Wirkung überschätzt werden:

- Der Nutzen übertrieben teurer Einrichtungen - die Kunden registrieren dies weit weniger, als viele meinen (wobei dies immer im Konkurrenzumfeld zu sehen ist),
- allerlei technische Gimmicks, angefangen von Automatiktüren (die allermeisten Kunden können durchaus noch einen Türgriff in die Hand nehmen, zu Hause geht es ja auch), hochgezüchteten Analyse- und Body-Check-Geräten bis hin zu Kommissionierautomaten, die sich streng kaufmännisch betrachtet in vielen Fällen nicht rechnen.

1.4.5 Die Umsatz- und Marktpotenzialabschätzung

Oben beschriebene Faktoren können nun zu einer individuellen Umsatzprognose bzw. Potenzialabschätzung verdichtet werden. Hierfür gibt es zwei Methoden:

Die grobe Marktpotenzialabschätzung: Hierfür werden die Einwohner in einem hinreichend gut abgrenzbaren Einzugsgebiet mit dem Pro-Kopf-Apothekenumsatz (in 2003: ca. 350 Euro netto pro Jahr) multipliziert. Ggf. sind gewisse Zu- oder Abschläge zu machen. Auf dem Lande werden oft nur 200 bis 250 Euro erreicht, in dichten, facharztgespickten Ballungsräumen auch z.T. über 400 Euro. Dieses Marktpotenzial wird durch die Anzahl der beteiligten Apotheken geteilt - das ergibt den statistisch zu erwartenden Umsatz je Betrieb. Je nach individueller Lage werden die einzelnen Apotheken dies übertreffen oder eben nicht erreichen können.

Die individuelle Umsatzprognose: Gerne in teuren Gutachten erledigt, werden zuerst die einzelnen Verordner ggf. mit bestimmten Prozentansätzen den jeweiligen Apotheken zugeordnet. Ein Abgleich mit den Rezeptstatistiken bringt weitere Klarheit. Doch Vorsicht: Selbst Praxen im eigenen Haus lassen sich bestenfalls zu 80% oder nur wenig mehr abschöpfen - spürbare Streuverluste haben Sie also immer. Idealerweise werden Verordnungsbesonderheiten der einzelnen Praxen berücksichtigt, was höheren Rechercheaufwand bedeutet. Heime und andere Versorgungsaufträge treten hinzu, wobei solcherlei Umsätze immer nur als Reserve berücksichtigt werden sollten - dazu sind die längerfristigen Unsicherheiten zu groß und die Renditen zu schlecht.
Die Ermittlung des Barverkaufes wird oft rein statistisch vorgenommen (z.B. zusätzlich 30% des ermittelten Rezeptumsatzes). Je nach Vor-Ort-Situation sind hier jedoch ganz beträchtliche Korrekturen vonnöten.
Center-Apotheken werden wiederum anders berechnet. Hier geht man vom Passantenstrom aus, der direkt an der Apotheke vorbeikommt, und von Schätzfaktoren, wieviel Prozent dieser Personen (häufig etwa 5% bis 8%) in die Apotheke kommen. Zusammen mit dem erwarteten Korbumsatz (Umsatz pro Kunde und Besuch, Werte schwanken meist von 10 Euro bis deutlich über 15 Euro, manchmal bis an 20 Euro bei guten Verordnern im Umfeld) lässt sich daraus eine Prognose ableiten - was aber eine fundierte Erfahrung in der Centerlandschaft voraussetzt, denn Einkaufscenter unterscheiden sich im Hinblick auf ihre Kundenstruktur sehr stark.

1.4.6   Kannibalisierungsphänomene

Beim Aufbau einer Filialstruktur ist zudem auf Kannibalisierungseffekte innerhalb der eigenen Betriebe zu achten. Inwieweit treten Sie untereinander in Konkurrenz? Wie viel "knöpfen" Sie sich gegenseitig ab? Bei Filialapotheken im Umkreis nur einiger hundert Meter ist dies wahrscheinlich. Nun können Sie einwenden, besser Konkurrenz innerhalb der eigenen Struktur als ein Umsatzverlust an Fremde, und das ist sicher richtig. Dennoch - je nach Stärke Ihrer Expansionswünsche sollten Sie schon darauf achten, inwieweit Sie in Ihrem eigenen Teich fischen. Wenn Sie möglichst viel dazugewinnen möchten, sollten die Überschneidungsbereiche gering sein.

Diese ermitteln Sie, indem Sie versuchen, anhand von Rezeptdaten (Kundenadressen!) und ggf. der Kundendatei (Kundenkarten!) Ihren Einflussradius zu ergründen. Idealerweise gelingt Ihnen dies auch bei der ins Auge gefassten Filiale. Anhand eines Stadtplanes lassen sich nun leicht diese Kreise eintragen, und die Überlappungsbereiche (Schnittmengen) ergeben sich auf einen Blick. Auch wenn diese Grenzen natürlich fließend sind und diese Analyse nur recht grobe Anhaltswerte liefert - Sie sehen schon, wie stark sich die Apotheken gegenseitig ins Gehege kommen.

1.5   Der Weg zur Filialapotheke

Prinzipiell bieten sich Ihnen die folgenden Möglichkeiten:

- Sie gründen einen Filialbetrieb neu,
- Sie übernehmen eine bestehende Apotheke durch Kauf oder Pacht und führen die Apotheke in Eigenregie,
- Sie übernehmen eine bestehende Apotheke und belassen die bisherige Inhaberin bzw. den bisherigen Inhaber zumindest temporär als Filialleiter,
- Sie wählen ein oHG-Modell, entweder mit dem Altinhaber oder einem oder sogar mehreren neuen Partner(n),
- Sie besetzen eine Filiale familienintern, da Sie über weitere Approbationen in Ihrem Familienkreis verfügen. Hierfür bedarf es freilich nicht einer Filialregelung - approbierte Familienmitglieder konnten ja bisher schon frei agieren. Doch einen Unterschied gibt es: Sie können in der Familie mehrere Hauptapotheken betreiben, die alle ihrerseits bis zu drei Zweigbetriebe unterhalten dürfen. Ein Konglomerat aus Vater, Mutter und Sohn, alle approbiert, kann damit theoretisch bis zu 12 Standorte besetzen - das ist dann in der Tat schon eine kleine Kette. Doch wehe, wenn es hier zu einem familiären Zerwürfnis kommen sollte ...

Alle Varianten haben somit ihre Vor- und Nachteile.

Die **Neugründung** besitzt den Charme, dass Sie weder gezwungen sind, Personal und vielleicht gar einen angestaubten Betrieb zu übernehmen, noch Geld in einen Geschäftswert zu investieren, der sich möglicherweise schon bald in Luft auflöst. Sie fangen bei Null an, wählen Einrichtung und Ausstattung nach Ihren Vorstellungen (was mit etwas Cleverness recht preisgünstig zu bewerkstelligen ist, sofern man auf Luxusaccessoires verzichtet), und das so bedeutsame Personal können Sie ebenfalls frei auswählen und entsprechend "ziehen". Freilich fangen Sie auch mit dem Umsatz bei Null an; eine Durststrecke von zwei bis drei Jahren, in denen Sie nichts oder wenig verdienen, ist nicht ungewöhnlich. Zudem haben Sie das Problem, dass Sie in aller Regel nicht selbst den Betrieb so aufbauen können, wie es gerade bei einer Neugründung erforderlich wäre - schließlich besteht ja die Pflicht zur persönlichen Leitung der Hauptapotheke. Deshalb kann es geboten sein, die Zuständigkeiten zu tauschen: Aus der bisherigen Hauptapotheke wird ein Zweigbetrieb, und die Neugründung erfährt die volle Aufmerksamkeit des Inhabers.
Dennoch: Es gibt Situationen, in denen eine Neugründung Sinn macht oder gar unabweislich wird. Denken Sie nur an die Konkurrenzabwehr. War es früher leicht möglich, Sie mit einem neuen Standort um die Ecke quasi zu erpressen (denken Sie hier an einige, unrühmlich hervorgetretene "Standortentwickler" und Makler), sind Sie nun wesentlich flexibler. Sie können sich, ohne die bisherige Existenzgrundlage zu verlassen, in der Umgebung umtun und strategisch günstige Lagen besetzen, bevor es andere tun.
Eine weitere Konstellation ist die, dass Sie momentan in einem unattraktiven, wenig zukunftsfähigen Betrieb "festsitzen". Verkaufen können Sie ihn möglicherweise nicht mehr, Mietverträge binden Sie noch auf Jahre hinaus - eine Situation, die Sie regelrecht einmauert. Nun können Sie sich ebenfalls auf die Suche nach neuen Chancen begeben, ohne ihren jetzigen Betrieb abstoßen zu müssen. Die Flexibilität steigt dadurch beträchtlich.

Die **Übernahme** eines Betriebes hat erst einmal den großen Vorteil, dass Sie wissen, was Sie kaufen. Ein tatsächlich erwirtschafteter und nicht nur prognostizierter Umsatz ist gegeben, Sie können sich anschauen, was Sie übernehmen. Sie steigen sofort ein, können sich in etwa ausrechnen, was unter dem Strich bei dem Engagement übrigbleiben dürfte. Soweit die Theorie. In der Praxis sehen Sie leider immer nur Ausschnitte. Denken Sie nur an die zahlreichen Fusionen und Übernahmen in der Wirtschaftswelt und die daraus resultierenden Probleme - obwohl man meinen möchte, dass diese Großkonzerne nun wirklich alle Möglichkeiten und Ressourcen haben, so etwas zielführend und schlussendlich wertsteigernd für die Kapitalgeber über die Bühne zu bringen.

Die Erfahrung zeigt hingegen, dass bei einem Großteil dieser "M & A", Mergers and Akquisitions, Werte vernichtet werden - Schätzungen sprechen von 70%. Dies sollte zu denken geben. Die Probleme liegen also offensichtlich nicht in der Vorabanalyse der Daten. Vielmehr fangen die Schwierigkeiten bei der praktischen Abwicklung und Unternehmensintegration an. Und hier wiederum spielen die menschlichen und persönlichen Faktoren eine herausragende Rolle. Nur - dies alles sehen Sie bei einer Besichtigung kaum voraus, auch wenn es einige Indizien geben mag, die auf eine problematischere Geschichte hindeuten können (siehe weiter unten).

Vielen dieser menschlichen Probleme können Sie ausweichen, wenn Sie die Variante der **Übernahme unter Beibehalt der bisherigen Apothekenleitung** wählen. Dies setzt natürlich die Bereitschaft des Altinhabers voraus, sich nunmehr als Angestellter in den Dienst eines Fremden zu stellen. Auf der Seite des Übernehmenden ist ein gehöriges Maß an Toleranz, Verständnis und Geduld gefordert, um auch mit möglicherweise deutlich anderen Arbeitsweisen klar zu kommen. Doch hatten diese Arbeitsweisen ihre Berechtigung - der bestehende Umsatz zeugt davon in dem jeweiligen, unterschiedlichen Maße. Geschickt angegangen, kann diese Variante für alle Beteiligten sehr positiv verlaufen, selbst wenn es meistens nur eine Übergangslösung sein wird. Sinn macht diese Lösung freilich nur, wenn in dem zu übernehmenden Laden ein gutes Betriebsklima geherrscht hat, Sie also ein funktionierendes Team zusammenhalten. Herrschte dort jedoch bereits Krieg, können Sie es als Übernehmer kaum schlechter machen. Der Austausch der Leitung ist dann ein Muss.

Das **oHG-Modell** kann sehr viel Charme entfalten; gemeinsam lassen sich größere Lasten eben besser schultern. Bevor diese Variante genauer diskutiert werden soll, sei jedoch eines vorweggeschickt: Ungeachtet aller Chancen und objektiven Vorteile sind es meist menschliche Dinge - und hier manchmal lächerliche Details - die eine solche Partnerschaft oft schon nach kurzer Zeit wieder auseinander treiben. Seien es unterschiedliche Ansichten über die Unternehmensstrategie, Differenzen bei der Personalpolitik (wobei das Personal möglicherweise nicht alle Partner als gleichwertige Chefs akzeptiert und Präferenzen entwickelt), Uneinigkeiten und unterschiedliche Bewertungen der Arbeitsleistung des Anderen, Krach um das liebe Geld oder Machtverschiebungen, wenn sich z.B. der Lebensgefährte eines Partners mit einschaltet - die Liste der möglichen Reibungspunkte ist lang. Man sollte schon gut miteinander harmonieren, ähnliche Ziele verfolgen (wobei reines Geldverdienen als Zielrichtung zu wenig ist), teamfähig und tolerant sein und vor allem, auch unter Freunden, am Besten alle wesentlichen Dinge von vornherein klar und schriftlich regeln.

Prinzipiell scheinen mehrere Ausgestaltungen des oHG-Variante denkbar: Die Partner betreiben den gesamten Verbund aus maximal vier Apotheken gemeinsam - der gesamthaft erwirtschaftete Gewinn wird entsprechend geteilt. Für alle Partner besteht gleichermaßen die Pflicht zur persönlichen Leitung der Filialkonstruktion. Diese Verpflichtung zur persönlichen Leitung ("der Betreiber hat eine der Apotheken [Hauptapotheke] persönlich zu leiten"; im Falle der oHG wären alle Partner zusammen der Betreiber) ist explizit in § 2 des geänderten Apothekengesetzes, und hier in den neu eingefügten Absätzen 4 und 5, hervorgehoben. Dies kann jedoch die Interpretation zulassen, dass es nicht statthaft wäre, einen der oHG-Partner explizit in eine Filiale anstelle eines angestellten Filialleiters abzustellen - die andere Variante der Ausgestaltung des oHG-Modells. Diese Konstruktion hätte den Vorteil, einen kapitalmäßig beteiligten Kollegen mit im Boot zu haben, der dann eine größere Gewähr dafür bieten würde, dass die Filiale auch rentabel betrieben wird. Es erscheint vor diesem Hintergrund nicht einsichtig, warum es bei einer oHG nicht möglich sein soll, die teure, approbierte Arbeitskraft entsprechend aufzuteilen und gar zusätzlich noch einen Filialleiter einstellen zu müssen. Allerdings gibt es weitere Punkte zu bedenken: Wie sieht die Gewinnverteilung, wie die Höhe der Kapitalbeteiligung aus, vor allem, wenn der Partner auf eine Filiale festgenagelt werden soll? Hier besteht noch viel Diskussions- und Klärungsbedarf. Letztlich hängt es von der Genehmigungspraxis des jeweiligen Regierungspräsidiums ab, inwieweit hier flexible Lösungen gefunden werden können. Es ist deshalb empfehlenswert, anwaltlichen Rat bei der Abfassung eines entsprechenden oHG-Vertrages zu suchen, aber auch die zuständige Genehmigungsbehörde rechtzeitig bereits im Vorfeld zu kontaktieren, um unangenehme Überraschungen zu vermeiden.

1.6   Arbeitsrechtliche Fallen

Mit der Übernahme bereits einer einzigen Filiale haben Sie häufig bereits den Grenzwert für die mögliche Bildung eines Betriebsrates (siehe Kasten) überschritten. Nicht selten werden jedoch Personalanpassungen unvermeidlich, denn Synergieeffekte wie eine zentrale Warenbewirtschaftung und Verwaltung, zentrales Marketing usw. sollen ja nicht ungenutzt bleiben. Zudem wird eine höhere Personalflexibilität gefordert, um z.B. zwischen den Filialbetrieben zu wechseln. Nicht jeder ist bereit, heute hier und morgen da zu arbeiten. In der Praxis bedeutet dies erhebliche Einarbeitungszeiten (z.B. wegen unterschiedlicher EDV-Systeme), und der menschliche Faktor - verschiedene Teams müssen miteinander harmonieren - ist auch an dieser Stelle nicht zu vernachlässigen.

Deshalb: Die Apotheken leben vom Engagement der Mitarbeiter! Ohne motivierte Teams ist es beinahe ein Ding der Unmöglichkeit, ein Apotheken-Filialkonzept selbst mit nur ein oder zwei Zweigbetrieben erfolgreich zu führen - es bleibt immer noch ein persönlich geprägter Kleinbetrieb. Anders als bei einfachen und strikt vorstrukturierten Franchisekonzepten (wie Fast-Food-Ketten, Bäckereikonzepten, Textilketten usw.), sind die Dienstleistungen in der Apotheke zudem vielgestaltiger und komplexer, zählt persönliche Betreuung und Ansprache der Kunden weit mehr. Fehler im menschlichen Miteinander haben weitreichende Folgen und bleiben nicht ohne Wirkung auf die Kundschaft. Angesichts der recht schmalen Renditen sind solche Reibungsverluste unbedingt auf ein Minimum zu beschränken, und das verlangt nach einer starken Führungs- und Integrationspersönlichkeit. Wie schwierig das ist, zeigen prominente Beispiele aus der Wirtschaft.

Exkurs: Einige arbeitsrechtliche Folgen

Die Übernahme einer Filiale impliziert in aller Regel die Übernahme des dort beschäftigten Personals (§ 613a BGB). Die Arbeitsverhältnisse gehen in exakt jenem Stand auf den Erwerber über, den sie zum Zeitpunkt der Übernahme haben (Beispiel: Arbeitnehmer ist bereits vom Altinhaber gekündigt worden. Das Arbeitsverhältnis endet dann regulär mit Ende der Kündigungsfrist, unabhängig von der Übernahme). Tarifverträge und Betriebsvereinbarungen bestehen zunächst (mindestens ein Jahr) fort. Betriebsräte behalten ihre Mandate. Eine Kündigung lediglich aus Anlass des Betriebsverkaufes ist unzulässig. Das gilt auch, wenn der Altinhaber quasi in "vorauseilendem Gehorsam" dem Käufer zuliebe solche Kündigungen ausspricht. Er muss dann schon andere, betriebliche oder personenbezogene Gründe heranziehen und auch belegen können.
Mit der Überschreitung gewisser Schwellenwerte bei den Beschäftigtenzahlen gelten eine ganze Reihe arbeitsrechtlicher Vorschriften mit durchaus weitreichenden Konsequenzen. Entscheidender Punkt, ob diese Schwellenwerte überhaupt erreicht werden können, ist die Frage, ob es sich bei der Kleinkette um einen einheitlichen Betrieb mit zentraler Leitung handelt (dann zählen alle Beschäftigten zusammen), oder aber die Annahme einzelner, selbstständiger Betriebe zutrifft (dann würde jede Filiale eigenständig zu beurteilen sein). Die arbeitsrechtlich für den Unternehmer vorteilhaftere Beurteilung als eigenständiger Betrieb setzt in jedem Falle voraus, dass der leitende Filialapotheker mit weitreichenden Befugnissen ausgestattet ist (siehe unten). In aller Regel wird jedoch, auch aus apothekenrechtlichen Gründen, die Kette als Gesamtbetrieb anzusehen sein. Die damit höheren Gesamtbeschäftigtenzahlen haben folgende Konsequenzen:

Bei regelmäßig mehr als 10 (bis Ende 2003: 5) Arbeitnehmern (ohne Auszubildende und Praktikanten, Teilzeitbeschäftigte zählen anteilig nach einem Rundungsschlüssel, nämlich Anrechnung mit Faktor 0,5 bis zu 20 Wochenstunden, ab 20 bis 30 Wochenstunden = 0,75, über 30 Stunden = 1,0): Der Kündigungsschutz greift. Es ist bei Entlassungen eine Sozialauswahl zu treffen (und zwar filialübergreifend). Aber Vorsicht: Es gilt Bestandsschutz! Wer also in 2003 Kündigungsschutz besaß (und das war bei Betrieben mit mehr als 5 Arbeitnehmern nach obigem Schlüssel der Fall), behält diesen. Nur neu eingestellte Mitarbeiter unterliegen den neuen Regeln. Damit die nach 2003 Neueingestellten den Kündigungsschutz erlangen können, muss der Schwellenwert von 10 Arbeitnehmern, wiederum nach obigem Schlüssel, überschritten werden. Wird z.B. der elfte, neueingestellte Arbeitnehmer wieder entlassen, verlieren auch die anderen Neuangestellten (sozusagen die Nummern 6 bis 10) ebenfalls den Kündigungsschutz - in der Praxis können sich also durch diese Schwellenwerte manche Kuriositäten ergeben.
Ein Betriebsrat kann sich formieren (und zwar nach Betriebsverfassungsgesetz bereits bei fünf ständig wahlberechtigten Arbeitnehmern, von denen drei - aus einer entsprechend aufzustellenden Wahlliste - wählbar sein müssen), mit betriebsverfassungsrechtlich verbrieften Mitbestimmungs- und Mitwirkungsrechten.

Ab 10 Arbeitnehmern (Teilzeitbeschäftigte zählen anteilig) müssen Arbeitsschutzmaßnahmen schriftlich dokumentiert werden.

Bei mehr als 15 Arbeitnehmern (Auszubildende zählen nicht, bisherige Teilzeitbeschäftigte zählen allerdings voll!) besteht Anspruch auf Teilzeitarbeit gemäß Teilzeitarbeits- und Befristungsgesetz sowie Anspruch auf Teilzeit während der Elternzeit nach Bundeserziehungsgeldgesetz - sofern der Arbeitnehmer länger als 6 Monate im Betrieb beschäftigt ist. Kritisch kann dies besonders dann werden, wenn die/der "Leitende" davon Gebrauch machen möchte.

Ab 20 Arbeitnehmern (Teilzeitbeschäftigte zählen wiederum anteilig): Hier greift die Beschäftigungspflicht für Schwerbehinderte (Quote 5%) bzw. es muss eine Ausgleichsabgabe (Höhe: gestaffelt, mindestens rund 100 Euro im Monat) gezahlt werden. Schwerbehinderte genießen besonderen Kündigungsschutz und mehr Urlaub. Bei der Entlassung über 56-jähriger Angestellter muss ggf. das Arbeitslosengeld erstattet werden. Lappalien am Rande: Es muss ein Arbeitsschutzausschuss gemäß Arbeitssicherheitsgesetz gebildet werden, ein Sicherheitsbeauftragter ist zu bestellen.

Es besteht in jedem Falle die Verpflichtung, in bestehende Arbeitsverträge bei der Übernahme eines bestehenden Betriebes einzutreten. Änderungen an diesen Verträgen (z.B. die Auflage, auch in anderen Filialbetrieben tätig zu werden), müssen einvernehmlich erfolgen, oder aber erfordern eine Änderungskündigung, die ggf. vor dem Arbeitsgericht angefochten werden kann.

Dem **Arbeitsvertrag der/des "Leitenden"** kommt eine Schlüsselrolle zu. Nicht nur, dass es per se eine Person besonderen Vertrauens sein sollte, auch die Frage, ob es wirklich ein(e) leitende(r) Angestellte(r) im Sinne des Arbeitsrechtes werden soll, muss geklärt sein. Leitende Angestellte unterliegen nicht der Höchstarbeitszeit von 48 Wochenstunden, sind nicht tarifgebunden, ihnen kann leichter gekündigt werden, und auch haftungsrechtlich bestehen wirksamere Durchgriffsmöglichkeiten. Im Gegenzug müssen weitreichende Kompetenzen gewährt werden: Entweder, die betreffende Führungskraft ist eigenständig zur Einstellung bzw. Entlassung des Personals berechtigt, oder aber sie hat Generalvollmacht bzw. Prokura, oder sie darf sonst maßgebliche Entscheidungen frei von Weisungen treffen. Letztlich kommt es also darauf an, ob der "Leitende" den Betrieb weitgehend selbstständig führt (was Ergebnis- und Zielvereinbarungen nicht ausschließt), oder aber im Wesentlichen weisungsgebunden agiert. Eine weitere Abgrenzungsmöglichkeit, die zur Beurteilung leitend oder nicht leitend herangezogen wird, ist das Entgelt. Ab dem Dreifachen einer bestimmten, sozialversicherungsrechtlichen Bezugsgröße (§ 18 SGB IV) deutet das wiederum in Richtung leitender Angestellter (dies bedeutet im Jahre 2003 aber Bezüge von rund 85.000 Euro in den alten und gut 70.000 Euro in den neuen Bundesländern, die in 2004 wieder etwas steigen). Eine weitere Frage ist, ob die oder der **angestellte Teilzeitapotheker(in) als Filialleiter(in)** fungieren könnte und wo die Grenzen der Arbeitszeit nach unten hin liegen; die restliche Öffnungszeit würde durch Vertretungen abgedeckt. Hier ist der Standpunkt möglich, dass, wie im Apothekengesetz gefordert, eine persönliche Leitung der Filiale durch den Filialleiter gefordert ist und hier die gleichen Anforderungen wie an den eigenständigen Apothekenleiter zu stellen sind. § 2 Apothekengesetz sieht weiterhin vor, dass ein Apothekenleiter sich maximal drei Monate im Jahr vertreten lassen darf. Dies kann man auf Wochenstundenzahlen, unter Berücksichtigung des Urlaubes von rund 6 Wochen, umrechnen, und kommt auf rund 32 Stunden, die mindestens abgeleistet werden müssten. Inwieweit die Aufsichtsbehörden hier Entgegenkommen zeigen und diese Frage konkret auslegen werden, bleibt abzuwarten.

Sie sehen: Ganz einfach ist es nicht, hier durchzublicken. Deshalb ist ggf. eine Beratung durch einen arbeitsrechtlich versierten Anwalt dringend zu empfehlen, bevor Sie Nägel mit Köpfen machen - auch wenn das mit Kostenaufwand verbunden ist. Doch Fehler an dieser Stelle können noch weitaus teurer kommen. Weitere, allgemeine, allerdings nicht apothekenspezifische Vorab-Informationen gibt's zudem im Internet unter www.arbeitsrecht.de.

Hinweis: Einen Filialleiter-Musterarbeitsvertrag finden Sie im Anhang. Vorformulierte Musterformulare sind zudem beim Deutschen Apotheker Verlag in Stuttgart erhältlich.

Sie werden weiterhin in die zahlreichen ungeschriebenen Gesetze und stillen Übereinkünfte involviert, sei es gegenüber dem Personal, sei es gegenüber der Kundschaft und den Ärzten, die möglicherweise Ihren eigenen Geschäftsgrundsätzen in Ihrer Hauptapotheke zuwider laufen. Das kann zu regelrechten Kulturbrüchen führen - zwei völlig unterschiedliche Stile der Betriebsführung prallen aufeinander. Was in anderen Branchen normal ist, ist für die Apotheken eine völlig neue Erfahrung - nämlich solche Integrationsprozesse zu gestalten und Reibungsverluste zu minimieren. Hier gibt es bisher keine Vorlagen und Patentrezepte, doch sind Ehrlichkeit, Offenheit und menschliche Integrität, verbunden mit Führungsstärke und eigenem, vorbildlichem Verhalten schon ganz gute Zutaten zu einem erfolgreichen Integrationsrezept. Unabhängig von den rechtlichen Gegebenheiten lässt sich eben auch vieles "auf dem kleinen Dienstweg" erreichen, wenn beiderseits eine gewisse Kompromissfähigkeit gegeben ist, und keiner den anderen zu übervorteilen trachtet. Immerhin geht es nicht selten um die berufliche Existenz der Arbeitnehmer, was eben zu Ängsten, Abwehrhaltungen und sogar Aggressionen führen kann. Das müssen Sie als Chef nicht nur aushalten, Sie sollten solche Prozesse auch aktiv in eine gute Richtung lenken können.

1.7   Weitere Verpflichtungen bei der Übernahme

Mit der Übernahme einer Apotheke gehen Sie, über den Brocken Personal hinaus, weitere, erhebliche Verpflichtungen ein. Sie steigen nämlich in sämtliche Verträge ein, die nicht vorher von Altinhaberin oder Altinhaber termingerecht gekündigt werden können: Mietverträge, Leasingvereinbarungen, EDV-Verträge usw.

Diese sachlichen Gegebenheiten bedürfen der sorgfältigen Abstimmung.

Mietlaufzeiten müssen zueinander kompatibel sein. Was haben Sie davon, wenn Sie selbst noch auf zehn Jahre planen, Sie aber bei der Filiale 20 Jahre Restlaufzeit mit übernehmen müssten und deren spätere Veräußerbarkeit zweifelhaft ist? Umgekehrt kann es ebenfalls laufen - das Mietverhältnis steht auf wackeligen Beinen, der Betrieb ist daher kaum übernahmefähig. Hier mehrere, schon lange bestehende Geschäfte unter einen Hut zu bekommen, ist nicht leicht. Wer dagegen eine Kette neu aufzieht und expandiert, tut sich in diesem Punkt leichter - schließlich mietet er zu seinen Vorstellungen neu an.

Tipp: Versuchen Sie, eine möglichst große Flexibilität für sich herauszuholen. Mieten Sie bei Filialen lieber nur kurz- bis mittelfristig an (z.B. 3 bis 5 Jahre), mit anschließenden, am besten einseitigen Verlängerungsoptionen. Das Risiko, auch das politische, ist viel zu groß, als dass Sie sich heute noch auf zehn oder gar mehr Jahre fest einlassen sollten. Achten Sie dabei in finanzieller Hinsicht ebenfalls auf eine entsprechende Abstimmung - das Finanzierungskonzept darf nicht zusammenbrechen, wenn Sie nach 5 Jahren tatsächlich den Ausstieg aus der Filiale wählen (müssen).

Die technische Integration ist ebenfalls nicht ohne Fallstricke. Lösbar ist alles - es ist jedoch eine Kostenfrage. Was tun mit der alten EDV-Anlage, die zum eigenen System nicht passen will, aber für die noch etliche Jahre Leasing- und Softwarepflegeverträge laufen? Die Weiterführung wie gehabt ist möglicherweise ebenfalls teuer - Sie vergeben sich eine Menge Synergieeffekte durch direkte Warenlagerabstimmungen, gemeinsame Nutzung von Datenbeständen (Kundendaten etc.) und vieles mehr. Die Schaffung einer homogenen EDV-Umgebung bzw. die Schaffung einer Kompatibilität und Austauschbarkeit von Daten über offenen Schnittstellen wird noch manche Herausforderung, auch für die EDV-Anbieter.

Viel Streit kann es um das **Warenlager** geben, welches Sie in aller Regel ebenfalls übernehmen müssen. Gehen Sie davon aus, dass es eine hundertprozentige Lösung nicht geben wird, Sie werden etwas Geld einbüßen! Solange sich dies unter etwa 5% bis 10% des übernommenen Warenlagerwertes halten lässt, sollten Sie dies unter "Integrationskosten" verbuchen - wenn der Rest stimmt, ist diese Investition vertretbar. Aus den Gesprächen mit dem Altinhaber ersehen Sie schon, welchen Stellenwert das Warenlager hatte: Wurde es straff geführt, oder war es dem Altchef mehr oder minder egal (diese Fälle sind selten geworden, doch es gibt sie noch). Bereits ein Gang durch die Apotheke (Übervorräte, Keller!) und der kritische Blick in einige Schubladen ergibt für das geübte Auge ein erstes, oft treffendes Bild. Auch die Rezeptur samt der Standgefäße wirft ein ganz gutes Schlaglicht, wie es mit der Warenbewirtschaftung gehalten wurde. Warenlager, die mehr als 10% des Umsatzes betragen, sind in aller Regel überhöht. Andererseits sind weniger als 5% nur in speziellen Ausnahmefällen realisierbar (Landapotheken mit perfekter Ausrichtung auf zwei oder drei Hauptverordner!). Das sind grobe Richtwerte.

Tipps: Bauen Sie mit guten Retourenkonditionen bereits vor und schaffen Sie sich hier die nötige Flexibilität für die Warenlagerintegration! Fragen Sie die EDV-Anbieter - ggf. beider Systeme für Haupt- und Filialapotheke - inwieweit die Bestände in einer Datei zusammengeführt werden können, jedoch mit einem Kennzeichen, von welchem Betrieb der jeweilige Artikel stammt. Ist eine "Schnittmengen-Analyse" möglich, das heißt, eine Auswertung, welche Artikel in beiden Betrieben (wie oft?) vorkommen, und welche ganz spezifisch nur in einem Laden gängig sind? Und verzichten Sie in aller Regel nicht auf die "händisch" durchgeführte Inventur, auch wenn sie etwas Geld kostet (die EDV-Inventur bietet zu viele "Stellschrauben", die Sie möglicherweise nicht durchschauen, vor allem, wenn Sie das jeweilige System nicht kennen).

1.8   Hinter die Kulissen schauen

Angesichts des Gesagten wünschten Sie sich, einen Röntgenblick zu haben, um das ins Auge gefasste Objekt bis in den letzten Winkel vorab durchleuchten zu können. In der Tat kann der Integrationserfolg davon abhängen, dass Sie die wesentlichen Schwachpunkte vorab erkennen und ggf. sogar von einer Übernahme Abstand nehmen. Hierzu einige Anregungen:

- Mit wem sprechen Sie überwiegend? Mit der Altinhaberin bzw. dem Altinhaber selbst, oder sind Makler (manchmal kritisch) oder Steuerberater dazwischengeschaltet und womöglich bei jedem Gespräch mit anwesend? Versuchen Sie in jedem Fall, zu einem Gespräch unter Kollegen und unter vier Augen zu kommen. Wird dies abgelehnt, kann das schlicht ein verständliches Zeichen von Unsicherheit sein, nicht selten ist es aber ein dicker Minuspunkt, denn schließlich haben Sie es ja ebenfalls mit einem Unternehmer zu tun!

- Versuchen Sie bereits, in den ersten Gesprächen die Motive der Apothekenabgabe zu ergründen: Altersbedingt, aus wirtschaftlichen Gründen, keine Lust mehr, oder aufgrund von bestehenden oder sich am Horizont sich abzeichnenden Problemen?

- Welche Schwierigkeiten bestehen innerhalb des Teams? Wie geht die bisherige Apothekenleitung damit um? Durch geschicktes Fragen bzw. durch kleinere, entsprechend gewählte Anekdoten aus dem eigenen Betrieb können Sie den Altinhaber aus der Reserve locken und ein Bild über den bisherigen Führungsstil (autoritär, zielgerichtet, kopf- oder gefühlsbetont, uninteressiert, laisser faire usw.) erhalten. Ihre Einschätzung der Person der Leiterin bzw. des Leiters ist hier sehr wichtig. Wer selbst keine klaren Ziele und Vorstellungen hat, kann solche auch nicht vermitteln. Griesgrämigkeit der Apothekenleitung färbt ab, ebenso wie im positiven Sinne Optimismus und Zuversicht das Team gewaltig voranbringen. Wie der Herr, so das ... Bedenken Sie immer: In aller Regel redet ein Verkäufer nicht so gerne über die möglicherweise abschreckenden Probleme.

- Spüren Sie Geheimniskrämerei, überkommt Sie das ungute Gefühl, es verbergen sich noch tiefgründigere Dinge im Betrieb? Möchte der bisherige Besitzer nicht recht heraus mit der Sprache, werden Fragen einfach abgetan oder durch übertrieben optimistische Schilderungen verdeckt?
- Eine Besichtigung mit offenen Augen verrät ebenfalls viel: Zeigt die Apotheke Liebe zum Detail? Wie ist der Pflegezustand (unabhängig vom Alter der Einrichtung)? Ein Blick in Rezeptur, Labor und Warenlager sind nicht selten ein Spiegel der pharmazeutischen Arbeitsauffassung. Eine schlampig geführte Apotheke hat mit Sicherheit Spuren beim Personal hinterlassen, vor allem bei den länger Beschäftigten.
- Wie sieht die Buchhaltung aus? Haben Sie den Eindruck, dass ordentlich gewirtschaftet wird? Freilich ist dies ein Punkt, den Sie am leichtesten ändern können. Doch zur Beurteilung der Validität der vorgelegten Zahlen ist dieser Prüfpunkt wichtig.
- Idealerweise vereinbaren Sie einige Tage "Probearbeit" in der Apotheke. Als Apothekenvertretung für den Altinhaber gegenüber dem Personal kaschiert (eine plausible Begründung dürfte sich meist finden lassen), können Sie sich selbst ein Bild verschaffen. Ansonsten kann die "Beratervariante" ziehen, indem Sie offiziell als Berater einen tieferen Blick in die Apotheke werfen. Viele Kollegen scheuen sich, gegenüber Personal und Kundschaft mit offenen Karten zu spielen, und möchten ihre Verkaufsabsichten so lange wie möglich geheim halten. Ob dies sinnvoll ist oder nicht - spielen Sie mit und versuchen Sie intelligente Umgehungsstrategien zu finden, die den Verkäufer nicht bloßstellen.

Kleine Checkliste zur Übernahme

Personal-Analyse:
- Wer ist seit wann in welcher Position beschäftigt?
- Gehälter inklusive aller Sonderleistungen?
- Familienstände und Besonderheiten (schwerbehindert, über 55 Jahre usw.)? Besteht eine Personalvertretung (Betriebsrat)?
- Wer ist gewerkschaftlich organisiert?
- Wie schätzt der Noch-Inhaber die Leistungsfähigkeit und die persönlichen Eigenschaften ein?

Sachstandsanalyse:
- **Räumlichkeiten**, Zugänge, Fluchtwege usw.: Auch nach Übernahme noch revisionsgerecht? (Oft besteht eine Art Bestandsschutz nicht ganz gesetzeskonformer Zustände, die bei einer Übernahme geändert werden

müßten.) Entsprechen die beim Regierungspräsidium eingereichten Pläne noch den Tatsachen (wichtig bei erfolgten Umbauten)? Bedenken Sie auch arbeits- und unfallschutzrechtliche Aspekte (Gewerbeaufsichtsamt)!

- **Einrichtung** (Alter, Zustand, möglicher Restwert, steuerlich wie weit abgeschrieben, möglicher Reparatur- bzw. Erneuerungsbedarf).

- **Labor und Rezeptur**: revisionsgerecht? Eindruck? Alle wesentlichen Geräte vorhanden?

- Ingesamt ein **revisionsgerechter Zustand**? Was wurde bei den letzten Besuchen des Pharmazierates bemängelt (Besuchsberichte einsehen)?

- **Warenlager**: angemessener Wert, Anteil Unverkäufliches, Lagerum- schlagszahl, wurde das Warenlager straff und zielgerichtet geführt?

- **Kostenstruktur** (Analyse der jährlichen Gewinn- und Verlustrechnungen sowie Bilanzen, Einsehen der monatlichen, betriebswirtschaftlichen Ab- rechnung "BWA"): Angemessene Aufwendungen? Vorsicht: Betrachten Sie die Kosten so, wie Sie bei Ihnen anfallen würden. Etliche Positionen wie Zinsen, Abschreibungen, Tilgungen, Reise- und Kfz-Aufwand oder das Marketing stellen sich bei Ihnen möglicherweise ganz anders dar.

- **Check Mietverhältnis**: Laufzeit, Verlängerungsoptionen (einseitig, bei- derseitig?), Kostenanalyse (Nebenkosten!), Regelung der Mietpreissteige- rungen, Person des Vermieters und seiner Zukunftspläne (hier kann es trotz Vertrag manche Probleme geben).

- **Check Immobilie**: Zustand, größere Reparaturen wahrscheinlich? (Be- einträchtigung des Geschäftes! Ggf. auch die unmittelbare Umgebung daraufhin untersuchen.) Kauf sinnvoll bzw. überhaupt möglich vor dem Hintergrund der Mietzahlungen (Rechenexempel!)?

"Ungeschriebene Gesetze" zwischen den Zeilen:

- Spürbare **Probleme innerhalb der Belegschaft**? Sind diese durch den Altinhaber bedingt (was sich bei einer Übernahme ändern würde)?

- Wie ist das bisherige **Verhältnis zu den Schlüsselpersonen** (Verordner, Heimleitungen, Stammkunden, aber auch z.B. Vermieter)? Gab es hier Schwierigkeiten? Wird die Apotheke gar bewusst "geschnitten"?

- Welche **Absprachen und stillen Übereinkünfte** bestehen innerhalb des Betriebes (das beginnt bei den Kunden [Kunde XY bekommt immer seine Schlaftabletten ohne Rezept, Kunde Z erhält Sonderrabatt, Zuzahlungen werden für dieses und jenes nicht erhoben usw.], geht über Absprachen mit den Ärzten und endet beim Personal, wo möglicherweise ganz skurrile "Besitzstände" herrschen, was die Arbeitszeitgestaltung, die Urlaubsge- währung, Prämien "unter der Hand", aber auch Kompetenzen und "Son- derrechte" angeht. So etwas kann einem Übernehmer mehr zu schaffen machen als manch sachliche Schwierigkeiten!

Standortfragen:
- **Verordnerstruktur**, wo sind diese lokalisiert?
- **Analyse der Erreichbarkeit**, Sichtbarkeit, Parkplatzsituation usw., **Umgebungs-Check**.
- Wie sieht die **Zukunft vor Ort** aus? Absehbare Probleme? Dies kann im Rathaus und durch Ärztebesuche ggf. erfragt werden.

1.9 Wirtschaftliche Aspekte

1.9.1 Allgemeine Betrachtungen

In den letzten Monaten konnten Sie häufiger Anzeigen folgenden Inhaltes lesen:

Süddeutschland
Apotheke, alteingesessen,
gute Rendite, Nettoumsatz 600 Tsd. Euro,
bestens als Filialapotheke geeignet,
günstig abzugeben.

Was hat es damit auf sich? Wartet hier tatsächlich ein Schnäppchen?
Bedenken Sie zuerst, dass die Aufwands- und Kostenstruktur des Vorgängers sich nicht mit Ihrer decken wird, zumal wenn Sie die Apotheke von Angestellten fremd bewirtschaften lassen müssen. Der Altinhaber kann durchaus aus seiner "Ein-Mann-Apotheke", mit der Ehefrau an seiner Seite und ohne nennenswertes Personal, selbst bei der erwähnten, geringen Umsatzbasis noch eine ganz beachtliche Rendite erwirtschaften. Meist lasten keine Schulden mehr auf dem Betrieb, und es wird auch sonst mit minimalen Kosten gearbeitet. Das sieht nach der Übernahme aber ganz anders aus. Deshalb folgender

Tipp: Lassen Sie sich bei Übernahmen niemals von den Zahlen des Vorgängers blenden! Entscheidend ist, welche Kosten bei Ihnen zu Buche schlagen würden. Rechnen Sie also mit Ihren realistischen Aufwendungen einschließlich eventueller Zins- und Tilgungsbelastungen nochmals neu. Möglicherweise muss auch der Umsatz in beiderlei Richtung korrigiert werden - schön, wenn er steigerbar erscheint, weniger angenehm, wenn er sogar zu fallen droht, weil er eben z.B. aufgrund der langjährigen Verwurzeltheit und des Beziehungs-netzwerkes des Altinhabers von Ihnen nicht mehr zu übertrumpfen ist.

Wann wird eine Filiale unter diesen, neuen Randbedingungen rentabel? Bei der Beurteilung dieser Frage dürfen Sie einen weiteren Fehler nicht machen - nämlich die Renditesituation Ihrer bisherigen (Haupt-)Apotheke auf die der Filialen hochzurechnen. Es ist ein großer Unterschied, ob eine Apotheke inha-bergeführt wird, oder aber im Wesentlichen in der Obhut von Angestellten liegt. In der Filialapotheke muss jede Öffnungsstunde personell abgedeckt sein, während Sie im eigenen Betrieb so manche Stunde selbst überbrücken können. Urlaub, Krankheit, Fortbildungen, unvorhergesehene Ausfälle oder plötzliche Kündigungen wollen ebenfalls bedacht sein. Sie benötigen per Ge-setz die ständige Präsenz eines teuren Apothekers (und dies ist der, offensicht-lich von bestimmten Politikern nicht realisierte, entscheidende Unterschied zu Filial-Bäckereien oder Metzgereien). Da Sie selbst nur sehr eingeschränkt einspringen werden - Sie müssen Ihre Hauptapotheke nach wie vor eigenver-antwortlich wie bisher führen - müssen Sie mit einer 100%igen Abdeckung durch Angestellte rechnen. Kernpunkt ist also, inwieweit sich eine fremdbe-triebene Apotheke ohne Arbeitseinsatz eines Inhabers noch rechnet, also "fi-lialtauglich" ist. Diese Erfordernis einer 100%igen Abdeckung wird in ihren praktischen und wirtschaftlichen Konsequenzen gerne unterschätzt.

Den größten und riskantesten Kostenblock stellt also das Personal dar. Eine sorgfältige Kalkulation ist angesagt - rechnen wir also einmal ein Beispiel:

Die Apotheke A habe 60 Stunden pro Woche geöffnet, das sind an die 3.100 Stunden im Jahr, je nach Lage der Feiertage, Apotheke B hingegen nur 45 Stunden (= ca. 2.300 Stunden p.a.). Dazu kommen die Notdienste, verkaufsof-fene Sonntage usw. Die tatsächliche Jahresarbeitszeit eines tariflichen Ange-stellten beträgt rund 1.650 Stunden, Urlaub und durchschnittliche Abwesen-heitszeiten sind hierbei schon eingerechnet. Sie benötigen also für Apotheke A

3.100 / 1.650 = rund 1,9 Vollzeitstellen

zur Abdeckung der Öffnungszeiten allein durch das vorgeschriebene, appro-bierte Personal. Diese arithmetische Rechnung berücksichtigt freilich nicht individuelle Besonderheiten oder außergewöhnliche Ausfälle, die Notdienste müssen ggf. über ein übertarifliches Gehalt "herausgequetscht" werden. Bei Gesamtkosten von mindestens 60.000 Euro p.a. für einen "Leitenden" inklusi-ve Sozialbeiträgen türmt sich hier bereits ein ganz beachtlicher Fixkostenblock auf. Zusammengesetzt ist dieser aus etwa 3.700 bis 3.800 Euro Monatsgehalt (= ca. 15% über der höchsten Tarifstufe West) mal 13 Gehältern zuzüglich der Sozial- und Nebenabgaben von etwa 22% bis 25%. Das ist bereits recht niedrig gerechnet. Die Vertretung des Filialleiters sei etwas billiger, ca. 45.000 Euro im Jahr für eine zusätzliche 35 Stunden-Stelle, um alle Öffnungszeiten abdek-ken zu können. Summe: 105.000 Euro für 1,9 Stellen. Sonstiges Personal wird ebenfalls noch benötigt. Im Minimum werden das eine zusätzliche Kraft für den HV-Bereich über die Öffnungszeit hinweg sein (= 1,9 PTA-Stellen, Kosten ca. 55.000 Euro p.a.) sowie Kräfte für Warenwirtschaft, Botengänge usw., die minimal mit etwa 15.000 Euro angesetzt sein sollen.

In der Summe sind das

105.000 Euro Approbierte
55.000 Euro PTA
15.000 Euro sonstige Hilfskräfte

Summe: **175.000 Euro p.a.**

Da staunt der Fachmann, und der Laie wundert sich. Sie sehen schon: Eine kleine Zweigfiliale unter 1,0 Mio. Euro Umsatz wird sich nur in den seltensten Fällen rechnen, allenfalls bei sehr eingeschränkten Öffnungszeiten. Diese Betriebszeiten haben offensichtlich einen sehr großen Einfluß und sind ein Schlüssel zum Erfolg von Filialen.
Rechnen wir mit nur 45 Öffnungsstunden für Apotheke B, können wir die benötigten Stunden im HV-Bereich linear herunterrechnen, der Fixbetrag für Warenwirtschaft etc. soll gleich bleiben. Dann reduzieren sich die Personalkosten auf 135.000 Euro.

Exkurs: Personalkosten einfach überschlagen

Personalkosten setzen sich aus dem Bruttogehalt mal der Anzahl der Gehälter im Jahr zuzüglich der Arbeitgeberanteile zur Sozialversicherung und sonstigen Sonderleistungen zusammen. Diese Sonderleistungen können im Einzelfall beträchtlich sein (Essens- und Fahrgeldzuschuss, zusätzliche Altersversorgung, regelmäßige, vertraglich fixierte Fort- und Weiterbildung u.a.m.). Dazu kommen noch Beiträge zur Berufsgenossenschaft sowie zum Umlageverfahren (U1/U2), was aber vergleichsweise gering ausfällt. Insgesamt sind, ohne betriebsindividuelle Sonderleistungen, Zuschläge zum Bruttogehalt in Höhe von etwa 23% bis 25% zu machen. Das läuft auf folgende Überschlagsformel für die Gesamtpersonalkosten pro Jahr bei durchgängiger Beschäftigung und 13 Gehältern hinaus:

Gesamtkosten p.a. = Brutto-Monatsgehalt mal 16

Das stimmt relativ genau. Erst bei im Apothekenalltag sehr hohen Gehältern oberhalb der Beitragsbemessungsgrenzen (die in der Krankenversicherung ja bei rund 3.500 Euro und in der Renten- und Arbeitslosenversicherung bei über 5.100 Euro liegen) schmilzt die prozentuale Belastung etwas ab, da die Beiträge dann eine Konstante darstellen.

Teilen Sie obiges Gesamtgehalt durch die Zahl der geleisteten Arbeitsstunden (bei einer Vollzeitkraft ca. 1.600 bis maximal 1.700 Stunden p.a.), haben Sie die Kosten je Arbeitsstunde. Damit lassen sich beispielsweise zusätzliche Öffnungszeiten bezüglich des Personalaufwandes recht einfach quantifizieren.

Bei Teilzeitkräften rechnen Sie einfach die Gesamtkosten bzw. -stunden via Wochenstundenzahl herunter. Wer also nur 20 Stunden arbeitet (bei 38,5 Stunden Vollarbeitszeit), dessen Kosten und Jahresstundenleistungen ergeben sich einfach durch Multiplikation obiger Jahreswerte mit dem Faktor 20 / 38,5.

Eine weitere, brennende Frage: Wie hoch soll oder muss ein(e) Filialleiter(in) entlohnt werden?

Letztlich regeln hier Angebot und Nachfrage den Preis. Da aber eine schlechte Filialleitung sehr viel Geld kosten kann - der bisherige Umsatz kann steigen, aber auch in Grund und Boden gewirtschaftet werden - sollten Sie sich nicht zu knauserig zeigen. Für Verwalter lautet eine Faustformel "Tarifgehalt der höchsten Stufe plus 25%". Das läuft auf etwa 53.000 Euro Jahresgehalt plus Sozialnebenkosten heraus, insgesamt also mindestens 65.000 Euro p.a. Notdienste sind bereits ab 15% über Tarif der jeweiligen Stufe der Berufserfahrung abgegolten; das bedeutet Einstiegstarife von rund 40.000 Euro Brutto-Jahresgehalt zuzüglich Nebenkosten, also insgesamt ca. 50.000 Euro p.a.

Eine empfehlenswerte Variante ist die Zahlung eines vernünftigen Grundgehaltes - z.B. Tarif plus 15% - und zusätzlich eine Leistungsprämie (die sich, in abgewandelter Form, auch auf die übrigen Mitarbeiter beziehen sollte). Doch aufgepasst: Einfache, lineare Umsatzprämien sind angesichts der Kombimodell-Honorierung jetzt sehr gefährlich geworden. Besser ist eine Ankoppelung an den tatsächlichen Rohgewinn oder sogar nur eine klare Fokussierung auf den Barverkauf, da der Rezeptumsatz ja zu einem guten Teil fremdbestimmt ist. Auch die Kundenzahlen an sich oder ausgegebene Kundenkarten können ein Leistungskriterium sein.

Deshalb ist eine Mischprämie möglicherweise das beste Kompromissmodell. Das bedeutet z.B. für jede neue Kundenkarte eine Prämie von pauschal 3 Euro, zusätzlich eine Prämie von 5% bis 10% des zusätzlichen (!) Barumsatzes gegenüber dem Vorjahr plus einer allgemeinen Jahreserfolgsprämie, die Sie am Ende des Jahres "nach Kassenlage" der Filiale festlegen. Die Filialleitung erhält dabei ggf. einen "Führungsbonus". Führt das Team Sonderaktionen durch - vom Vortrag in der Volkshochschule oder im Altenheim bis hin zur Blutzucker-Meßaktion in der Offizin - winken ebenfalls Sonderprämien.

Bei drei Filialen ist u.U. mit einem weiteren Zusatzbedarf an Springern, sprich flexibler Vertreterkapazität in der Hinterhand, zu rechnen - es sei denn, Sie fahren von vornherein mit einer komfortablen, aber teuren Personaldecke zumindest in einer Apotheke, damit von dort aus Engpässe an anderer Stelle abgepuffert werden können.

Doch rechnen wir einmal weiter: Eine Apotheke läßt sich mit 3,0% Raumkosten (inklusive Nebenkosten!), 4,5% für alle Sachkosten, Marketing und Beiträge sowie etwa 1% für Zinsen betreiben. Ohne Personal entspricht dies einem Kostensatz von 8,5%. Das sind brauchbare, eher schon niedrige Branchenwerte, die im Einzelfall natürlich abweichen können. Nun kommt die Unbekannte Personal: Oben hatten wir für einen 60-Stunden-Betrieb rund 175.000 Euro errechnet. Bei 1,0 Mio. Umsatz entspräche dies 17,5%, zuzüglich der sonstigen Kosten von 8,5% liegen Sie bei 26,0% Gesamtkosten. Das ist nicht selten in der Nähe des erreichbaren Rohgewinnsatzes - die Sache geht auf Null auf!

Wie sähe die Sache bei einer 1,25 Mio. Euro-Filiale aus? Da einige, aber beileibe nicht alle, Sachkosten Fixkosten sind, kann von einem Kostensatz ohne Personal von vielleicht 7,5% ausgegangen werden. Im günstigsten Fall schafft die obige Besetzung auch den erhöhten Umsatz. Dann betrüge der Personalkostensatz 175.000 Euro / 1.250.000 Euro = 14%. Damit errechnen sich Gesamtkosten von gut 20%. Alles, was darüber hinausgeht, wäre Gewinn. Bei den zu erwartenden Spannen dürfte sich das aber trotzdem im niedrigen, einstelligen Prozentbereich bewegen - bei 60 Stunden Öffnungszeit. Bei 45 Stunden sieht die Rendite hingegen schon ausgesprochen erfreulich aus und weist Reserven für Unvorhergesehenes auf. Kleinere Apotheken unter 1,0 Mio. Euro Umsatz dürften sich jedoch im Allgemeinen nicht rechnen, es sei denn, die Kostenstruktur ist außergewöhnlich günstig. Doch selbst dann ist der Reservepuffer gering - die große Unbekannte Personal lässt grüßen. Die Tabellen 1.3 und 1.4 weiter unten illustrieren die einzelnen Szenarien noch einmal beispielhaft.

Tipp: Leider setzen höhere Umsätze meist auch eine Ausweitung der Öffnungszeiten voraus. Die 1,2 Mio. Euro-Filiale bei 42 Stunden Öffnungszeit dürfte die krasse Ausnahme bleiben. Kalkulieren Sie deshalb genau, was eine zusätzliche Stunde pro Tag kostet (in erster Linie sind das Personalkosten, die Betriebsaufwendungen für zusätzliches Licht usw. sind in erster Näherung vernachlässigbar), und welchen Umsatz Sie dafür benötigen. Rechnen Sie natürlich nur mit dem Personal, welches tatsächlich z.B. für eine zusätzliche Abendstunde anwesend sein wird. Nebenbei: Morgenstund hat Gold im Mund - in manchen Lagen (Berufsverkehr!) ist auch an eine frühere Öffnung zu denken! Benötigen Sie eine approbierte Kraft (z.B. 30 Euro pro Stunde Vollkosten) plus eine PTA (z.B. 17,50 Euro pro Stunde), dann sind das 47,50 Euro

Aufwand; aufgerundet, mit zusätzlichen Betriebskosten, 50 Euro. Bei 27,5% Rohgewinnsatz ("Spanne") benötigen Sie dafür 50 Euro durch 27,5 mal 100 gleich rund 180 Euro Umsatz in dieser Zeit zur Kostendeckung. Bei 5 Tagen in der Woche und rund 50 Wochen im Jahr (Feiertage scheiden ja aus) bedeutet das 45.000 Euro Zusatzumsatz, die diese zusätzliche Stunde am Tag jährlich einbringen müsste; erst mit darüber hinaus gehenden Umsätzen verdienen Sie überhaupt Geld.

Tabelle 1.4: Modellapotheke A mit 60 Stunden Öffnungszeit pro Woche (= ca. 3.100 Stunden jährlich) Annahme: 1.650 effektive Arbeitsstunden einer Vollzeitkraft p.a., vereinfachte Modellbetrachtung für verschiedene Umsätze; die unterschiedlichen Personal- und Sachkostenansätze resultieren aus umsatzabhängigen Effekten: Manche Kosten bleiben gleich, andere steigen (Beiträge, Rezeptabrechnung) oder sinken gar etwas - bei niedrigeren Umsätzen kann z.B. etwas HV-Personal entfallen (PTA, Approbierte müssen über die gesamte Zeit zur Verfügung stehen). Tilgungen sind hier nicht berücksichtigt und müssen separat bestritten werden, genauso Steuern, insb. Gewerbe- und Einkommensteuer.

Kostenposition	0,75 Mio. Umsatz Kosten in Euro	in %	1,0 Mio. Umsatz Kosten in Euro	in %	1,25 Mio. Umsatz Kosten in Euro	in %
Personalkosten:						
Approbierte	105.000	14,00	105.000	10,50	105.000	8,40
sonst. HV-Kräfte	50.000	6,67	55.000	5,50	60.000	4,80
PKA, Hilfskräfte	15.000	2,00	15.000	1,50	15.000	1,20
Sachkosten aller Art, Beiträge etc.	40.000	5,33	45.000	4,50	50.000	4,00
Raumkosten "warm"	30.000	4,00	30.000	3,00	30.000	2,40
Zinsen	10.000	1,33	10.000	1,00	10.000	0,80
Kostensumme	**250.000**	**33,33**	**260.000**	**26,00**	**270.000**	**21,60**
Handelsspanne in %	---	27,50	---	27,50	---	27,50
= Rohgewinn	206.250		275.000		343.750	
Operativer Gewinn	**-43.750**	**-5,83**	**15.000**	**1,50**	**73.750**	**5,90**
- Abschreibungen	15.000	2,00	15.000	1,50	15.000	1,20
Vorläufiger Gewinn, vor Steuern	**-58.750**	**-7,83**	**0**	**0,00**	**58.750**	**4,70**

*Tabelle 1.5: Modellapotheke B, wie Apotheke A in Tabelle 1, jedoch mit nur **45 Stunden** Öffnungszeit pro Woche, Modellbetrachtung für verschiedene Umsätze.*

Kostenposition	0,75 Mio. Umsatz Kosten in Euro	in %	1,0 Mio. Umsatz Kosten in Euro	in %	1,25 Mio. Umsatz Kosten in Euro	in %
Personalkosten:						
Approbierte	79.000	10,53	79.000	7,90	79.000	6,32
sonst. HV-Kräfte	41.000	5,47	46.000	4,60	51.000	4,08
PKA, Hilfskräfte	15.000	2,00	15.000	1,50	15.000	1,20
Sachkosten aller Art, Beiträge etc.	40.000	5,33	45.000	4,50	50.000	4,00
Raumkosten "warm"	30.000	4,00	30.000	3,00	30.000	2,40
Zinsen	10.000	1,33	10.000	1,00	10.000	0,80
Kostensumme	**215.000**	**28,67**	**225.000**	**22,50**	**235.000**	**18,80**
Handelsspanne in %	---	27,50	---	27,50	---	27,50
= Rohgewinn	206.250		275.000		343.750	
Operativer Gewinn	**-8.750**	**-1,17**	**50.000**	**5,00**	**108.750**	**8,70**
- Abschreibungen	15.000	2,00	15.000	1,50	15.000	1,20
Vorläufiger Gewinn, vor Steuern	**-23.750**	**-3,17**	**35.000**	**3,50**	**93.750**	**7,50**

1.9.2 Die "Mini-Max-Lösung" - eine gute Alternative?

Eine Kollegin rechne sich einmal beispielhaft folgende Konstellation aus:
Die anvisierte Filialapotheke mache rund 500.000 Euro Nettoumsatz im Jahr; der Rohgewinnsatz lag in der Vergangenheit bei 150.000 Euro p.a., der Rohgewinn bei 150.000 Euro p.a. (= 30% Handelspanne). Ihr Gedanke: Mit einem Approbierten und einer PTA sollte sich ein solch kleiner Betrieb bequem führen lassen; nur 38 Stunden Öffnungszeit passen exakt zur tariflichen Arbeitszeit. Die Rechnung soll so aussehen:

Personalkosten Filialleitung:	60.000 Euro
Personalkosten PTA Vollzeit:	30.000 Euro
Raumkosten "warm":	17.500 Euro
Alle Sachkosten, Beiträge etc.:	15.000 Euro
Zinsen für Warenlager, Betriebsübernahme:	2.500 Euro
Kostensumme:	125.000 Euro
Rohgewinn:	150.000 Euro
verbleiben (operativer Gewinn):	**+ 25.000 Euro**

Dieser operative Gewinn ist sozusagen das, was der Betrieb tatsächlich in Geld vor Steuern abwirft. Er ist eine leicht fassbare, entscheidende Größe. Bereinigt um die Abschreibungen aus der Filiale erhalten Sie bereits das Zusatzeinkommen, welches zu versteuern ist. In der Regel dürfte daher etwas mehr als die Hälfte des operativen Gewinns netto zum Verbrauch verbleiben. Ggf. müssten aber noch etwaige Tilgungen von Krediten für diesen Zweigbetrieb bestritten werden. Die Abschreibungen werden angesichts der geringen Übernahmepreise bei der obigen Mini-Max-Variante geringfügig sein und, bei ausbleibenden Investitionen, weiterhin bleiben.

Nebenbei: Die belastenden, privaten Vorsorgeausgaben (Rente, Krankenkasse, sonstige Versicherungen) werden im Wesentlichen gleich und durch die Filialisierung unberührt bleiben. Insofern kommen obige Erträge tatsächlich obenauf und können die Einkommenssituation schon beträchtlich aufbessern.

Alles in allem sieht das nach einem Mitnahmeeffekt aus, den man sich nicht entgehen lassen sollte. Mit wenig Aufwand lassen Sie den Umsatz quasi nebenher laufen, ohne sich dafür krumm zu legen. Doch welche Einwände gibt es anzuführen?

1) Die Personalkosten müssen um Urlaubs- und sonstige Fehlzeiten ergänzt werden. Diese machen noch einmal rund 7 bis 8 Wochen im Jahr aus. Der zusätzliche Kostenaufwand beträgt rund 2.000 Euro pro Woche (nämlich 90.000 Euro Personalkosten von oben geteilt durch ca. 45 effektive Arbeitswochen im Jahr), mithin rund 15.000 Euro jährlich, die obigen Beträgen hinzu zu addieren sind. Alternativ können diese Fehlzeiten durch personelle Reservekapazität in der Hauptapotheke aufgefangen werden. Kalkulatorisch muss dies jedoch der Filialapotheke zugeschlagen werden - alles andere ist Augenwischerei.

2) Die Kalkulation bricht schnell zusammen, wenn unvorhergesehene Krankheit, Schwangerschaft u.a. dazwischenkommen. Im günstigen Fall besteht ein "Backup" in der Hauptapotheke oder anderen Filialen - dieser Personalüberhang taucht aber an irgendeiner Stelle kostenmäßig in Erscheinung - oder aber es muss direkt mit teuren Vertretungen gearbeitet werden.

3) Die Handelsspanne erscheint vor dem heutigen Hintergrund für eine Apotheke dieses Kalibers als zu hoch angesetzt - insbesondere, was die mittelfristigen Aussichten angeht. Nur Sondersituationen (hoher Baranteil, niedriger Rezeptschnitt) könnten diesen Ansatz rechtfertigen.

Diese Einwände lassen den errechneten Überschuss bereits in einem ganz anderen Licht erscheinen. Er wird auf dünnem Eis ohne jede Reserve erbracht. Diese "Reserve", auch als **Sicherheitsgrad** bezeichnet, können Sie näherungsweise errechnen, indem Sie den erwarteten, operativen Gewinn durch die erwartete Handelsspanne teilen und mit 100% multiplizieren. Im obigen Beispiel heißt das

25.000 Euro / 30% x 100% = 83.333 Euro

D.h., bei einem Rückgang des Umsatzes um 83.333 Euro (= etwa 6%) geht Ihr Gewinn auf Null zurück, der **Break-even** ist erreicht (nach Steuern kann es aufgrund der Abschreibungen etwas anders, meist günstiger, aussehen). 6% Minus sind schnell vollbracht - eine Gesundheitsreform, eine nicht optimale Personalbesetzung, aber auch nur die Tatsache, dass der Kollege gegenüber umbaut und aktiver wird - die Einflussfaktoren sind vielfältig. In obigem Beispiel können Sie dann übrigens nicht mehr nennenswert mit Kostensenkungen dagegensteuern - Sie auf dem harten Boden der betriebswirtschaftlichen Realität angekommen. Höhere Umsatz- oder auch Spannenrückgänge führen unweigerlich in echte Verluste. Das ist das erwähnte, "dünne Eis".

Zusammenfassend ergibt sich die vielleicht kurios anmutende Konsequenz: Gerade bei Filialapotheken ist ein erheblicher Schwellenumsatz vonnöten, um nicht in die Verlustzone zu rutschen, was auch noch einmal in den Abbildungen 1.1 und 1.2 beispielhaft illustriert ist. Während eine 600.000 Euro-Apotheke als Einzelapotheke sogar noch betreibbar sein kann - indem der Inhaber nämlich selbst ständig präsent ist und mit minimalem Personal- und Kostenaufwand auskommt - ist exakt dieser Weg bei einer Filialapotheke versperrt. Hier sind hohe Personalgrundkosten unvermeidbar, selbst bei recht geringen Öffnungszeiten. Das Risiko, ob die Apotheke in der täglichen Routine so betrieben wird, wie gewünscht, gibt es obenauf. Deshalb kann nur vor einer "Luschen-Arithmetik" gewarnt werden: Mehrere, schlecht laufende Betriebe geben als Ganzes doch noch ein rentables Konglomerat. So wie zwei Partner, die beide an Krücken gehen, kein Sprinterteam ergeben, können sich zwei unrentable Apotheken (und auch andere Betriebe) nicht in die Rentabilität katapultieren. Im Gegenteil - der vermeintlich günstige Einstieg kann unter dem Strich recht teuer und im schlimmsten Fall existenzbedrohend werden.

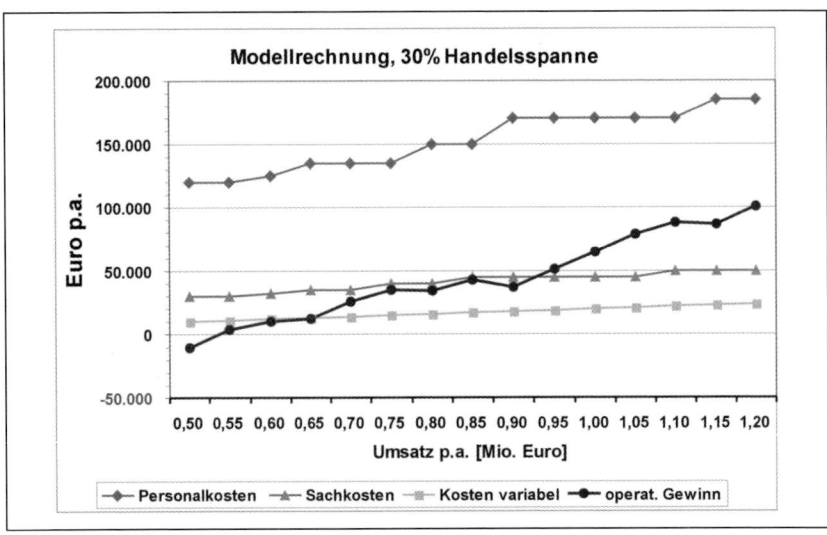

Abb. 1.1: Kosten und Erträge einer Filiale in Abhängigkeit vom Umsatz. Die Kosten und deren Änderungen mit dem Umsatz - Personalkosten ändern sich z.B. "sprunghaft" - sind branchentypische Werte. Bei angenommenen 30% Handelsspanne liegt der "Break-even"-Umsatz, ab dem ein positiver, operativer Gewinn anfällt, relativ niedrig.

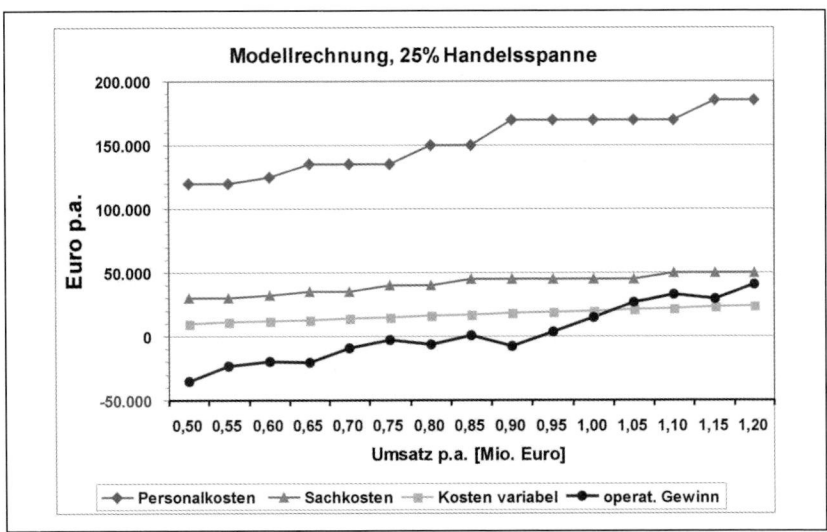

Abb. 1.2: Wie in obiger Abb. 1.1, jedoch mit 25% Handelsspanne gerechnet, also einem niedrigeren Rohgewinn. Der „Break-even-Umsatz" liegt folglich viel höher.

1.9.3   Automatisierung - eine Lösung?

Eine reizvolle Variante könnte nun darin bestehen, die erwähnte "Mini-Max"-Apotheke weitestgehend zu automatisieren, wofür sich Kommissionierautomaten anbieten. Das Ziel: Die Ein-Mann-Apotheke, die sich mit wirklich minimalem Aufwand betreiben ließe. Eines Tages, wenn die rechtlichen Gegebenheiten dies zulassen sollten, könnte die Apotheke sogar weitgehend via Abgabeschalter und Kameraüberwachung ferngesteuert betrieben werden (derartige Lösungen wurden für den Notdienst bereits präsentiert, technisch ist das also möglich). Momentan kommen Sie an der approbierten, laufend präsenten Filialleitung hingegen nicht vorbei. Der Automat, der im übrigen ebenfalls bestückt und bedient werden muss und zudem im Bereich der Freiwahl und bedeutenden Teilen der Sichtwahl überhaupt keinen Beitrag liefert, kann also "nur" Hilfskräfte und vielleicht die zusätzliche PTA ersetzen. Solche Automaten erfordern jedoch Investitionen in Höhe von mindestens 100.000 Euro, oft deutlich mehr. Bei bestehenden Apotheken kommen teils beträchtliche Umbaukosten hinzu. Die Wartung, Instandhaltung sowie die laufenden Kosten für Energie und Verbrauchsmaterial können ebenfalls leicht 10.000 Euro und mehr im Jahr ausmachen. Das alles zusammengerechnet, ist letztlich der Aufwand für die erwähnte PTA. Ein wesentlicher Punkt tritt hinzu - der der Auslastung. In einer kleinen Apotheke ist ein solches Gerät in aller Regel nicht annähernd ausgelastet. Kurzum: Vor dem Hintergrund des begrenzten Renditepotenzials einer Kleinfiliale und der künftigen Unsicherheiten muss eine solche Investition, die den eigentlichen Wert der Apotheke bei weitem übersteigt, sehr kritisch hinterfragt und fachmännisch durchgerechnet werden. In größeren Betrieben kann die Automatisierung aber Sinn machen und lukrative Renditespielräume eröffnen - hier ist auch der Boden bereitet, auf dem sich ein solcher Lagerroboter bewähren kann.

1.9.4   Entlastungseffekte

Bisher wurde viel von Belastungen gesprochen. Doch gibt es auch Entlastungen. Beispielsweise können Versicherungen für alle Apotheken gemeinsam preiswerter abgeschlossen werden, die Steuerberatung erfolgt gebündelt, das Marketing läuft zentral. Bei Flyern, Zugaben und Werbemitteln ergeben sich durch höhere Stückzahlen positive Skaleneffekte - höhere Auflagen, geringere Stückpreise. Das erklärt sich durch die recht hohen Fixkosten, die bei solchen Druckaufträgen immer anfallen, mit höheren Auflagen sich aber relativieren.

Die Bezugskonditionen beim Wareneinkauf sollten sich verbessern, bei Rabattverhandlungen sind weitere Zugeständnisse wahrscheinlich. Allerdings werden diese Einkaufseffekte gerne überschätzt, zumal, wenn Sie nur einen kleineren Zweigbetrieb Ihr Eigen nennen. Vor dem Hintergrund weitgehend wegfallender Großhandelsrabatte im dominierenden, taxpflichtigen Bereich gilt dies verstärkt. Zudem erreichen Sie durch den Beitritt zu Einkaufsgemeinschaften und -kooperationen oftmals gleiche oder gar bessere Bedingungen, ohne dass Sie dafür Filialen benötigen würden.

Aussichtsreich erscheint noch folgende Anregung: Ein zentraler Wareneingang in Kombination mit einem täglichen Kunden-Lieferservice, sofern die Entfernungen zwischen den Betrieben nicht zu groß sind. Lieferservice und Warendistribution gehen Hand in Hand und machen erst bei mehreren Filialen richtig Sinn. Die Ware für die Filialen wird dann durch den Patienten-Lieferdienst ebenfalls täglich verteilt. Der Vorteil: In den Filialen muss die Ware nur noch angenommen und weggeräumt werden. Die Verbuchung ist bereits über die "Zentrale" erfolgt (wobei aus Controllinggründen unbedingt darauf zu achten ist, dass jeder Artikel filialspezifisch verbucht wird). Die Bestellungen aus den Filialen heraus erfolgen ebenfalls via Einwahl in den Hauptapothekenrechner; die zentralisierte Abwicklung führt zu den jeweils besten Konditionen sowie minimalen Warenüberschneidungen in den einzelnen Betrieben. Teure, seltener benötigte Artikel können erst einmal aus der Hauptapotheke oder einer anderen Filiale zugeliefert werden, bevor sie nachbestellt werden. Solche kleinen Tricks helfen bei der Sicherung der Liquidität. Doch aufgepasst: Diese Zentralisierungen machen nur Sinn, wenn Sie stets einen Überblick über die aktuellen Warenbestände und -bewegungen in jedem einzelnen Betrieb haben. Das muss die EDV leisten können. Andernfalls laufen Sie Gefahr, völlig den Überblick über die Warenbewegungen zu verlieren.

Alles in allem erscheinen 1% bis 3%-Punkte vom Umsatz als Kostenentlastung aufgrund der oben erwähnten Synergieeffekte und Einkaufsvorteile erzielbar, möglicherweise auch etwas mehr. Das hängt aber im Einzelfall sehr von der Cleverness und Flexibilität von Apothekenleitung und Mitarbeitern ab. Je nach (Un-)Vermögen der Filialleitung sind natürlich effektivere oder uneffektivere Arbeitsweisen möglich. Gute Organisation ist dabei die halbe Miete. Dagegen stehen, wie erwähnt, die erheblich höheren Personalkosten aufgrund der Erfordernis einer 100%-Abdeckung durch approbiertes Personal. Doch nicht nur auf der Kostenseite droht Gefahr; ein(e) schlechte(r) Filialleiter(in) kann auch den Umsatz ganz erheblich schmälern.

1.9.5 Synergie-Effekte - auch eine Entfernungsfrage

Für ein Filialkonzept sprechen, neben strategischen Vorteilen, die erwähnten möglichen Synergie- und Skaleneffekte. Ob professioneller Lieferservice, Ladenhütertausch, Personalaustausch zwischen den Filialen, günstigere Einkaufskonditionen oder eine gemeinsame Verwaltung und Buchhaltung - mit mehreren Betrieben fällt vieles leichter, lässt sich einfach mehr bewegen. Sie können möglicherweise Spezialisierungen auf gewisse Kundenkreise weit gezielter vorantreiben, weil Sie einfach aus einem größeren Topf schöpfen und über größere, personelle Ressourcen verfügen. Diese Synergieeffekte steigen tendenziell mit zunehmender Betriebszahl, sodass drei Zweigbetriebe insofern mehr Sinn machen als nur einer.

Hingegen gehen viele Synergieeffekte schnell gegen Null, wenn die Entfernungen zu groß werden. Wenn die Filialen an den gegenüberliegenden Rändern einer Großstadt liegen, oder 10, 20 oder mehr Kilometer auf dem Lande dazwischen liegen, dann wird es mit dem flexiblen Einsatz des Personals zwischen den einzelnen Apotheken schwierig, macht das Hin- und Hertransportieren von Ware keinen wirtschaftlichen Sinn mehr, werden die Fahrstrecken und -zeiten für ein einzelnes Lieferfahrzeug zu groß. Der logistische Aufwand zwischen den einzelnen Filialapotheken sollte daher in jedem Fall anhand realistischer Kilometerkosten für die benutzten Kraftfahrzeuge (nicht selten kommen selbst für Kleinwagen bereits Beträge von 0,50 Euro bis 1,00 Euro heraus) sowie effektiver Stundensätze für das Personal berechnet werden. Der Entfernungsaspekt darf also nicht unterschätzt werden. Alternative: Die einzelnen Apotheken sind für sich alleine bereits so stark, dass die Rentabilität auch ohne einen Großteil der Synergieeffekte gegeben ist.

Zu nah beieinander liegende Standorte haben jedoch andere Tücken: Überschneiden sich, wie bereits bei der Standortanalyse erwähnt, die Einflussgebiete zu stark, treten die Filialen gegenseitig in Konkurrenz und machen sich Kunden abspenstig. Zwar bleibt der Umsatz dann in der "Familie", doch ideal ist das nicht. Deshalb sollte das Einzugsgebiet der einzelnen Betriebe systematisch ergründet und in einen Stadtplan eingetragen werden. Es lässt sich aus der Arztstatistik der Rezeptabrechnung sowie einer Rezeptanalyse (Untersuchung der Patientenadressen) ablesen.

1.9.6 Rentabilitätsbetrachtungen

Die erwirtschafteten Renditen sind einerseits in Relation zum aufgewendeten Kapital und zur zusätzlichen Arbeit und Verantwortung zu sehen, andererseits auch schlicht im Verhältnis zum Umsatz (Umsatzrentabilität). Eine **Gesamtkapitalverzinsung** vor Steuern von mindestens 10% bis 12% für unternehmerisch arbeitendes Kapital sollte schon herausschauen. Finanzieren Sie sich mit Fremdkapital, ist die zumeist erhebliche Differenz zum Fremdzinssatz kalkulatorisch mit einzuberechnen. Beispiel:

Für Fremdkapital bezahlen Sie 6% p.a. Um auf gewünschte 12,5% Gesamtkapitalverzinsung vor Steuern zu kommen, müssen Sie kalkulatorisch noch die Differenz von 12,5% minus 6% = 6,5% hinzurechnen (bzw. alternativ die tatsächlich bezahlten Fremdzinsen bei der Gewinnberechnung außen vor lassen und dafür nur Ihren höheren, kalkulatorischen Zinssatz ansetzen). Bleibt dann noch ein angemessener Unternehmerlohn übrig, zuzüglich eines betriebswirtschaftlichen Gewinnes? Dieser lediglich rechnerische Ansatz ist genauso so beurteilen wie der Ansatz des schon erwähnten, kalkulatorischen Unternehmerlohnes. Es sind Rechengrößen, die zeigen, inwieweit kaufmännisch ein lohnendes Investment vorliegt.

Umgekehrt können Sie die Kapitalrentabilität in Prozent des eingesetzten Geldes natürlich ebenso errechnen, und schauen, ob ein ausreichend hoher Wert zu erwarten ist. So errechnet sich die Gesamtkapitalrentabilität:

a)   Bestimmen Sie den operativen Gewinn (= Rohgewinn minus alle tatsächlich in Geld anfallende Betriebskosten).

b)   Ziehen Sie die Abschreibungen (= kalkulatorische Kosten, Ersatz für Wertverluste) ab.

c)   Ziehen Sie Ihren eigenen Lohn ab (hier sollten Sie nur die tatsächlich für die Filiale aufgewandte Zeit in Stunden pro Jahr ansetzen, mit einem angemessenen Stundenlohn von beispielsweise etwa 50 Euro pro Stunde; keinesfalls dürfen Sie hier Ihren gesamten, gewünschten Unternehmerlohn ansetzen - Sie betrachten ja nur eine Filiale).

d)   Rechnen Sie die tatsächlich bezahlten Zinsen für das Fremdkapital hinzu.

e)   Was nun bleibt, dividieren Sie durch das eingesetzte Kapital, und nehmen diesen Wert mal 100%. Es ist die Kapitalrentabilität in Prozent.

f)   Im Laufe der Jahre reduziert sich das eingesetzte Kapital um den Wertverlust (ausgedrückt durch die Abschreibungen). Sie sollten also nur noch den Restbuchwert, zuzüglich Warenlager und ggf. neu hinzugekommenen Investitionen, als Wert des eingesetzten Kapitals in Ansatz bringen.

Erzielen Sie nach diesem Schema nicht mindestens 10% bis 12%, ist die Investition unter kaufmännischen Gesichtspunkten nicht rentabel. Dies sollte auch bei den Kaufpreisverhandlungen bedacht werden - kann sich der geforderte Preis überhaupt rechnen? Unter strategischen Aspekten kann das natürlich anders aussehen - wenn sich nämlich die Frage stellt, an wen der Umsatz fällt, wenn Sie nicht zugreifen. Sie können jedoch in der Regel davon ausgehen, dass ein Außenstehender noch viel weniger gewillt sein wird, in ein halblebiges Objekt einzusteigen, zumal wenn dieses seine Hauptexistenz darstellen soll. Eine wieder andere Situation ist die, dass mehrere Apotheken am Ort um Filialen konkurrieren und womöglich die Preise hochtreiben. Doch bedenken Sie: Es macht keinen Sinn, minimale, risikobehaftete Renditen einzukaufen, oder sich gar Verluste ins Haus zu holen, nur um einen Umsatz nicht aus der Hand geben zu müssen. Das Entscheidende überhaupt ist die Rentabilität, davon leben Sie, und nur diese sichert Ihr Überleben. Konzentrieren Sie sich dann lieber auf den Hauptbetrieb, und gefährden Sie ihn nicht sogar, indem Sie sich mit Risikopositionen vollsaugen.

Eine einfachere Betrachtung bezieht sich schlicht auf die Umsatzrentabilität. Hier können Sie vom erwähnten, operativen Ergebnis (vor Abschreibungen) ausgehen - das ist ja schlichtweg der "Geldüberschuss" (Brutto-cash-flow), den die Apotheke vor Steuern erbringt. Wer sich nicht in die Tasche lügen möchte und den Wertverlust mit einbringen will, muss von obigem, operativen Gewinn die Abschreibungen, kurz AfA, abziehen (wobei diese AfA und der tatsächliche Wertverlust keinesfalls übereinstimmen müssen).
Dieses Ergebnis, dividiert durch den Umsatz mal 100% ergibt die jeweilige Umsatzrentabilität.
Dabei werden Sie in der Praxis häufig einen Verwässerungseffekt feststellen, was bereits weiter oben angedeutet wurde. Nur in den seltensten Fällen - wenn es sich um sehr umsatzstarke Filialbetriebe, idealerweise mit hohem Baranteil, handelt - wird ein Zweigbetrieb die prozentuale Rendite Ihrer Hauptapotheke erbringen. Meist wird sogar ein ganz erheblicher Renditeabstand dazwischen liegen. Bösartig kann man dann sagen, dass Sie Ihre eigentlich übliche Umsatzrendite (z.B. 10%) erheblich verwässern. Absolut bleibt zwar mehr übrig, relativ aber nicht. Solange alles gut läuft, ist das kein Problem. Schmalere Renditen bedeuten jedoch einen geringeren Sicherheitspuffer gegenüber möglichen Umsatz- und Ertragsrückgängen. Die jetzige Gesundheitsreform wird nicht die letzte gewesen sein. Bei nur 3% Rendite bedeuten 10% Rückgang oft schon das Erreichen der Verlustzone. Haben Sie starke Filialen, können Sie noch eher mit Kostensenkungen (insbesondere Personal) gegensteuern. Ist Ihre Filiale schon heute grenzwertig, arbeiten Sie also bereits mit minimalen Kosten, ist ein solches Gegensteuern kaum mehr möglich. Rückgänge schlagen voll auf den Gewinn durch. Das ist in der folgenden, kleineren Modellrechnung gezeigt (Abb. 1.3 und 1.4):

Die Hauptapotheke sei eine "typische" Apotheke mit 1,2 Mio. Euro Nettojahresumsatz. Die Handelsspanne liegen bei branchenüblichen 28% netto, die Kosten bewegen sich ebenfalls im üblichen Rahmen, eher am unteren Rand. Diese Apotheke übernehme, als Maximalvariante, 3 Filialbetriebe:

Filiale 1: 600.000 Euro Umsatz
Filiale 2: 750.000 Euro Umsatz
Filiale 3: 700.000 Euro Umsatz

Die Handelsspannen sollen alle bei ebenfalls 28% liegen.
Erwirtschaftet die Hauptapotheke einen operativen Gewinn vor Steuer von immerhin 9,75%, sieht es bei den Filialen sehr viel schlechter aus. Die Renditen liegen zwischen gut 2% und knapp 5%. Absolut ergibt sich jedoch ein Plus beim Brutto-cash-flow von immerhin gut 70.000 Euro. Die Umsatzrendite verschlechtert sich für jedoch für das ganze Konglomerat von den erwähnten 9,75% auf nur noch 5,77% - das ist der Verwässerungseffekt!
Wie sieht die Lage aus, wenn der Umsatz pauschal um 10% zurückgeht?
Kosten sollen nur geringfügig zu reduzieren sein, vor allem in den Filialen, die bei dieser Umsatzregion personell kaum mehr abspeckbar sind (der umsatzvariable Anteil wurde mit 2 Umsatz-% angenommen). In diesem Fall macht die Hauptapotheke immer noch knapp 8% Rendite, Filiale 1 schrammt in die Verlustzone, Filiale 3 entkommt einem Verlust noch so gerade, einzig Filiale 2 macht noch 15.500 Euro operativen Gewinn - das sind jedoch gerade mal 2,3% Umsatzrendite, Werte aus dem Lebensmittel-Filialistenbereich! Die Kleinkette hat nur noch eine Umsatzrendite von 3,52% - der Abstand zur Hauptapotheke ist noch größer geworden!
Nebenbei: Alle Werte sind vor Abschreibungen gerechnet, insoweit noch "geschönt"! Die Kostenansätze sind wiederum realistische Branchenwerte am sparsamen Rand.

Hauptapotheke	in EUR	%
Umsatz:	1.200.000	100,00
Spanne:		28,00
= Rohgewinn:	336.000	28,00
Personalkosten:	120.000	10,00
Fixkosten:	75.000	6,25
var. Kosten	24.000	2,00
operat. Gewinn:	117.000	9,75

Filiale 2	in EUR	%
Umsatz:	750.000	100,00
Spanne:		28,00
= Rohgewinn:	210.000	28,00
Personalkosten:	120.000	16,00
Fixkosten:	40.000	5,33
var. Kosten	15.000	2,00
operat. Gewinn:	35.000	4,67

Summe op. Gewinn:	187.500
= in Umsatz-%:	5,77

Filiale 1	in EUR	%
Umsatz:	600.000	100,00
Spanne:		28,00
= Rohgewinn:	168.000	28,00
Personalkosten:	110.000	18,33
Fixkosten:	32.500	5,42
var. Kosten	12.000	2,00
operat. Gewinn:	13.500	2,25

Filiale 3	in EUR	%
Umsatz:	700.000	100,00
Spanne:		28,00
= Rohgewinn:	196.000	28,00
Personalkosten:	120.000	17,14
Fixkosten:	40.000	5,71
var. Kosten	14.000	2,00
operat. Gewinn:	22.000	3,14

Abb. 1.3: Hier ist ein Filialkonzept, bestehend aus vier Apotheken, gezeigt. Die Hauptapotheke ist eine "typische" Apotheke, die sich nach kleineren Apotheken umgeschaut hat, in einer Umsatzregion, wie sie zurzeit häufig gerade als "geeignet für Mehrbesitz" angeboten werden. Jede Apotheke ist als Kasten mit den einzelnen Kostensätzen (vereinfacht zusammengefasst) und operativen Gewinnen gezeigt. In der Mitte findet sich die Gewinnsumme (absolut) für alle vier Betriebe sowie in Umsatzprozenten ausgedrückt. Es fällt auf, dass die Rendite des Hauptbetriebes (immerhin 9,75%) von den Filialen bei weitem nicht erreicht wird; die Gesamtrendite wird also verwässert, auch wenn der absolute Betrag natürlich steigt.

Hauptapotheke	in EUR	%
Umsatz:	1.080.000	100,00
Spanne:		28,00
= Rohgewinn:	302.400	28,00
Personalkosten:	120.000	11,11
Fixkosten:	75.000	6,94
var. Kosten	21.600	2,00
operat. Gewinn:	85.800	7,94

Filiale 2	in EUR	%
Umsatz:	675.000	100,00
Spanne:		28,00
= Rohgewinn:	189.000	28,00
Personalkosten:	120.000	17,78
Fixkosten:	40.000	5,93
var. Kosten	13.500	2,00
operat. Gewinn:	15.500	2,30

Summe op. Gewinn:	103.000
= in Umsatz-%:	3,52

Filiale 1	in EUR	%
Umsatz:	540.000	100,00
Spanne:		28,00
= Rohgewinn:	151.200	28,00
Personalkosten:	110.000	20,37
Fixkosten:	32.500	6,02
var. Kosten	10.800	2,00
operat. Gewinn:	-2.100	-0,39

Filiale 3	in EUR	%
Umsatz:	630.000	100,00
Spanne:		28,00
= Rohgewinn:	176.400	28,00
Personalkosten:	120.000	19,05
Fixkosten:	40.000	6,35
var. Kosten	12.600	2,00
operat. Gewinn:	3.800	0,60

Abb. 1.4: Das obige Filialkonzept aus Abb. 1.3, wenn die Umsätze durchwegs um 10% zurückgehen sollten (die Handelsspanne soll noch gleich bleiben). Sie gelangen übrigens zu ganz ähnlichen Ergebnissen, wenn die Umsätze gleich bleiben sollten, die Handelsspanne aller Betriebe im Mittel aber von den hier angenommenen 28% auf etwa 25% bis 25,5% abfallen sollte. Näheres im Text.

1.9.7 Vorsicht vor der Liquiditätsfalle

Eine weitere Herausforderung ist die Sicherstellung einer ausreichenden Liquidität. Diese wird aus verschiedenen Gründen in einem Filialkonzept stärker beansprucht:

- Ein größeres Warenlager bindet mehr Kapital. Bei schlechtem Organisationsgrad (mangelnde Bündelung der Warenwirtschaft in der Zentrale) besteht die Gefahr des Ausuferns der Bestände und ein höheres Verfallsrisiko, wenn die Filialen hier nicht sensibilisiert sind,
- höhere Lohnkosten fallen an. Damit verbunden sind höhere Kostenrisiken - wie Engpässe durch Kündigungen, Schwangerschaften etc., unvorhergesehener Bedarf an Springern, Vertretern und Aushilfen,

- steigende Sachkosten sind ebenfalls zu verzeichnen, auch hier wieder mit Risiken behaftet, angefangen von der defekten Automatiktüre über teure EDV-Probleme bis hin zu unvorhergesehenen Reparaturen am Liefer-Kfz. Durch Filialen vervielfachen sich diese Aufwendungen, es wird zusätzliche Personalkapazität gebunden. Wenn Sie dies nicht durch klare Organisationsstrukturen abfangen, geraten Sie als Chef schnell in eine Situation des Krisenmanagers, der laufend einspringen muss, wenn es wieder irgendwo brennt,

- zusammen mit dem höheren Investitionsbedarf ergibt sich ein teilweise ganz erheblich größerer Kapitalbedarf. Schnell stehen Sie mit absolut recht beachtlichen Beträgen im Obligo. Wenn die Filialen dann für sich jedoch keinen größeren Wert mehr haben bzw. diesen einbüßen sollten, ist der Weg zur Überschuldung nicht weit.

Das alles zeigt: "Durchhänger" sind nicht drin! Verlustbringer können Sie sich nicht lange leisten, es sei denn, Sie haben wirklich vier Betriebe, und die restlichen drei Betriebe stehen alle ausgesprochen solide da. Ein Ausstieg aus einer unrentabel gewordenen Apotheke ist oft ebenfalls nicht möglich oder aber sehr teuer:

- Mietverträge laufen noch eine bestimmte Zeit, Nachmieter lassen sich, sofern vertraglich überhaupt zulässig, oft nicht finden, ein "Herauskaufen" via Abfindung ist sehr teuer oder wird aus Angst vor Leerständen seitens des Vermieters nicht akzeptiert,

- Leasing- und Wartungsverträge (EDV!) binden Sie zusätzlich,

- Personal kann - Kündigungsschutz! - nicht nach Belieben abgebaut werden,

- auch das Ausräumen und die Verwertung einer unverkäuflichen Alteinrichtung, verbunden mit einer Renovierung der Räume, kann durchaus selbst am Schluss noch kostenträchtig werden.

Das ist der entscheidende Unterschied zu großen Ketten: Das Gesetz der großen Zahl und die Statistik glätten dort einfach Verlust- und Renditebringer. Bei hundert Betrieben können Sie sich den einen oder anderen Verlustbringer eine Zeit lang leisten und diesen in Ruhe ggf. auflösen. Denn schlecht laufenden Läden stehen meist auch ausgesprochen rentable "cash cows" gegenüber. Bei nur wenigen Betrieben brennt es hingegen schnell unter den Nägeln. Bei einer Bäckerei oder einem Schreibwarenladen sieht es schon wieder anders aus: Die gesetzlichen Auflagen und Investitionen sind weit geringer, ein solcher Laden ist in einem Nachmittag leergeräumt, Personal ist häufig nur auf Aushilfsbasis beschäftigt. Hier machen selbst wenige Filialen oft Sinn - nicht zuletzt, weil die Renditen hier ganz andere sind (was kostet ein Brötchen in der Herstellung und wie hoch ist letztlich der Ladenpreis?). Und wie viele Brötchen, Stifte oder Blöcke "unter dem Tisch" abgesetzt werden, darüber schweigt das Gewissen ...

Experten gehen davon aus, dass professionelle, auf Dauer und Rentabilität angelegte Filialkonzepte erst ab mehreren Dutzend, besser ab 100 Betrieben sinnvoll sind. Hier bündeln sich Einkaufsmacht sowie Synergieeffekte, verbunden mit der statistischen Absicherung einzelner Ausreißer. Und selbst diese tun sich in der alles andere als einfachen, deutschen Einzelhandelslandschaft nicht leicht ...

1.9.8 Die optimale Filialzahl

Angesichts der angestellten Betrachtungen stellt sich die Frage nach der optimalen Filialzahl. Unter dem Gesichtspunkt der Synergieeffekte, des statistischen Ausgleichs und der Marktstärke gilt durchaus: Je mehr, je besser. Aber nicht auf der Basis heute schon unrentabler Betriebe! Die momentanen, gesetzlichen Restriktionen lassen jedoch professionelle Konzepte nicht zu - die regionale Begrenzung ist vielfach ein großer Hemmschuh, und auch vier Betriebe sind aus der Sicht professioneller Filialisten im Grunde ein Nichts. Die Expansion vor allem in unbekanntes Terrain will daher sehr sorgfältig überlegt sein.

Momentan ist daher zu beobachten, dass erst einmal mit einer Filiale gestartet wird. Oft handelt es sich dabei um eine Apotheke, die sich die Initiatoren schon länger ausgeguckt haben, bei der eine Übernahme quasi auf der Hand liegt. Meist sind die Personen bereits bekannt, inklusive der späteren Filialleitung, die z.B. von einem langjährigen, bewährten Angestellten übernommen wird. Liegen hier derart berechenbare Rahmenbedingungen vor, kann dies ein sehr sinnvoller Ansatz sein: Da weiß man aus langjähriger Erfahrung als Konkurrent, was man hat. Die Risiken scheinen überschaubar.

1.9.9 Filial-Controlling

Auch wenn Sie vielleicht bisher mit Zahlen und Betriebswirtschaft auf Kriegsfuß standen, und es trotzdem ganz gut funktioniert hat: Spätestens mit dem Einstieg in die Minikettenwelt sollte es damit vorbei sein. Für Ihre Zweigbetriebe benötigen Sie ein zeitnahes Controlling, damit Sie sofort sehen, ob die Betriebe noch Wertbeiträge liefern oder gar beginnen, Geld zu "verbrennen". Das ist eine Grundvoraussetzung, um die oben skizzierten Schwierigkeiten zu vermeiden oder zumindest im Vorfeld zu erkennen, damit Sie rechtzeitig die Weichen auf eine Umstrukturierung oder gar Ausstieg stellen können.

Einige Elemente, die ein solches Controlling aufweisen sollte:

- Filialspezifische Erfassung der Umsätze (segmental untergliedert in GKV, Privatverordnungen, Barverkauf apothekenpflichtig, Barverkauf Freiwahl, Verhältnis Arzneimittel - Nicht-Arzneimittel und Hilfsmittel), möglichst auch der in diesen Segmenten erwirtschafteten Rohgewinne; das setzt die ebenfalls filialspezifische Erfassung aller Warenbewegungen voraus.

- Erfassung aller Kosten, die in der einzelnen Filiale angefallen sind; trennen Sie möglichst sauber zum Hauptbetrieb. Gerade im Personalbereich (der eine oder andere springt hier und dort mal ein) verwischen sich die Grenzen leicht. Schauen Sie genau, welche Kapazitäten Sie den Filialen (z.B. in Personalstunden) zur Verfügung stellen, ohne nun zu penibel auf jede Minute zu schauen. Kalkulieren Sie gemeinsame Dienste (Marketing, Lieferservice) umsatzanteilig für jeden Betrieb. Teilen Sie auch die Finanzierungskosten entsprechend zu, nach dem Kapitalaufwand, der für jeden einzelnen Betrieb angefallen ist.

- Achten Sie genau auf Veränderungen von Umsatz und Handelsspanne.

- Nutzen Sie Kennzahlen. Die umsatzprozentuale Darstellung und zeitliche Verfolgung der Kosten und Erträge (in den Auswertungen des Steuerbüros bereits enthalten) sind ein erster Schritt. Werte wie Umsatz (besser noch: Rohgewinn) pro HV-Kraft oder Personalkosten je abgegebener Packung beschreiben beispielsweise die Personalsituation noch spezifischer.

- Lassen Sie die monatlichen Auswertungen von Ihrem Steuerbüro möglichst aussagekräftig gestalten: Nur temporär anfallende Kosten, wie z.B. jährliche Versicherungsprämien oder die Abschreibungen, sollten gleichmäßig auf die Monate verteilt werden. Der Rohgewinn sollte, sofern möglich, um die unvermeidlichen Bestandsänderungen (u.a. durch schwankende Einkaufsvolumina) bereinigt werden - sonst erleben Sie eine Berg- und Talfahrt Ihrer Erträge, die sachlich nicht gerechtfertigt ist, sich aber erst zum Jahresende nach der Inventur auflöst.

- Trennen Sie sauber zwischen Erträgen (vorläufigen Ergebnissen, Überschüssen) und Ihrer Liquidität, die u.a. auch durch Ihr Entnahmeverhalten beeinflusst wird. Stellen Sie also, zumindest grob, einen Plan aller Ihrer monatlichen Mittelzu- und Abflüsse auf. Gibt es größere Unterdeckungen, die ggf. eine teuren Kontokorrentkredit erfordern? Was wäre, wenn der Umsatz einmal 10% niedriger als erwartet läge (sprich, der Rohgewinn aus diesen 10% Rückgang einfach fehlen würde)? Wären dann Ihre Kreditlinien erschöpft, müssten Sie mit der Bank nachverhandeln?

1.9.10 Wunschtraum: Mehrere, große Apotheken in einer Hand

In den bisherigen Ausführungen war durchaus ein gewisses Maß an Skepsis herauszulesen, was die wirtschaftliche Seite angeht. Dies ist vor dem Hintergrund der typischen Apotheken zu sehen, die derzeit häufig als "GMG-Apotheken" angeboten werden und nur auf den ersten Blick einen leichten Einstieg versprechen. Es ist andererseits keine Frage, dass Filialen, wenn sie einmal deutlich über 1,0 Mio. Euro Umsatz liegen oder gar auf 2,0 Mio. oder mehr zugehen, wirtschaftlich hoch lukrativ sind und in der Tat ein wirtschaftlich stabiles Konstrukt ergeben werden - sofern es vernünftig positionierte Umsätze sind und nicht solche, die auf eine Null-Rendite oder gar Verlust hinauslaufen (hochpreisige Präparate, manche Heim-, Praxis- oder Krankenhausbelieferungen). Hier braucht nicht lange überlegt zu werden - die Frage stellt sich eher nach dem "Wie", was beispielsweise die Finanzierung und die praktische Abwicklung angeht. In nicht wenigen Fällen wird sogar an Neugründungen an attraktiven Standorten zu denken sein, um der leidigen Diskussion um überzogene Übernahmekonditionen zu entgehen. Meist ist die Zahl der lokalen Apotheken, die eine solche Aufgabe stemmen können, eng begrenzt. Die Großen werden damit noch größer, während es in praxi nur selten möglich erscheint, dass aus einer kleinen Apotheke heraus mehrere Großapotheken angeschlossen werden. Für die Konkurrenten, die dann nicht zum Zuge kommen, bedeutet dies in der Tat eine erhebliche Verschärfung der Wettbewerbssituation. Dieser Wettbewerb wird übrigens nicht nur um Umsätze ausgetragen, sondern durchaus auch als "war for talents", sprich um die besten Köpfe. Die Apotheke lebt nun einmal zum überwiegendem Teil von gutem, kundenorientiertem Personal. Wie jedoch schon ausgeführt, sind diese attraktiven Konstellationen eher rar.

1.9.11 Filialen schließen

Es mag frevelhaft klingen, bereits in der Phase der Unternehmensgründung über das mögliche Ende einer Tochterapotheke zu spekulieren. Doch gerade, wenn Sie einen wirtschaftlich grenzwertigen Betrieb eingliedern möchten, ist die Möglichkeit einer Aufgabe der Filiale durchaus im Vorfeld als "worst case"-Szenario in Erwägung zu ziehen. Doch lauern hier erhebliche Fallen:

• Vertragliche Bindungen, wie Mietvertrag, Leasing- und Wartungsverträge (EDV!) können den Ausstieg sehr teuer machen oder gar ganz vereiteln. Welche vorzeitigen Kündigungsmöglichkeiten gibt es? Dürfen Sie Ihr Ladenlokal untervermieten, ggf. auch branchenfremd? Ist im Mietvertrag explizit die Klausel "vermietet ... zum Betrieb einer Apotheke" aufgeführt, drohen Schwierigkeiten.

- Der größte Sprengsatz liegt beim Personal. Greift das Kündigungsschutzgesetz und es muss eine Sozialauswahl getroffen werden, kann es Ihnen passieren, dass die altgediente, durch soziale Besitzstände geschützte Helferin aus der Filiale bleiben darf und in die Hauptapotheke integriert werden muss, und Sie womöglich einer jungen, motivierten Kraft kündigen müssen. Abfindungen in beträchtlicher Höhe können fällig werden; der verärgerte Filialleiter kann möglicherweise zu Ihrer bittersten Konkurrenz werden, wenn Sie hier nicht vertragliche Vorsorge (Konkurrenzschutzklausel) getroffen haben. Hier sind möglicherweise aber ebenfalls erhebliche Zahlungen fällig (Karenzentschädigung). Dies alles mündet in den Rat, fachkundige Beratung einzuholen, bevor hier Weichenstellungen getroffen werden, die sich nicht mehr revidieren lassen und womöglich das gesamte Arbeitsklima langfristig vergiften.
- Kritisch können sich auf der Filiale lastende Schulden auswirken. Mit der Schließung muss der Schuldendienst nun allein von der Hauptapotheke bzw. den restlichen Filialbetrieben geschultert werden. Dabei wird gerne übersehen, dass die Tochter, wenn auch nicht rentabel und deshalb schließungsbedroht, meistens wenigstens Zins und Tilgung erwirtschaftet hat (zumindest sollte das deutlich werden, wenn Sie die Kapitaleinsätze und -dienste sauber für jeden einzelnen Laden getrennt erfasst haben). Vor einer Betriebsaufgabe ist daher stets eine Vorausberechnung zu tätigen, wie diese Kreditverpflichtungen mit einer dann schmaleren Umsatzbasis zu tragen wären.
- Das Ausräumen, die Entsorgung der Einrichtung und nicht zuletzt die Abwicklung des Warenlagers können ebenfalls kosten- und arbeitsaufwändig werden. Die Integration des Warenlagers in die Hauptapotheke ist meistens mit Verlusten durch Verfall überzähliger Artikel verbunden; die Retournierung bedingt ebenfalls Abschläge.
- Statt einer Schließung kommt vielleicht die konfliktärmere und rentablere Veräußerung an einen Kollegen in Betracht, der ein glücklicheres Händchen haben mag, oder dem die Filiale bessere, strategische Vorteile verschafft, ohne Ihnen freilich zum Nachteil zu gereichen. Das ist eine Frage der jeweiligen Einzugsbereiche. Eine unrentable Apotheke loszuschlagen dürfte allerdings nicht einfach werden.

Angesichts der geschilderten Punkte sind klare Ausstiegskriterien festzulegen.

Alleine die Nicht-Rentabilität kann möglicherweise nicht ausreichend sein, um die Risiken einer Schließung einzugehen. Fallen hingegen größere Verluste an, ist Handeln angesagt. Durch Abwarten verbessert sich die Lage nicht, im Gegenteil, es droht eine unkalkulierbare Ausweitung der Schieflage.

1.10 Blick in die Zukunft

1.10.1 Offene Fragen

Werfen wir einmal einen Blick in die Zukunft. Folgende Fragen warten dann auf Antwort:

- Werden Filialkonzepte ein Muss, um überhaupt überleben zu können?
- Wie sieht die Zukunftssicherheit aus? Überlebt sich das "Miniketten-Modell" nicht schon bald durch die Zulassung unbeschränkten Mehr- und vor allem Fremdbesitzes?
- Was geschieht eines Tages mit einer solchen "Minikette"? Wie sieht es mit der Verkaufbarkeit aus?

Wie immer bei solchen Zukunftsfragen, schwingt eine Menge Spekulation mit. Doch einige Trend sind sicher absehbar, zudem gibt einige, grundlegende, strategische Betrachtungen.

Mit Sicherheit wird die Gründung von Filialapotheken kein unbedingtes Muss sein, um überleben zu können (siehe unten). Große Betriebe an guten, zukunftsträchtigen Standorten werden weiterhin alleine überdauern können. Freilich dürften es gerade diese sein, die sich am ehesten für eine Expansion interessieren und sich diese auch leisten können. Das wiederum lässt den Spielraum für die Kollegen, die außen vor bleiben, enger werden; sie laufen Gefahr, mittelfristig von stärkeren Konkurrenten eingekesselt zu werden. Wie wir aber gesehen haben, ist das Auffinden geeigneter Filialstandorte im vorgegebenen Umfeld gar nicht so leicht. Insofern sind keine raschen Strukturbrüche zu erwarten. Der Trend wird jedoch zu einer stärkeren Polarisierung gehen: Einerseits die starken, hochaktiven Kolleginnen und Kollegen, andererseits jene, die eher passiv aussitzen und womöglich sogar darauf spekulieren, eines Tages noch ein gewisses Geschäft zu machen, wenn die eigene Apotheke einem stärkeren Konkurrenten angetragen wird. Vielleicht lässt sich beim Preis ja noch etwas pokern? Tendenzen in diese Richtung sind erkennbar.

Doch wie heißt es so schön: Erstens kommt es anders, und zweitens, als man denkt. Die Nachhaltigkeit der jetzigen Regelung steht doch auf wackeligen Füßen - weniger, weil das juristisch nicht haltbar wäre, sondern eher, weil einige Politiker selbst ja schon davon sprechen, dass im Grunde eine weitergehende Liberalisierung gewünscht ist und der jetzige Zustand nur eine Übergangslösung sein sollte. Verbunden mit einer traditionell negativen Erwartungshaltung der Kollegenschaft kann daraus schnell eine sich selbst erfüllende Prophezeiung werden. Niemand weiß, was kommt, doch kann es sicher nicht schaden, etwaige Expansionsgelüste auch daraufhin zu prüfen, inwieweit der Filialverbund unter solchen, veränderten Bedingungen noch Bestand haben könnte. Insbesondere sind dabei die langfristigen Verbindlichkeiten (Schulden, Mietverhältnisse) zu betrachten sowie der Sicherheitspuffer im Umsatz und Ertrag, der gegebenenfalls besteht. Eine "Härtetest", sprich eine Worst-case-Rechnung, mit welchem Umsatz und welcher Spanne minimal gearbeitet werden könnte, ist daher empfehlenswert.

Sie können jedoch mit Sicherheit insofern von einem Bestandsschutz ausgehen, als man Ihnen die Filialen, die Sie jetzt gründen, nicht einfach wieder wegnehmen kann, selbst wenn man das Mehrbesitzverbot wieder einführen sollte (wobei im Moment die Überlegungen ja eher in die gegenteilige Richtung gehen).

Doch was geschieht eines Tages mit einer solchen Kleinkette? Kommt ein Verkauf als Ganzes infrage - was aus heutiger Sicht erhebliche Investitionen bedeuten kann, denen nicht viele, vor allem nicht jüngere Interessenten gewachsen sein dürften -, oder ist die Veräußerung in "Einzelteilen" sinnvoller und praktikabler? Letzteres wirft aber u.a. personelle Probleme auf, wenn dieses Konglomerat auseinandergerissen wird. Zur Verkaufssituation in x Jahren kann heute keine definitive Antwort gegeben werden. Mehrere Betriebe können sogar eine Last darstellen, wenn keine der Apotheken sich wirklich rechnet und alle zusammen nur eben so über die Runden kommen - die Gesamtrendite stimmt eben nicht. Hier ist eher mit Wertabschlägen bis hin zur Unverkäuflichkeit zu rechnen - was je nach bestehenden Mietverpflichtungen ein ernstes Problem werden kann. Hochrentable Ketten, bestehend aus ausschließlich lukrativen Apotheken, dürften einen kleinen, exklusiven und zahlungskräftigen Käuferkreis finden, den es auch heute schon für Großobjekte gibt. Angesichts der vielen Unwägbarkeiten kann ich jedoch nur einen dringenden Rat geben:

Kalkulieren Sie einen eventuellen Verkauf **keinesfalls** fest in Ihr Finanzierungs- und Lebenseinkommensmodell mit ein! Ihre Apotheken sollten sich bis zum Zeitpunkt X Ihres Ausstieges gerechnet haben, unabhängig davon, ob sie dann noch einen Käufer finden. Wenn sie sich doch noch gut verkaufen lassen, um so besser. Freuen Sie sich über diesen warmen Regen, aber bauen Sie nicht darauf, und stellen Sie erst recht nicht Ihre Altersversorgung darauf ab (was ja angesichts der Rentendiskussionen, denen sich langfristig auch die Versorgungswerke nicht verschließen können, als privater Vorsorgebaustein wieder näher liegen könnte)!

1.11 Alternativen zur Filialgründung

Wie schon mehrfach durchgeklungen ist, sollten Sie sich jetzt nicht von einer "Filialitis" anstecken lassen und womöglich in Torschlusspanik verfallen - nach dem Motto, wenn ich jetzt nicht zugreife, ist auf absehbare Zeit hinaus der Markt verteilt. Sicher gibt es Traumkonstellationen, bei denen der clevere Geschäftsmann einfach zugreifen muss, doch diese sind selten. Die klar auf der Hand liegenden Gemengelagen - z.B. die Festigung von Familiendynastien oder die "Legalisierung" von bisher schon bestehenden "Strohmann-Apotheken" - sind mit Erscheinen dieses Buches ebenfalls meistens schon entsprechend neu gestaltet worden und in trockenen Tüchern.

Es gibt eben Alternativen, die im Einzelfall weit sinnvoller sein können:

- Die Übernahme einer Apotheke muss nicht immer in die dauerhafte Weiterführung münden. Denkbar ist auch, die Apotheke schlichtweg zu schließen, in der Hoffnung, dass ein bedeutender Teil des Umsatzes in den eigenen Betrieb "übersiedelt" (was im Einzelfall anhand der räumlichen und strukturellen Gegebenheiten zu analysieren ist). Diese Variante war auch früher schon möglich und wurde in seltenen Fällen auch praktiziert; die Filialisierung erleichtert jedoch die praktische Umsetzung. So ist ein vorübergehender Weiterbetrieb z.B. im Hinblick auf die Personalverpflichtungen, die Erfüllung des Mietvertrages oder das zielgerichtete Umlenken des Umsatzes jetzt denkbar. Doch aufgepasst - leicht kollidieren Sie mit dem Arbeitsrecht (Kündigungsschutz), wenn Sie den Schließungskandidaten erst einmal weiterführen und dann die Gesamtbeschäftigtenzahl maßgebend ist. Oft stellt sich auch der Altinhaber quer, wenn ruchbar wird, was mit seiner Apotheke geschehen soll.

- Konzentrieren Sie sich auf Ihre bisherige Apotheke, bevor Sie Ihre Ressourcen woanders binden und sich womöglich aufreiben und verzetteln. Haben Sie Ihr Standortpotenzial bereits ausgeschöpft? Wo können Sie sich noch deutlich verbessern? Wie schon weiter oben ausgeführt, verwässern Filialen in aller Regel Ihre Rendite. Zwar steigt der absolute Ertrag an, der prozentuale fällt aber, und damit steigt die Krisenanfälligkeit. Wenn es Ihnen gelingt, durch konzentriertes Handeln Ihren Hauptbetrieb signifikant zu steigern (z.B. um 20% oder mehr Umsatzzuwachs), können Sie ähnliche Ertragssteigerungen erzielen, die Sie zudem wesentlich besser steuern können. Sie müssen dafür jedoch kein so großes Rad drehen.

- Suchen Sie Zusammenschlüsse in Form von Erfa-Gruppen, um zu sehen, wo Sie stehen, und wo Sie stehen könnten - in jeder solchen Gruppe gibt es "Benchmark-Apotheken", die zeigen, was möglich ist.

- Kooperationen, mit Bedacht ausgewählt, können Ihnen erheblich den Rücken stärken und Ihnen wirtschaftliche Potenziale bei Einkauf, Marketing und zentralen Abwicklungsfunktionen erschließen. Dieses Thema ist jedoch durchaus ambivalent besetzt (denken Sie nur an die umstrittenen Dachmarken), sollte aber geprüft werden. Freilich - auch als Filialapotheker stehen Ihnen diese Optionen zusätzlich offen.

• Wenn an Ihrem Standort nichts mehr geht - denken Sie an den Satz: Wenn Du merkst, dass Du ein totes Pferd reitest, steig ab! Zwar ist eine Möglichkeit die, aus dem alten Betrieb heraus sich nach neuen Möglichkeiten in der Umgebung umzusehen. Dies ist sinnvoll, wenn Sie aus Ihrer jetzigen Apotheke einfach nicht herauskommen und insoweit blockiert sind. Andernfalls ist es jedoch erwägenswert, einen großen Schritt zu tun und sich überregional für ein erheblich lukrativeres Objekt mit besseren Aussichten zu interessieren. Denn Ihr bisheriger, unrentabler Betrieb wird, auch als Filiale betrieben, oftmals als Belastung an Ihnen kleben bleiben - durch die Filialisierung werden die Perspektiven nun einmal nicht besser.

• Nicht selten wird, auch altersbedingt, die Lösung des Aussitzens bis zum Schluss gar nicht die schlechteste sein. Wenn es sich nur noch um wenige Jahre bis zur Rente dreht, müssen Sie sich sehr genau fragen, ob Sie noch einmal richtig Gas geben möchten, oder eben nicht der "Abschied auf Raten" die befriedigendere Lösung ist. Meistens sind keine finanziellen Sorgen mehr vorhanden. Damit verlagert sich die Entscheidung in den persönlichen Bereich, und hier will besonders sorgfältig überlegt sein. Bei allem Renditestreben sollte die Lebensqualität nicht außer Acht gelassen werden. Je weiter das Leben voranschreitet, umso mehr gewinnt dies an Bedeutung. Oft ist sogar ein gewisser Rückschritt im materiellen Bereich eher zu verkraften als zusätzlicher Stress und Ärger. Als Heilberufler sind die gesundheitlichen Aspekte, die aus einer unausgeglichenen Lebensweise herrühren, ja hinreichend bekannt!

1.12 Fazit

Leicht ist es nicht, eine treffende Empfehlung zu geben. Zu unterschiedlich sind die jeweiligen Konstellationen vor Ort, zu unterschiedlich auch die Personen mit ihren individuellen Vorstellungen und Eigenschaften. Im Idealfall, auf dem Papier, bietet das Kleinketten-Modell hochinteressante Chancen. Doch müssen die lukrativen Filialen - ob als Übernahme oder Neugründung - erst einmal in der rechtlich erlaubten, räumlichen Umgebung gefunden werden. Umsatz- und renditestarke Betriebe haben es nicht nötig, übernommen zu werden. Die Zahl attraktiver Neustandorte ist begrenzt, auch wenn sich immer mal wieder Chancen bieten. Ein Verdrängungswettbewerb auf die harte Tour, bei dem Konkurrenten systematisch gegen die Wand gespielt werden, ist kosten- und zeitaufwändig und zudem nervenaufreibend - von der Kollegialität ganz abgesehen. Und der Erfolg ist auch fraglich - Totgesagte leben oft länger als gedacht. Und selbst ein nach der Zahlenform rentabler Filialbetrieb kann bei der Übernahme noch viele Fallstricke bergen - angefangen vom Mietvertrag bis hin zum keineswegs zu unterschätzenden, menschlichen Faktor bei der Integration des "freundlich-feindlich" übernommenen Personals.

Anders sieht die Lage bei den schon bisher bestehenden "Familiendynastien" aus. Diese erhalten jetzt zusätzliche Freiheitsgrade, und hier werden entsprechende Dispositionen auch ohne Empfehlung von außen getroffen.

Für die überwiegende Zahl der Kolleginnen und Kollegen dürfte daher die Konzentration auf die bestehende Apotheke in absehbarer Zeit die Hauptaufgabe bleiben. Allerdings mit der Option im Hinterkopf, jetzt leichter aktiv werden zu können, wenn sich in der näheren Umgebung doch etwas Interessantes auftun sollte. Angesichts der Altersverteilung in der Kollegenschaft kann sich eine solche Chance schneller bieten, als gedacht ...

1.13   Literatur

Damaschke, S., Scheffer, B.: Apotheken. Planen, Gestalten und Einrichten. 1. Aufl., Verlagsanstalt Alexander Koch, Leinfelden-Echterdingen (2000)

Saalfrank, V.: Mieten und Vermieten von Apothekenräumen. 1. Aufl., Deutscher Apotheker Verlag, Stuttgart (2000)

Schwabe, U, Paffrath, D.: Arzneiverordnungsreport 2003. Springer-Verlag, Heidelberg (2003)

Witte, A., Zur Mühlen, D.: Apothekenbewertung. 2. Aufl., Deutscher Apotheker Verlag, Stuttgart (2001)

2. Rechtliche Rahmenbedingungen für Filialapotheken (Dr. Dettling, Dr. Kieser, Stuttgart)

2.1 Einleitung

Bis zum 31.12.2003 galt für Apotheken das strenge Fremd- und Mehrbesitzverbot. Nach diesem Grundsatz darf Betreiber einer Apotheke nur ein Apotheker sein (sog. „Fremdbesitzverbot") und ein Apotheker jeweils nur eine Apotheke betreiben (sog. „Mehrbesitzverbot").[1] Apothekenketten waren damit untersagt.

Seit dem 01.01.2004 ist das Fremd- und Mehrbesitzverbot aufgelockert. Zwar gilt das Fremdbesitzverbot uneingeschränkt fort. An die Stelle des Mehrbesitzverbots tritt jedoch ein „Vielbesitzverbot". Große oder räumlich weit auseinanderliegende Apothekenketten sind danach weiterhin untersagt. Apothekern wird jedoch die Möglichkeit zum Betrieb kleiner, lokaler Apothekenketten eröffnet.

Rechtstechnisch erfolgt die Neuerung im wesentlichen durch eine Änderung des § 1 Abs. 2 und die Einfügung der neuen Absätze 4 und 5 in § 2 des Gesetzes über das Apothekenwesen (Apothekengesetz - ApoG) in der Fassung des Gesetzes zur Modernisierung der gesetzlichen Krankenversicherung (GKV-Modernisierungsgesetz - GMG) vom 14.11.2003.[2] Danach kann einem Apotheker die Genehmigung zum Betrieb einer Apotheke und bis zu drei Fi-

---

[1] Ausnahmen vom Fremd- und Mehrbesitzverbot sind die Möglichkeit der Verpachtung von Apotheken durch verpachtungsberechtigte Erben gemäß § 9 ApoG, die auf einen Zeitraum von bis zu zwölf Monaten nach dem Tod des Erlaubnisinhabers beschränkte Möglichkeit der Verwaltung einer Apotheke durch Erben gemäß § 13 ApoG, Krankenhausapotheken gemäß § 14 ApoG, Bundeswehrapotheken gemäß § 15 ApoG sowie Zweig- oder Gemeindeapotheken in Notstandsfällen gemäß §§ 16 und 17 ApoG. Auf diese Ausnahmefälle wird im Folgenden nicht eingegangen. Vgl. zum Fremd- und Mehrbesitzverbot allgemein Schiedermair/Pieck, Apothekengesetz, 3. Auflage 1981, S. 103 ff., 106 ff.; Tisch, Das Verbot von Fremd- und Mehrbesitz, PZ 1995, 103 ff.; Zuck/Lenz, Der Apotheker in seiner Apotheke, 1999; Dettling, Zur Anwendung des apothekenrechtlichen Fremd- und Mehrbesitzverbots bei Vertragsgeflechten, ApoR 2001, 4 ff. Vgl. zum - in der Sache nicht weiterführenden - Streit über Begrifflichkeiten etwa Zuck/Lenz, Apotheker, S. 11.

[2] BGBl. I S. 2190 ff.

lialapotheken erteilt werden. Voraussetzung ist, dass die Apotheken innerhalb desselben Kreises oder derselben kreisfreien Stadt oder in einander benachbarten Kreisen oder kreisfreien Städten liegen. Ferner hat der Betreiber eine der Apotheken (die sog. „Hauptapotheke") persönlich zu leiten. Für jede der anderen Apotheken (die sog. „Filialapotheken") muss der Betreiber einen Apotheker als Verantwortlichen benennen, der die Verpflichtungen zu erfüllen hat, wie sie im Apothekengesetz und in der Apothekenbetriebsordnung für Apothekenleiter festgelegt sind.

2.2 Grundlagen: Freier Heilberuf, Unternehmen und Filialen

Das Fremd- und Mehrbesitzverbot hat seine Grundlage in dem frei- und heilberuflichen Charakter des Apothekerberufs. Die neue Möglichkeit des Betriebs lokaler Kleinketten betrifft demzufolge nicht nur ein Detail der Berufsausübung. Sie berührt das Berufsbild selbst.

Bevor auf Einzelheiten der Neuregelung eingegangen wird, müssen deshalb die Grundlagen neu überprüft werden. Insbesondere ist zu prüfen, ob das GMG das bisherige Leitbild des Apothekerberufs verändert oder beibehält und ob das verbleibende Fremd- und Vielbesitzverbot den verfassungsrechtlichen Anforderungen genügt.

2.2.1 Die öffentliche Aufgabe der Apotheker

Gemäß § 1 Abs. 1 ApoG obliegt den Apotheken die im öffentlichen Interesse gebotene Sicherstellung einer ordnungsgemäßen Arzneimittelversorgung der Bevölkerung. Nach der Rechtsprechung des Bundesverfassungsgerichts handelt es sich dabei um eine öffentlich-rechtliche Pflicht.[3] Entsprechend ist der Apotheker nach § 1 der Bundes-Apothekerordnung (BApO) berufen, die Bevölkerung ordnungsgemäß mit Arzneimitteln zu versorgen. Er dient damit der Gesundheit des einzelnen Menschen und des gesamten Volkes.

Die Gesundheit der Bevölkerung ist ein überragendes öffentliches Gut. Nach der Rechtsprechung des Europäischen Gerichtshofs (EuGH) nimmt es den ersten Rang ein. Es besteht deshalb auch im Recht der Europäische Union Einigkeit darüber, dass im Konflikt zwischen dem Interesse an einem freien

---

[3]   Vgl. BVerfGE 17, 232, 239 f.

Warenverkehr einerseits und den Rechtsgütern Leben und Gesundheit andererseits letztere Vorrang genießen.[4]

Zum Schutz von Leben und Gesundheit ordnet § 43 Abs. 1 des Gesetzes über den Verkehr mit Arzneimitteln (AMG) für Arzneimittel ein grundsätzliches Abgabemonopol zugunsten von Apotheken an. Nach § 43 Abs. 1 Satz 1 AMG dürfen apothekenpflichtige Arzneimittel im Sinne des § 2 Abs. 1 oder Abs. 2 Nr. 1 AMG außer in den Fällen des § 47 AMG berufs- oder gewerbsmäßig für den Endverbrauch nur in Apotheken und ohne behördliche Erlaubnis nicht im Wege des Versandes in den Verkehr gebracht werden.[5] Außerhalb der Apotheken darf nach § 43 Abs. 1 Satz 2 AMG außer in den Fällen der §§ 43 Abs. 4 und 47 Abs. 1 AMG mit nach § 43 Abs. 1 Satz 1 AMG den Apotheken vorbehaltenen Arzneimitteln kein Handel getrieben werden.

Das Apothekenmonopol ist zum Schutz der öffentlichen Gesundheit erforderlich. Zweck des Apothekenmonopols ist es nach der Rechtsprechung des Bundesverfassungsgerichts in erster Linie, einem drohenden Arzneimittelmissbrauch vorzubeugen. Das Bundesverfassungsgericht hielt schon in seinem Urteil vom 07.01.1959 fest, dass in der Bundesrepublik Deutschland anders als in der Schweiz zur damaligen Zeit kein Arzneimittelmissbrauch bedenklichen Umfangs festgestellt werden konnte, weil die Rezeptpflicht für stark wirkende

---

4   Nach Art. 152 Abs. 1 EGV ist bei der Festlegung und Durchführung aller Gemeinschaftspolitiken und -maßnahmen ein hohes Gesundheitsschutzniveau sicherzustellen. Art. 30, 46 und 55 EGV sehen explizit den Vorrang von Leben und Gesundheit vor den Grundfreiheiten vor. Vgl. zum Ganzen etwa EuGH, Urteil vom 07.03.1989 in der Rechtssache 215/87, Schumacher, Slg. 1989, 617, 639 Rn. 17; Urteil vom 11.12.2003 in der Rechtssache C-322/01, DocMorris, Rn. 103 m.w.N.

5   Nach § 4 Abs. 17 AMG ist Inverkehrbringen "das Vorrätighalten zum Verkauf oder zu sonstiger Abgabe, das Feilhalten, das Feilbieten und die Abgabe an andere". Unter einer "Abgabe an andere" ist die Einräumung der Verfügungsgewalt an einen anderen durch körperliche Überlassung des Arzneimittels zu verstehen. Die Verfügungsgewalt ist einem anderen dann eingeräumt, wenn ihm mit der körperlichen Überlassung des Arzneimittels tatsächlich und rechtlich die Möglichkeit eröffnet wird, über die Ware zu verfügen und sie nach eigenem Willen zu verwenden, vgl. BGH, LRE 1, 82 f.; Kloesel/Cyran, Arzneimittelrecht, Kommentar, Stand: 01.06.2003, § 4 AMG Anm. 52 ff., 57.

Arzneimittel weiter ausgedehnt war und auch für leichtere Arzneimittel die Apothekenpflicht bestand.[6]
Auch die übrigen Mitgliedstaaten der Europäischen Union sehen ein mehr oder weniger ausgeprägtes Monopol für die Versorgung der Bevölkerung mit Arzneimitteln zugunsten der Apotheken vor.[7]

2.2.2 Der Doppelcharakter des Apothekerberufs

Der Beruf des Apothekers ist durch den besonderen Charakter des Arzneimittels geprägt.[8] Arzneimittel sind einerseits Mittel zur Anwendung bei Krankheiten, andererseits aber auch Handelsobjekte. Dieser Doppelcharakter spiegelt sich im Berufsbild des selbständigen Apothekers wider. Er übt einerseits einen freien Heilberuf aus, ist andererseits aber auch gewerbetreibender Kaufmann. Das sich daraus ergebende Spannungsverhältnis ist eine Quelle permanenter Herausforderung sowohl für den Apotheker selbst als auch für die Rechtsordnung.

a) Freier Heilberuf

aa) Heilberuf und Approbation

Nach § 2 Abs. 3 BApO ist die Ausübung des Apothekerberufs die Ausübung einer pharmazeutischen Tätigkeit, insbesondere die Entwicklung, Herstellung, Prüfung oder Abgabe von Arzneimitteln unter der Berufsbezeichnung „Apotheker" oder „Apothekerin". Die Verordnung über den Betrieb von Apotheken (Apothekenbetriebsordnung – ApBetrO) definiert in § 3 Abs. 4 ApBetrO „pharmazeutische Tätigkeiten" im Sinne der Apothekenbetriebsordnung als

---

[6] *„Eine der wichtigsten Ursachen der Tablettensucht – die leichte Erhältlichkeit der Arzneimittel – ist damit ausgeschaltet"*, vgl. BVerfGE 9, 73, 79.

[7] Das Apothekenmonopol ist gemeinschaftsrechtskonform, vgl. EuGH, Urteil vom 21.03.1991 in der Rechtssache 369/88, Delattre, Slg. 1991, I-1487 ff., I-1540 Rn. 54; EuGH, Urteil vom 21.03.1991 in der Rechtssache 60/89, Monteil und Samanni, Slg. 1991, I-1547 ff., I-1571 Rn. 41; vgl. ferner BVerfGE 7, 377, 415; Bauer, Pharma-Länder-Dossiers - Die Arzneimittelversorgung in Europa, 2001; Diener/Sitzius-Zehender, Apotheken in Europa - ein Überblick, PZ 1991, 3469 ff.

[8] BVerfGE 17, 232, 245.

„Entwicklung, Herstellung, Prüfung oder Abgabe von Arzneimitteln, die Information und Beratung über Arzneimittel sowie die Überprüfung der Arzneimittelvorräte in Krankenhäusern".

Der Apothekerberuf zählt zu den regulierten Berufen. Die Rechtfertigung für die staatliche Regulierung liegt in dem besonderen, ambivalenten Charakter von Arzneimitteln. Arzneimittel bergen für den Anwender Nutzen-, aber auch Gefahrenpotenzial. Im Unterschied etwa zu typenzugelassenen Kfz, die bei jedem Fahrer gleich funktionieren, kann ein und dasselbe Arzneimittel bei verschiedenen Personen unterschiedlich wirken. Bei der Anwendung von Arzneimitteln sind demgemäß auch die individuellen körperlichen Gegebenheiten des Patienten, unterschiedliche Lebensgewohnheiten, Neben- und Wechselwirkungen mit anderen, von dem Patienten eingenommenen Medikamenten, etc. zu berücksichtigen.[9]

Der Beruf des Apothekers ist deshalb zunächst wie der des Arztes ein Heilberuf. § 1 Abs. 2 des Heilpraktikergesetzes (HeilPraktG) definiert die Ausübung der Heilkunde als jede berufs- oder gewerbsmäßig vorgenommene Tätigkeit zur Feststellung, Heilung oder Linderung von Krankheiten, Leiden oder Körperschäden bei Menschen, auch wenn sie im Dienste anderer ausgeübt wird. Arzneimittel sind nach § 2 Abs. 1 Nr. 1 AMG u.a. Stoffe und Zubereitungen aus Stoffen, die dazu bestimmt sind, durch Anwendung am oder im menschlichen oder tierischen Körper Krankheiten, Leiden, Körperschäden oder krankhafte Beschwerden zu heilen, zu lindern, zu verhüten oder zu erkennen.[10]

---

[9]   Das Bundesverfassungsgericht hat dies wie folgt beschrieben: „*Weil das Arzneimittel - anders als ein Lebens- oder Genußmittel - auf die Funktionen des menschlichen Körpers in besonders gezielter Weise einwirkt, ist es nicht nur heilsam, sondern kann - etwa durch Überdosen oder durch ungünstige, oft nicht ohne weiteres voraussehbare Nebenwirkungen - auch schaden*", vgl. BVerfGE 17, 232, 239. Auch der EuGH betont den „ganz besonderen Charakter" von Arzneimitteln gegenüber normalen Handelswaren, vgl. etwa EuGH, Delattre, Slg. 1991, I-1540 Rn. 54; EuGH, Monteil und Samanni, Slg. 1991, I-1571 Rn. 40; vgl. ferner etwa Zetler, So wirken Medikamente, 2. Aufl. 2002, S. 144 ff., 180 f. und 192 f.

[10]   Der Beruf des Apothekers ist deshalb auch „anderer Heilberuf" i.S.d. Art. 74 Abs. 1 Nr. 19 GG. Der Begriff des Heilberufs i.S.d. Art. 74 Abs. 1 Nr. 19 GG orientiert sich im wesentlichen an dem Begriff der Heilkunde, wie er im Heilpraktikergesetz definiert ist. Er ist entsprechend weit auszulegen, vgl. BVerfG, 2 BvF 1/01 vom 24.10.2002 Abs. 153 ff., 159 ff., 168. Vgl. zu Begriff und Abgrenzung heilkundlicher Tätigkeiten im allgemeinen etwa BVerfG, NJW 2000, 2736; BGH, NJW 1987, 2928; WRP 1999, 315; NJW 2001, 3408; BVerwG, NJW 1966, 1187; NJW 1973, 579; Dünisch, Das Recht des Heilpraktikerberufs und der nichtärztlichen Heilkundeausübung,

Die Abgabe eines Arzneimittels erfordert nach der Rechtsprechung des Bundesverfassungsgerichts auch bei industriell hergestellten und ärztlich verordneten Fertigarzneimitteln eine besondere Fachkunde. Hier besteht insbesondere die Pflicht des Apothekers zur Kontrolle der ärztlichen Rezepte. Erst recht kann bei nicht rezeptpflichtigen Fertigarzneimitteln auf die sachverständige Beratung durch den Apotheker hinsichtlich Auswahl und Anwendung kaum verzichtet werden, zumal der Patient als Laie die Wirkung eines Arzneimittels nicht selbst beurteilen kann.[11]

Die Ausübung der Heilkunde ist gemäß § 1 Abs. 1 HeilPraktG Ärzten und Personen vorbehalten, die eine Erlaubnis zur Ausübung der Heilkunde haben. Das Heilpraktikergesetz dient der Abwehr von Gefahren, die vor allem von

---

Stand: 01.11.2000, § 1 HeilPraktG Anm. 6; Laufs, in: Laufs/Uhlenbruck, Handbuch des Arztrechts, 3. Aufl. 2002, S. 98 ff. Dem steht nicht entgegen, dass sich nach den Entscheidungen BVerfGE 5, 25, 28 f. und 7, 377, 387 die Kompetenz zur Regelung der Errichtung von Apotheken nach Art. 74 Abs. 1 Nr. 11 GG (Recht der Wirtschaft) richtet. Denn die „Zulassung zu ärztlichen und anderen Heilberufen" i.S.d. Art. 74 Abs. 1 Nr. 19 GG ist personenbezogen, während die Voraussetzungen für die Erlaubnis zum Betrieb einer Apotheke, um die es in den genannten Entscheidungen des Bundesverfassungsgerichts ging, betriebsbezogen ist. Das Bundesverfassungsgericht hat die Frage der Anwendbarkeit des Art. 74 Abs. 1 Nr. 19 GG deshalb ausdrücklich offengelassen, vgl. BVerfGE 5, 25, 31. Missverständlich deshalb Stettner, in: Dreier (Hrsg.), Grundgesetz, Kommentar, Band II, 1998, Art. 74 GG Rn. 90.

[11] Vgl. BVerfGE 9, 73, 80. Vgl. ferner BVerfGE 17, 232, 239 f.: „... Ihn trifft die öffentlich-rechtliche Pflicht, dass die abgegebenen Waren der ärztlichen Verordnung entsprechen; zugleich hat er zur Gegenkontrolle des Arztes die Einhaltung der Vorschriften über die Maximaldosis zu überwachen..." *Vgl. zur Aufgabe der Beratung von Ärzten auch BVerfG, NJW 2003, 1027, 1029. V*gl. zur Kontrollaufgabe der Apotheker ferner BVerwG, NJW 1995, 1627, 1628; Schiedermair/Pieck, Apothekengesetz, § 11 ApoG Rn. 2; Taupitz, Die Standesordnungen der freien Berufe, 1991, S. 89 f.; Dettling, Mündliches Statement zur Stellungnahme an den Gesundheitsausschuss des Deutschen Bundestages zum Fraktions-Entwurf des Gesundheitssystemmodernisierungsgesetzes aus Sicht des Apotheken- und Verfassungsrechts, Drucksache des Ausschusses für Gesundheit und Soziale Sicherung 0248(87 A) vom 30.06.2003, S. 6 ff., veröffentlicht unter http://www.bundestag.de/gremien15/a13/a13a_anhoerungen/27_Sitzung_29_-31_Sitzung/Stellungnahmen/Dettling2.pdf; Berichtsreihe der DAZ „Was Apotheker tagtäglich für die Arzneimittelsicherheit leisten", DAZ 2003, 2172 ff.; „Verordnung falscher Arzneimittel - ein Problem mit vielen Gesichtern", DAZ 2003, 2408 ff.; „Falsche und skurrile Angaben auf Rezepten", DAZ 2003, 2657 ff.

fachlich ungeeigneten Personen für die Gesundheit der Patienten ausgehen. Es soll gewährleisten, dass die Heilkunde nur von Personen ausgeübt wird, die über die erforderliche Qualifikation verfügen.[12]

Die Abgabe von Arzneimitteln an Patienten und die damit zusammenhängende Information und Beratung ist sowohl pharmazeutische Tätigkeit als auch Ausübung der Heilkunde in diesem speziellen Bereich. Entsprechend schreibt § 2 Abs. 1 BApO vor, dass der Approbation als Apotheker bedarf, wer im Geltungsbereich der Bundes-Apothekerordnung den Apothekerberuf ausüben will. Soweit die pharmazeutische Tätigkeit zugleich Ausübung der Heilkunde ist, ersetzt die Approbation als Apotheker die Approbation als Arzt und die Erlaubnis nach § 1 Abs. 1 HeilPraktG. Neben einer bestimmten Staatsangehörigkeit oder der Rechtsstellung eines heimatlosen Ausländern setzt die Erteilung der Approbation als Apotheker gemäß § 4 Abs. 1 Nr. 2 bis 4 BApO die charakterliche, gesundheitliche und fachliche Eignung des Antragstellers voraus.[13]

Zur charakterlichen Eignung ist nach § 4 Abs. 1 Nr. 2 BApO erforderlich, dass der Antragsteller sich nicht eines Verhaltens schuldig gemacht hat, aus dem sich seine Unwürdigkeit oder Unzuverlässigkeit zur Ausübung des Apothekerberufs ergibt. § 4 Abs. 1 Nr. 2 BApO entspricht wortgleich § 3 Abs. 1 Nr. 2 der Bundesärzteordnung (BOÄ). Die Rechtsprechung beurteilt die Unwürdigkeit oder Unzuverlässigkeit bei Apothekern deshalb nach denselben Maßstäben wie bei Ärzten.[14]

---

[12] Vgl. BVerfGE 78, 155, 163; 78, 179, 192; BVerfG, 2 BvF 1/01 vom 24.10.2002 Abs. 163.

[13] Die fachliche Eignung setzt gemäß § 4 Abs. 1 Nr. 4 BApO voraus, dass der Antragsteller nach einer Gesamtausbildungszeit von fünf Jahren, von denen zwölf Monate auf die praktische Ausbildung entfallen müssen, die pharmazeutische Prüfung bestanden hat. Nach § 1 Abs. 1 der Approbationsordnung für Apotheker (AAppO) umfasst die pharmazeutische Ausbildung ein Studium der Pharmazie von vier Jahren an einer Universität, eine Famulatur von acht Wochen, eine praktische Ausbildung von zwölf Monaten und die Pharmazeutische Prüfung.

[14] Auch die Kammergesetze der Länder behandeln Ärzte und Apotheker grundsätzlich einheitlich als Heilberufe, vgl. etwa das baden-württembergische Gesetz über die öffentliche Berufsvertretung, die Berufspflichten, die Weiterbildung und die Berufsgerichtsbarkeit der Ärzte, Zahnärzte, Tierärzte, Apotheker und Dentisten (Heilberufe-Kammergesetz). Darauf weist auch Taupitz, Standesordnungen, S. 92 hin.

Unzuverlässig ist nach der Rechtsprechung, wer aufgrund seines bisherigen Verhaltens keine Gewähr dafür bietet, dass er in Zukunft seinen Beruf als Arzt bzw. Apotheker ordnungsgemäß ausüben wird. Ausschlaggebend für die Prognose der Zuverlässigkeit ist die Würdigung der gesamten Persönlichkeit des Arztes bzw. Apothekers und ihrer Lebensumstände. Dabei kann auch aus Vermögensdelikten, die ein Apotheker aus übersteigertem Gewinnstreben, Existenznot oder schlichter Gleichgültigkeit begangen hat, die Prognose abgeleitet werden, dass die insoweit zu Tage getretene Bedenkenlosigkeit auch in vergleichbar schwerwiegende Verstöße gegen ausdrücklich normierte Pflichten wie beispielsweise die unzulässige Abgabe von Arzneimitteln einmünden.[15]

Unwürdigkeit liegt demgegenüber vor, wenn der Arzt bzw. Apotheker durch sein Verhalten nicht mehr das zur Ausübung seines Berufs unabdingbare Ansehen und Vertrauen in der Bevölkerung besitzt. Zwar ist sie von einer Prognose zum künftigen Verhalten unabhängig. Allerdings werden die Tatsachen, die den Schluss auf die Unzuverlässigkeit zulassen, regelmäßig zugleich auch den Schluss auf die Unwürdigkeit erlauben.[16]

bb)   Freier Beruf und berufsrechtliche Überwachung

Der Beruf des Apothekers zählt ferner ebenso wie der Beruf des Arztes zu den höheren freien Berufen.[17] Nach der Definition in § 1 Abs. 2 Satz 1 des Partnerschaftsgesellschaftsgesetzes (PartGG) haben die freien Berufe *„im allgemeinen auf der Grundlage besonderer beruflicher Qualifikation oder schöpferischer Begabung die persönliche, eigenverantwortliche und fachlich unabhängige Erbringung von Dienstleistungen höherer Art im Interesse der Auftraggeber und der Allgemeinheit zum Inhalt"*.[18]

---

[15]   Vgl. zum Begriff der Unzuverlässigkeit BVerwG, NJW 1998, 2756, 2757 f.; NJW 2003, 913, 914, 916.

[16]   Vgl. zum Begriff der Unwürdigkeit BVerwG, NJW 1991, 1557; NJW 1993, 806.

[17]   Vgl. BVerfGE 5, 25, 29 f.

[18]   Im Bericht der Bundesregierung über die Lage der Freien Berufe werden die freien Berufe in die vier Gruppen heilkundliche Berufe, Kulturberufe, rechts-, wirtschafts- und steuerberatenden Berufe sowie technische und naturwissenschaftliche Berufe eingeteilt und die Apotheker zu den heilkundlichen Berufen gezählt, vgl. Bericht der Bundesregierung über die Lage der Freien Berufe, BT-Drs. 14/9499 vom 19.06.2002, S. 3 f. und S. 22, Tabelle 4. Vgl. auch die Übersicht

Freie Berufe sind eine internationale Erscheinung. Auch international ist der freie Beruf gekennzeichnet durch

- die Pflicht zur vorrangigen Verfolgung der Interessen des Auftraggebers vor der Verfolgung eigener Gewinninteressen,
- die persönliche Leistungserbringung und das sachliche Vertrauensverhältnis zwischen Auftragnehmer und Auftraggeber im Hinblick auf die Fachaufgabe,
- die wirtschaftlich selbständige Tätigkeit eines nicht unerheblichen Teiles der Berufsangehörigen und
- die Eigenverantwortlichkeit und fachliche Unabhängigkeit des Berufsausübenden insbesondere im Hinblick auf die wissenschaftlich fundierten Aufgabenelemente.[19]

Die Einhaltung der den freien Berufen obliegenden, besonderen Berufspflichten wird vielfach in besonderer Weise überwacht. Auf der Grundlage landesrechtlicher Kammergesetze unterliegen die Apotheker einer eigenen berufsrechtlichen Aufsicht. Basis der berufsrechtlichen Aufsicht sind zum einen die von den Apothekerkammern erlassenen Berufsordnungen und zum anderen die von den Kammern unterhaltene Berufsgerichtsbarkeit. Diese Form der funk-

---

bei Taupitz, Standesordnungen, S. 86 f. Die Apotheker sind in § 1 Abs. 2 Satz 2 PartGG nur deshalb nicht aufgeführt, weil nach § 8 Satz 1 ApoG für Zusammenschlüsse von Apothekern ausschließlich die Gesellschaft bürgerlichen Rechts und die OHG zur Verfügung stehen, vgl. näher Michalski/Römermann, PartGG, Kommentar zum Partnerschaftsgesellschaftsgesetz, 2. Aufl. 1999, § 1 PartGG Rn. 36 m.w.N. Vgl. zum Begriff der freien Berufe ferner BVerfGE 10, 354, 364; Tettinger, in: Tettinger/Wank, Gewerbeordnung, Kommentar, 6. Aufl. 1999, § 1 GewO Rn. 49 und ff.

[19] Vgl. Taupitz, Standesordnungen, S. 36 ff.; Herrmann, Recht der Kammern und Verbände Freier Berufe – Europäischer Ländervergleich und USA, 1996, S. 44 und ff. Die Eigenheit der freien Berufe wird von der Bundesverfassungsrichterin Renate Jaeger wie folgt umschrieben: *„Die freiberuflich Tätigen sollen die Integrität des Beamten, also Sachlichkeitsstreben und Verantwortlichkeit für das Gemeinwohl, verbinden mit Initiative, Selbständigkeit und Beweglichkeit des Unternehmers. Die Abhängigkeit vom Klienten sollte gepaart sein mit innerer Freiheit. Gewährleistet wird das durch ein System staatlicher und ständischer Regularien: hohe Leistungsanforderungen, hohe Berufsethik, Standesgerichtsbarkeit und Gebührenrecht."* Vgl. Jaeger, Die freien Berufe und die verfassungsrechtliche Berufsfreiheit, AnwBl 2000, 475, 476.

tionalen Selbstverwaltung soll es dem Berufsstand der Apotheker ermöglichen, sich *„gegen unzuverlässige Elemente dadurch (zu) sichern, dass er bei schädlichem, insbesondere gesundheitsgefährdendem Verhalten in ihre Berufsausübung eingreift"*.[20]

b) Gewerbetreibender Kaufmann und behördliche Aufsicht

Nach allgemeiner Auffassung übt der selbständige Apotheker aber nicht nur einen freien Heilberuf aus. Im Unterschied zum Arzt bietet der Apotheker nicht nur Dienstleistungen höherer Art, sondern auch Waren, allerdings besonderer Art dar. Der Betrieb einer Apotheke ist deshalb handelsrechtlich zugleich Betrieb eines Handelsgewerbes und verwaltungsrechtlich zugleich Ausübung eines Gewerbes. Der Apotheker bildet damit eine Ausnahme von dem sonstigen Grundsatz, dass die Ausübung eines freien Berufs kein Handelsgewerbe ist.[21]

Die Kaufmannseigenschaft des Apothekers bietet die Möglichkeit, die effizienten kaufmännischen Strukturen für den Bereich der Versorgung der Bevölkerung mit Arzneimitteln zu nutzen. Der Wirtschaftlichkeitsgrundsatz spielt also auch hier hinein, allerdings unter dem Gesichtspunkt der Effizienz. Er ist aber stets dem Zweck der am medizinisch Notwendigen orientierten, ordnungsgemäßen Versorgung untergeordnet.

Ein vollständig ökonomisiertes Leitbild im Sinne einer Kommerzialisierung des Apothekerberufs wäre demgegenüber mit der Versorgungsaufgabe unvereinbar. Für den reinen Kaufmann besteht in den Grenzen des Wuchers weder die Verpflichtung, sein Gewinnstreben zurückzustellen, noch die Verpflichtung, den Interessen seines Geschäftspartners Vorrang einzuräumen. Der Kommerz lebt vielfach vom Verkauf von Waren, die Kunden nicht unbedingt benötigen. Während dies im allgemeinen legitimer Ausdruck von Freiheit und Selbstbestimmung ist, wäre die Abgabe von Arzneimitteln, die die Patienten nicht wirklich benötigen, fatal. Im Hinblick auf ihren ambivalenten Charakter

---

[20]   Vgl. BVerfGE 7, 377, 438.

[21]   Vgl. zum ganzen BVerfGE 5, 25, 29 f.; 17, 232, 238 f.; BGH, NJW 1983, 2085, 2086; Tettinger, in: Tettinger/Wank, § 1 GewO Rn. 49 ff., 59. Marcks, in: Landmann/Rohmer, Gewerbeordnung und Ergänzende Vorschriften, Kommentar, Stand: 1. Mai 2003, § 14 GewO Rn. 27, spricht davon, dass Apotheker eine "Zwischenstufe" zwischen Gewerbetreibenden und Freiberuflern einnehmen. Folge des Doppelcharakters des Apothekers ist die Mitgliedschaft der Apotheker sowohl in der Apothekerkammer als auch in der Industrie- und Handelskammer, vgl. dazu BVerwG, NVwZ-RR 2002, 187.

ist der Patient darauf angewiesen, dass er nur Arzneimittel erhält und zu sich nimmt, deren Anwendung medizinisch notwendig ist.[22] Ein Arzneimittelmehr- oder -fehlgebrauch kann gesundheitsschädigende oder gar lebensgefährliche Folgen für den Betroffenen nach sich ziehen.

Wesentliche Aufgabe des Apothekers im Rahmen der ordnungsgemäßen Versorgung der Bevölkerung mit Arzneimitteln ist es deshalb zu gewährleisten, dass ein Patient nur die medizinisch notwendigen Arzneimittel erhält, und ein Arzneimittelmehr- oder -fehlgebrauch verhindert wird, auch wenn dies seinen Gewinninteressen zuwiderläuft. Der Apotheker übt seine Tätigkeit – ebenso wie ein Arzt oder sonstiger Angehöriger eines Heil- und/oder freien Berufs – zwar auch mit Gewinnerzielungsabsicht aus. Anders als beim nicht freiberuflich gebundenen Kaufmann ist die Gewinnerzielungsabsicht aber nur nachrangiger und untergeordneter Unternehmenszweck. Die Rechtspflicht zur Zurückstellung des Gewinnstrebens und der rechtliche Vorrang des Interesses des Auftraggebers und des Gemeinwohls unterscheiden den freien Beruf maßgeblich vom rein kommerziellen Gewerbe.[23] Entsprechend bringt es nach der ständigen Rechtsprechung des Bundesverfassungsgerichts die *„Eigenart des Berufs des selbständigen Apothekers ... mit sich, dass bei ihm die Züge eines freien Berufs überwiegen; es sind ihm Dienste höherer Art aufgetragen, hinter die das Streben nach Gewinn, wie es sonst der gewerblichen Wirtschaft eignet, zurücktritt"*. Ferner soll die *„Bevölkerung ... darauf vertrauen dürfen, dass der Apotheker – obwohl auch Gewerbetreibender – sich nicht von Gewinnstreben beherrschen lässt, sondern seine Verantwortung im Rahmen der Gesundheitsberufe wahrnimmt."*[24]

Vor diesem Hintergrund bestehen für Apotheker anders als für „normale" Kaufleute auch weiterhin Werbeverbote, soweit sie den verfassungsrechtlichen Anforderungen Rechnung tragen. Auch sie sollen - ebenso wie die produktbezogenen Werbeverbote des Heilmittelwerbegesetzes - dem Arzneimittelfehl-

---

22   Vgl. zum Wissensgefälle und zur Kompetenzkluft als einem Wesensmerkmal freiberuflicher Auftragsverhältnisse Taupitz, Standesordnungen, S. 54 ff.

23   Vgl. Taupitz, Standesordnungen, S. 59 und ff.

24   Vgl. zum ganzen BVerfGE 17, 232, 239; 94, 372, 391. Vgl. ferner BVerfGE 53, 96, 98; BGH, NJW 1983, 2085, 2086; Schiedermair, Handelsrechtliche Besonderheiten der Gesellschaftsapotheken, in: Ius et Commercium, Festschrift für Franz Laufke, 1971, 253 f.

gebrauch entgegen wirken und die ordnungsgemäße Berufsausübung stärken.[25] Verwaltungsrechtlich zählt der Betrieb einer Apotheke zu den erlaubnispflichtigen Gewerben. Das den Apothekenbetrieb betreffende Recht ist damit zugleich spezialgesetzliches Gewerberecht.[26] Zusätzlich zur Berufsaufsicht unterliegt der Betrieb von Apotheken der staatlichen Überwachung. Über das Erfordernis der Erlaubnis zum Betrieb der Apotheke(n) hinaus überwachen die zuständigen Behörden gemäß § 64 Abs. 1 und Abs. 3 AMG beim laufenden Betrieb der Apotheke die Einhaltung der Vorschriften über den Verkehr mit Arzneimitteln, über die Werbung auf dem Gebiet des Heilwesens und über das Apothekenwesen.

c)   Apothekenrechtliche Sonderregulierung

Die sich aus dem Doppelcharakter ergebende Nähe zur gewerblichen Tätigkeit ist eine Besonderheit des Apothekerberufs im Verhältnis zu anderen freien Berufen.[27] Alle anderen freien Berufe sind durch den Charakter der persönlichen Dienstleistung geprägt, der den Möglichkeiten der Delegation, Gewinnmaximierung und -potenzierung natürliche Grenzen setzt. Derartige natürliche Barrieren bestehen bei den pharmazeutischen Tätigkeiten jedenfalls nicht in vergleichbarem Maß.[28]

---

[25]   Vgl. BVerfGE 17, 232, 239 ff., 242 ff., 247; BVerfGE 94, 372, 391; BGH, NJW 1983, 2085, 2086. Ebenso sollen sonstige Verbote wie etwa die Beschränkung der Verkaufsbemühungen und des Sortiments gemäß §§ 2 Abs. 4 und 25 ApBetrO verhindern, dass der Apotheker sein Hauptaufgaben im Rahmen der Arzneimittelversorgung der Bevölkerung hintanstellt und sich zunehmend einträglicheren Geschäften zuwendet, vgl. dazu BVerfG, NJW 1980, 633.

[26]   Vgl. dazu BVerfGE 5, 25, 29 f.; Marcks, in: Landmann/Rohmer, § 14 GewO Rn. 27 a.E.

[27]   Taupitz, Standesordnungen, S. 88 ff. führt als Extreme der freien Berufe den Beruf des Notars als den dem staatlich Bediensteten nahestehendsten freien Beruf einerseits und den Beruf des Apothekers als den dem Gewerbetreibenden nahestehendsten freien Beruf andererseits an.

[28]   Vgl. zu den „natürlichen Barrieren" für die Inanspruchnahme etwa ärztlicher Leistungen EuGH, Urteil vom 13.05.2003 in der Rechtssache C-385/99, Müller-Fauré und van Riet, Rn. 96 f. Solche natürlichen Barrieren bestehen bei Arzneimitteln als Waren nicht, vgl. dazu etwa Dettling, Schlussanträge in Sachen DocMorris - Generalanwäl-

Um den frei- und heilberuflichen Charakter der Arzneimittelversorgung dennoch zu gewährleisten, stellt das Apothekenrecht – gewissermaßen als „Regulativ" – auch im Verhältnis zur Regulierung sonstiger freier Berufe noch weitergehende Anforderungen. Diese weitergehenden Anforderungen bestehen im wesentlichen aus dem Fremd- und Mehrbesitzverbot sowie dem Grundsatz der unbeschränkten persönlichen Haftung, dem ausdrücklichen Gebot der pharmazeutischen und wirtschaftlichen Unabhängigkeit, dem Verbot partiarischer Rechtsverhältnisse und in der durch diese Regelungen erzielten lokalen Bindung selbständiger Apotheker.

aa) Fremd- und Mehrbesitzverbot

Das Fremd- und Mehrbesitzverbot ergibt sich aus dem Erfordernis einer Erlaubnis zum Betrieb einer Apotheke und den gesetzlichen Voraussetzungen, unter denen die Erlaubnis erteilt wird. Gemäß § 1 Abs. 2 ApoG a.F. bedurfte, wer eine Apotheke betreiben will, der Erlaubnis der zuständigen Behörde. Gemäß § 1 Abs. 3 ApoG gilt die Erlaubnis nur für den Apotheker, dem sie erteilt ist, und nur für die in der Erlaubnisurkunde bezeichneten Räume. Gemäß § 2 Abs. 1 Nr. 3 ApoG ist Voraussetzung der Erteilung der Erlaubnis die Approbation als Apotheker. Gemäß § 3 Nr. 5 ApoG a.F. erlosch die Erlaubnis, wenn dem Erlaubnisinhaber im Geltungsbereich des Apothekengesetzes die Erlaubnis zum Betrieb einer anderen Apotheke, die keine Zweigapotheke ist, erteilt wurde.

Durch das Erfordernis der Approbation als Apotheker gemäß § 2 Abs. 1 Nr. 3 ApoG ist sichergestellt, dass Betreiber von Apotheken nur Apotheker sein können, die gesundheitlich, charakterlich und fachlich geeignet sind und die den frei- und heilberuflichen Bindungen unterliegen. Die durch das Fremdbesitzverbot gewährleistete personale Betreiberstruktur soll als organisatorische Rahmenbedingung die Erfüllung der gesetzlichen Versorgungsaufgabe einschließlich des Vorrangs des Patienteninteresses vor dem Gewinninteresse auch auf der Betreiberebene absichern.[29]

Entspricht es der gesetzgeberischen Regelungsphilosophie, die tatsächliche Umsetzung der den Apothekenbetrieben gesetzlich vorgegebenen Aufgabe durch eine personale, frei- und heilberuflich geprägte Betreiberstruktur abzusi-

---

tin contra EuGH, Handelsware contra Heilmittel, PharmR 2003, 194 ff., 199.

[29] Vgl. zur Verbesserung der Arzneimittelsicherheit über die Gestaltung von Rahmenbedingungen BVerfG, NJW 2003, 1027; vgl. auch BVerfGE 17, 232, 247: Wer *„die Apotheke selbst auf eigene Rechnung betreibt, ist unabhängiger als der Verwalter."*

chern, muss aber gewährleistet sein, dass die betreffenden Personen nicht nur formal, sondern auch tatsächlich eine entsprechende Gewähr bieten. Würde Apothekern der Betrieb einer unbeschränkten Vielzahl von Apotheken oder von räumlich weit auseinanderliegenden Apotheken gestattet, wäre bei realistischer Betrachtung nach der allgemeinen Lebenserfahrung deren Rückzug auf rein kaufmännische Funktionen nahezu unvermeidlich. Ein Apotheker, der Inhaber hunderter oder gar tausender, über die gesamte Bundesrepublik verstreuter Apotheken wäre, wäre nicht mehr zur ständigen persönlichen Leitung oder auch nur zur persönlichen Überwachung seiner Apotheken in der Lage. Er würde sich dann in seiner Betreiberfunktion nicht mehr maßgeblich von einem Nicht-Apotheker unterscheiden. Jedenfalls bestünde in diesem Falle das erhebliche Risiko, dass in der Praxis die Beschränkung der Betreiber von Apotheken auf Apotheker zum inhaltsleeren Formalismus verkäme.[30]

Im übrigen wäre auch das Vertrauen der Bevölkerung darauf, dass der Apotheker sich nicht von Gewinnstreben beherrschen lässt, sondern seine Verantwortung im Rahmen der Gesundheitsberufe wahrnimmt[31], in Frage gestellt, wenn ein Apotheker eine immer größere Anzahl von Apotheken in immer weiterer Entfernung ansammelt. Bei einer solchen Entwicklung drängte sich im Gegenteil der Eindruck auf, dass für den Apotheker das Gewinnmaximierungsinteresse im Vordergrund steht.[32]

Das Fremdbesitzverbot allein genügte deshalb nicht, um die Regelungsidee des Gesetzgebers umzusetzen. Es bedarf vielmehr einer Ergänzung durch weitere Beschränkungen, die gewährleisten, dass die Betreiber von Apotheken ihren frei- und heilberuflichen Auftrag auch tatsächlich leben, persönlich erfüllen und nicht zu bloßen Kaufleuten mutieren. Solche Beschränkungen sind das vor allem durch § 3 Nr. 5 ApoG zum Ausdruck gebrachte Mehrbesitzverbot, aber

---

[30]   Lehrreich erscheint insoweit die Darstellung des Versuchs eines Apothekers, eine verdeckte Apothekenkette aufzubauen, im Urteil des BGH vom 25.04.2002, NJW 2002, 2724, 2726. Der BGH stellt hier fest, dass eine „massive wirtschaftliche Einflussnahme" auf die einzelnen Erlaubnisinhaber erfolgte, wenn auch keine direkten Weisungen in Bezug auf pharmazeutischen Tätigkeiten von außen festgestellt werden konnten.

[31]   Vgl. dazu BVerfGE 17, 232, 239; 94, 372, 391.

[32]   Auch nach der Rechtsprechung des Bundesverfassungsgerichts würde die mit der Zulassung des Mehrbesitzes einhergehende, allmähliche Konzentration im Apothekenwesen den freiberuflichen Charakter des Apothekerstandes gefährden. „Der selbständige Apotheker würde mehr und mehr zurückgedrängt und die Schicht der angestellten Apotheker wachsen." Vgl. BVerfGE 17, 232, 242 f.

auch die weiteren, nachfolgend dargestellten apothekenrechtlichen Regelungen.

bb)   Unbeschränkte persönliche Haftung

Gemäß § 1 Abs. 2 und 3 und § 8 Satz 1 ApoG können Apotheken organisatorisch nur in der Rechtsform eines einzelkaufmännischen Unternehmens, einer Gesellschaft bürgerlichen Rechts oder in der Rechtsform einer offenen Handelsgesellschaft betrieben werden.[33] Im Falle der letztgenannten Gesellschaften benötigt nach § 8 Satz 1 2. Halbsatz ApoG jeder Gesellschafter eine Betriebserlaubnis.[34]

Damit ist gewährleistet, dass die an die Betriebserlaubnis geknüpften Voraussetzungen, insbesondere dasjenige der Approbation als Apotheker bei jedem (Mit-)Betreiber einer Apotheke vorliegen. Da weder die Gesellschaft bürgerlichen Rechts noch die offene Handelsgesellschaft die Möglichkeit der Haftungsbeschränkung bieten, ist ferner gewährleistet, dass jeder (Mit-)Betreiber einer Apotheke für die Verbindlichkeiten des gesamten Apothekenunternehmens mit seinem gesamten Vermögen persönlich und unbeschränkt haftet.

cc)   Gebot pharmazeutischer und wirtschaftlicher Unabhängigkeit

Gemäß § 7 Satz 1 ApoG verpflichtet die Erlaubnis den Apotheker zur persönlichen Leitung der Apotheke in eigener Verantwortung. Merkmal der persönli-

---

[33]   Vgl. zur Fähigkeit der Gesellschaft bürgerlichen Rechts, Träger von Rechten und Pflichten zu sein, BGHZ 146, 341; für die OHG ergibt sich diese Fähigkeit aus § 124 Abs. 1 HGB. Da der Betrieb einer Apotheke den Betrieb eines Handelsgewerbes darstellt, sind Gesellschaften zum Betrieb von Apotheken gemäß § 105 Abs. 1 HGB notwendig offene Handelsgesellschaften. Die Gesellschaft bürgerlichen Rechts kommt deshalb gemäß § 1 Abs. 2 HGB nur in Betracht, wenn die konkrete Apotheke nach Art und Umfang einen in kaufmännischer Weise eingerichteten Geschäftsbetrieb nicht erfordert. Dies ist praktisch ausgeschlossen. Die Gesellschaft bürgerlichen Rechts spielt deshalb als Rechtsform zum Betrieb von Apotheken keine Rolle. Vgl. Schiedermair/Pieck, Apothekengesetz, § 8 ApoG Rn. 26; Ulmer, in: Ulmer, Gesellschaft bürgerlichen Rechts und Partnerschaftsgesellschaft, 4. Aufl. 2004, § 1 PartGG Rn. 79 Fn. 185.

[34]   Nach der Rechtsprechung des Bundesverwaltungsgerichts sind bei Personengesellschaften aus verwaltungsrechtlicher Sicht generell die Gesellschafter und nicht die Gesellschaften die Gewerbetreibenden, vgl. BVerwG, GewArch 1965, 7 ff.; BVerwGE 22, 16 ff.; BVerwG, NJW 1993, 1346 ff.

chen Leitung in eigener Verantwortung ist, dass der Apotheker sowohl in pharmazeutischer als auch in wirtschaftlicher Hinsicht Herr seiner Apotheke ist und unabhängig und ohne fremde Einflussnahme entscheidet.

Die pharmazeutische und die wirtschaftliche Verantwortung dürfen nicht voneinander getrennt betrachtet werden. Sie bilden eine Einheit. Die Aufgabe der Verhinderung von Fehl- und Mehrgebrauch von Arzneimitteln steht im unmittelbaren Zusammenhang mit dem Vorrang des Patienteninteresses vor dem Gewinninteresse. Der Vorrang des Patienteninteresses soll nicht durch Umsatz- und Gewinnmaximierungspflichten, wie sie sich im Falle einer wirtschaftlichen Abhängigkeit des Apothekenbetreibers ergeben könnten, gefährdet werden.

Um die persönliche Leitung zu gewährleisten, verlangt das Apothekenrecht in § 2 Abs. 2 Satz 1 ApBetrO die persönliche Leitung der Apotheke durch den Apothekenleiter selbst und damit bislang die grundsätzlich permanente persönliche Anwesenheit des Betreibers selbst in der Apotheke.[35] Die Möglichkeiten der Vertretung ist gemäß § 2 Abs. 5 ApBetrO zeitlich auf insgesamt drei Monate im Jahr beschränkt. Der Apotheker ist ferner nach § 2 Abs. 3 ApBetrO verpflichtet, Nebentätigkeiten anzuzeigen, damit die Überwachungsbehörden prüfen können, ob der Apotheker seiner Aufgabe der persönlichen Leitung der Apotheke noch hinreichend und dem gesetzlichen Leitbild entsprechend nachkommen kann.

dd)   Verbot partiarischer Rechtsverhältnisse

Der – häufig verkannte – innere Zusammenhang zwischen der wirtschaftlichen Unabhängigkeit und der pharmazeutischen Unabhängigkeit wird besonders im Zusammenspiel des Unabhängigkeitsgebots gemäß § 7 Satz 1 ApoG mit dem Verbot partiarischer Rechtsverhältnisse gemäß 8 Satz 2 ApoG und dessen Regelungsgeschichte deutlich. § 8 Satz 2 ApoG untersagt Beteiligungen an einer Apotheke in Form einer Stillen Gesellschaft und Vereinbarungen, bei denen die Vergütung für dem Erlaubnisinhaber gewährte Darlehen oder sonst überlassene Vermögenswerte am Umsatz oder am Gewinn der Apotheke ausgerichtet ist, insbesondere auch am Umsatz oder Gewinn ausgerichtete Mietverträge.

Während nach der ursprünglich herrschenden Auffassung Gewinnbeteiligungen Dritter an einer Apotheke mit deren Versorgungsaufgabe nicht vereinbar waren, entschied das Reichsgericht im Jahre 1909 überraschend, die Beteiligung eines Stillen Gesellschafters als vermeintlich „rein finanziell" Engagier-

---

35   Vgl. dazu auch BVerfG, DAZ 1971, 1681, 1688.

tem an Apotheken sei zulässig.[36] Dies führte zu Verhältnissen, wie sie der Entscheidung des BGH vom 24.07.1979[37] zugrunde lagen. Der BGH hatte über den Fall einer atypisch stillen Beteiligung eines Nichtapothekers an einer Apotheke zu entscheiden, bei der dem Apotheker vom Gewinn der Apotheke nur 10%, dem stillen Teilhaber aber 90% zuflossen. Aus Wortlaut, Sinn und Zweck der §§ 1, 7, 8 und 9 ApoG leitete der BGH die Notwendigkeit einer sehr weitgehenden Unabhängigkeit und Freiheit des Apothekers von unangemessenen rechtlichen oder wirtschaftlichen Bindungen ab. Die von § 7 Satz 1 ApoG geforderte berufliche Verantwortlichkeit und Entscheidungsfreiheit des Apothekers verlangt nach dem BGH auch eine wirtschaftliche Unabhängigkeit. Zur Begründung verwies der BGH darauf, dass der Erlaubnisinhaber auch dadurch in der Führung der Apotheke und der Erfüllung der für die Volksgesundheit wichtigen Aufgabe in einer nicht mehr hinnehmbaren Weise behindert werden kann, dass er in eine wirtschaftliche Abhängigkeit gebracht wird. Eine wirtschaftliche Abhängigkeit kann in gleicher Weise wie ein Weisungsrecht oder ein sonstiges unmittelbares Eingriffsrecht dazu führen, dass die Erfüllung der mit der Erlaubnis verbundenen Pflicht, die Apotheke persönlich und eigenverantwortlich zu leiten, nicht mehr gewährleistet ist. Der Erlaubnisinhaber dürfe deshalb "*auch nicht mittelbar - durch unangemessene wirtschaftliche Bedingungen - mit der Folge beeinträchtigt werden, dass die Gefahr begründet wird, er werde seine gesetzliche öffentliche Aufgabe, eigenverantwortlich an der ordnungsgemäßen Arzneimittelversorgung mitzuwirken, nicht mehr sachgerecht erfüllen.*"[38]
Um möglichst alle Vereinbarungen zu verhindern, mit denen sich Außenstehende unmittelbar oder mittelbar an dem Gewinn von Apotheken beteiligen oder sich Einfluss auf den Betrieb einer Apotheke verschaffen können, erhielt § 8 Satz 2 ApoG durch das Gesetz zur Änderung des Gesetzes über das Apothekenwesen vom 04.08.1980[39] seine heutige Fassung.[40]

---

[36] Vgl. RG JW 1909, 501 = PZ 1909, 767; vgl. dazu Schiedermair, Gesellschaftsapotheken, S. 256.

[37] Vgl. BGHZ 75, 214 ff.

[38] Vgl. zum ganzen BGHZ 75, 214, 215 f.

[39] BGBl. I S. 1142. Vgl. zur Entstehungsgeschichte und zu den Gesetzesmaterialien Schiedermair/Pieck, Apothekengesetz, S. 123 ff., 265 ff., 618 ff.

[40] In seiner neueren Entscheidung vom 22.10.1997, BGH, NJW-RR 1998, 803, 804 f., führte der BGH aus: "Mit der Regelung des § 8

ee) Lokale Bindung

Gemäß § 2 Abs. 1 Nr. 6 ApoG sind Antragsteller im Rahmen des Verfahrens zur Erteilung der Betriebserlaubnis verpflichtet nachzuweisen, dass sie über die erforderlichen Räume verfügen. Sie sind gemäß § 2 Abs. 1 Nr. 5 ApoG ferner verpflichtet, an Eides Statt zu versichern, dass sie keine Vereinbarungen getroffen haben, die gegen §§ 8 Satz 2, 9 Abs. 1, 10 oder 11 ApoG verstoßen. Neben einem Kauf- oder Pachtvertrag sind auf Verlangen der zuständigen Behörde auch andere Verträge vorzulegen, die mit der Einrichtung und dem Betrieb der Apotheke in Zusammenhang stehen.

Im Hinblick auf das Unabhängigkeitsgebot werden Betriebserlaubnisse in ständiger Verwaltungspraxis nur erteilt, wenn dem Antragsteller ein mindestens 5- bis 10-jähriges Nutzungsrecht hinsichtlich der Apothekenräume und ein hinreichend langfristiges Nutzungsrecht hinsichtlich der Apothekeneinrichtung zusteht.[41] Auf Seiten des Apothekers ist mit dem Betrieb einer Apotheke dadurch zugleich die Notwendigkeit hoher, finanzieller Investitionen verbunden.

Aus diesen Anforderungen ergibt sich eine langfristige lokale und finanzielle Bindung des Apothekers an die Apotheke. Er hat nicht die Möglichkeit, heute hier, morgen dort seiner Tätigkeit nachzugehen. Er ist vielmehr gezwungen,

---

Satz 2 ApoG sollen sogenannte *partiarische* Rechtsverhältnisse, in denen sich der Gläubiger die beruflichen und wirtschaftlichen *Fähigkeiten des Betriebsinhabers der Apotheke zu nutze macht und an den Früchten der Apotheke partizipiert*, vermieden werden... Sie ist – ebenso wie das Verpachtungsverbot des § 9 ApoG – Ausdruck der gesetzgeberischen Zielvorstellung, dem Apotheker die eigenverantwortliche Führung und Leitung seines Betriebes sowohl in fachlicher, also wissenschaftlich-pharmazeutischer, als auch in betrieblicher und wirtschaftlicher Hinsicht zu ermöglichen, *ohne (auch nur indirekt)* bei seinen Entscheidungen *von Dritten beeinflusst oder bestimmt* zu werden *(vgl. § 7 ApoG). Seine berufliche Verantwortlichkeit und Entscheidungsfreiheit soll nicht durch unangemessene vertragliche Bedingungen, die ihn in wirtschaftliche Abhängigkeit zu Dritten bringen, beeinträchtigt werden.* Dadurch soll sichergestellt werden, dass er seiner öffentlichen Aufgabe, eigenverantwortlich an der ordnungsgemäßen Arzneimittelversorgung der Bevölkerung mitzuwirken, in sachgerechter Weise nachkommt (§§ 1, 7, 8, 9 Abs. 2 Satz 2 ApoG; vgl. BGHZ 75, 214, 215)."

41 Vgl. zum Verhältnis von Unabhängigkeit und hinreichend langfristigen Verträgen VG Minden, Urteil vom 02.12.1998, Az. 4 K 2085/97, S. 7; OVG Nordrhein-Westfalen, Beschluss vom 14.02.1997, Az. 13 B 2312/96, S. 6.

täglich denselben Patienten am selben Standort zur Verfügung zu stehen, und permanent und unausweichlich mit den Folgen seines Handelns konfrontiert. Die unbeschränkte persönliche Haftung des Apothekers und die langfristige persönliche Bindung an die Patienten führen sowohl wirtschaftlich als auch psychologisch zu einem Höchstmaß an Verantwortlichkeit des Apothekers. Die durch die apothekenrechtliche Sonderregulierung wirtschaftlich und psychologisch gewährleistete Verantwortlichkeit und Sorgfalt des selbständigen Apotheker geht trotz des Approbationserfordernisses auch über das hinaus, was von einem angestellten Apotheker verlangt wird und verlangt werden kann. Angestellte Apothekenleiter haften in der Regel nicht persönlich für die Folgen einer schlechten Leitung der Apotheke. Soweit sie selbst gehandelt haben und einmal persönlich gegenüber einem Patienten wegen Verletzung dessen Gesundheit oder Körpers im Außenverhältnis haften sollten, sind sie im Innenverhältnis aus arbeitsrechtlichen Gründen von ihrem Arbeitgeber, also dem Apothekenbetreiber, in der Regel freizustellen.[42] Angestellte Apotheker haben sich auch nicht permanent und unausweichlich dem Patienten persönlich gegenüber zu verantworten. Sie können ihr Anstellungsverhältnis von heute auf morgen kündigen und an anderer Stelle neu tätig werden. Es liegt unter diesen Umständen nahe, dass der Gesetzgeber bei der Leitung einer Apotheke durch einen Angestellten nicht in jeder Hinsicht dasselbe Niveau und Engagement voraussetzen kann, wie wenn die Apotheke unter der persönlichen Leitung eines voll verantwortlichen Betreibers steht.[43]

d)   Zusammenfassung: Leitbild des „Apothekers in seiner Apotheke"

Der selbständige Apotheker ist Angehöriger eines freien Heilberufs und Kaufmann zugleich. Die allgemeinen heil- und freiberuflichen und die besonderen apothekenrechtlichen Regulierungsregime sind gerade in ihrem Zusammenwirken geeignet, ein Höchstmaß an Sorgfalt bei der Ausübung der phar-

---

[42]   Vgl. zum Ausschluss der Haftung von Arbeitnehmern bei leichter Fahrlässigkeit und zum Freistellungsanspruch von Arbeitnehmern gegen den Arbeitgeber im Falle einer Inanspruchnahme durch Dritte etwa Preis, in: Dieterich/Müller-Glöge/Preis/Schaub, Erfurter Kommentar zum Arbeitsrecht, 4. Aufl. 2004, § 619a BGB Rn. 13 ff., 26.

[43]   Von einem niedrigeren Sorgfaltsniveau bei der Leitung durch Angestellte geht das Bundesverfassungsgericht aus, vgl. dazu auch Gemmer/Helios, Apothekenrechtliches Mehr- und Fremdbesitzverbot, ApoR 2002, 140.

mazeutischen Tätigkeiten einschließlich der Leitung der Apotheke und damit ein Höchstmaß an Sorgfalt bei der Versorgung der Bevölkerung mit Arzneimitteln zu gewährleisten. Das sich aus der Gesamtheit der berufs- und apothekenrechtlichen Regulierungen ergebende, vom Bundesverfassungsgericht unter dem Schlagwort des „Apothekers in seiner Apotheke" zusammengefasste Leitbild des Apothekerberufs[44] ist darüber hinaus die Grundlage dafür, dass der Apotheker sich nicht von Gewinnstreben beherrschen lässt, sondern seine Verantwortung im Rahmen der Gesundheitsberufe wahrnimmt. Es ist deshalb in besonderem Maße geeignet, das Vertrauen der Bevölkerung in die ordnungsgemäße Versorgung mit Arzneimitteln zu stärken.

2.2.3 Das frei- und heilberuflich geprägte Apothekenunternehmen

a) Unternehmen, Betriebe und Filialen im Allgemeinen

Durch die Zulassung von Filialapotheken kann das Unternehmen Apotheke nunmehr auch aus mehreren Betrieben bestehen. Die Unterscheidung zwischen Unternehmen und Betrieb gewinnt damit auch bei Apotheken zunehmende Bedeutung.

aa) Unternehmen als rechtliche und wirtschaftliche Gesamtheiten

(1) Unternehmensbegriff
Eine gesetzliche Definition oder einen allgemeinen Rechtsbegriff des „Unternehmens" gibt es nicht.[45] Notwendige Bestandteile eines Unternehmens sind jedoch ein Träger (Betreiber), eine unternehmerische Tätigkeit (ein oder mehrere Betriebe) und die Zuordnung der unternehmerischen Tätigkeit zu dem Träger.
§ 14 BGB definiert als „Unternehmer" eine natürliche oder juristische Person oder eine rechtsfähige Personengesellschaft, die bei Abschluss eines Rechtsge-

---

[44]   Vgl. BVerfGE 17, 232, 239 f.; vgl. ferner BGHZ 75, 214, 215; BGH, NJW-RR 1998, 803, 805; NJW 2002, 2724, 2726 f.

[45]   Vgl. Karsten Schmidt, Handelsrecht, 5. Auflage 1999, S. 63; Micklitz, in: Münchener Kommentar zum Bürgerlichen Gesetzbuch, 4. Auflage 2001, Vor §§ 13, 14 BGB Rn. 37 ff.

schäfts in Ausübung ihrer gewerblichen oder selbständigen beruflichen Tätigkeit handelt. Unternehmerisch ist eine Tätigkeit demzufolge jedenfalls dann, wenn es sich um eine gewerbliche oder selbständige berufliche Tätigkeit handelt. Die Zuordnung der unternehmerischen Tätigkeit zum Unternehmensträger geschieht im Außenverhältnis dadurch, dass sie im Namen des Trägers erfolgt, im Innenverhältnis dadurch, dass sie auf Weisung des Trägers erfolgt. Folge der Zuordnung ist, dass der Unternehmensträger das rechtliche und wirtschaftliche Ergebnis und Risiko der unternehmerischen Tätigkeit trägt.[46]

(2) Unternehmenszweck, Unternehmenspolitik und Unternehmensleitung
Die inhaltliche Tätigkeit des Unternehmens ist durch eine Vielzahl von Determinanten bestimmt. Innerhalb des zwingenden Rahmens der Rechtsordnung ist es Angelegenheit des Unternehmensträgers, das Handeln des Unternehmens durch Weisungen zu bestimmen. Die Lenkung erfolgt dabei nicht nur durch Einzelanweisungen an das Personal, sondern vor allem durch allgemeinere Leit- und Richtlinien, die untereinander in einem hierarchischen Verhältnis stehen.
Oberste Richtschnur für das Handeln im Unternehmen ist der Unternehmenszweck. Er bezeichnet die letztendlichen und obersten Ziele des Unternehmens, also das Ergebnis, das mit Hilfe der unternehmerischen Tätigkeit erreicht werden soll. Vielfach wird dies der wirtschaftliche Zweck der Gewinnerzielung sein.[47]
Unterhalb der Ebene des Unternehmenszwecks liegt die Bestimmung des Unternehmensgegenstandes. Sie legt die Art der Tätigkeit, den „Tätigkeitsrahmen" fest, mit dessen Hilfe der Unternehmenszweck erreicht werden soll.[48]

---

[46] Vgl. zu den Zuordnungskriterien für „Betreiber" auch BGH, NJW 2002, 2724, 2725 m.w.N. Wie der Fall der Verpachtung zeigt, muss der Betreiber nicht notwendig Eigentümer der Betriebsmittel sein. Es genügt vielmehr, dass die unternehmerische Tätigkeit, also der Betrieb in seinem Namen und auf seine Weisung hin erfolgt.

[47] Deshalb liegt etwa bei einer Handelsgesellschaft eine Zweckänderung vor, wenn die Gewinnerzielungsabsicht aufgegeben werden soll. Vgl. zum ganzen BGHZ 96, 245, 251; BAG, NJW 1955, 277; NJW 1955, 1574, 1575; Der Betrieb 1976, 1579; Karsten Schmidt, Gesellschaftsrecht, 4. Auflage 2002, S. 65; Richardi, in: Münchener Handbuch zum Arbeitsrecht, Band 1 Individualarbeitsrecht I, 2. Aufl. 2000, S. 565 Rn. 6.

[48] Vgl. zum Begriff des Unternehmensgegenstandes K. Schmidt, Gesellschaftsrecht, S. 65 f.

Darauf folgen die Festlegung der Grundsätze der Unternehmenspolitik, die Unternehmensleitung im Sinne einer Unternehmensplanung, -koordination und -kontrolle und Besetzung der Führungsstellen sowie die laufende Geschäftsführung, unter der alle rechtsgeschäftlichen oder tatsächlichen Handlungen zu verstehen sind, die das Unternehmen gewöhnlich mit sich bringt.[49]

bb) Betriebe als organisatorische Teileinheiten

Im Unterschied zum Unternehmen als rechtliche und wirtschaftliche Einheit[50] ist ein Betrieb in der Definition des Bundesarbeitsgerichts eine organisatorische Einheit von Personal und Sachmitteln zur Erreichung eines bestimmten arbeitstechnischen Zwecks. Der arbeitstechnische Zweck des Betriebs dient als Mittel zur Erreichung des dahinter liegenden Unternehmenszwecks.[51]

Im Betrieb findet die unternehmerische Tätigkeit statt. Er ist dem Unternehmensträger zugeordnet. Soweit es keine Einschränkungen gibt, besteht Organisationsfreiheit. Der Unternehmensträger kann im Rahmen der Unternehmensleitung Art, Ort, Zahl, Größe, Ausstattung, etc. der Betriebe seines Unternehmens frei bestimmen.

Im Gegensatz zum Unternehmensleiter, der stets entweder mit dem Unternehmensträger identisch oder aber als Vorstand oder Geschäftsführer dessen Organ, Arbeitgeber und für das gesamte Unternehmen verantwortlich ist, kann Betriebsleiter auch ein Arbeitnehmer sein. Letzterenfalls kann es, muss es sich aber nicht einmal um einen leitenden Angestellten handeln.[52]

Trotz seiner Leitungsfunktion sind aber auch die Aufgaben und Befugnisse eines „echten" Betriebsleiters wesensgemäß auf die mit dem Betrieb verbundenen, gewöhnlichen Geschäfte beschränkt.[53] Er wird ferner vom Unternehmensträger im Rahmen der Unternehmensleitung eingesetzt und überwacht und ist dessen Weisungen unterworfen.

---

[49] Vgl. dazu Uwe H. Schneider, in: Scholz, Kommentar zum GmbH-Gesetz, 9. Aufl. 2000, § 37 GmbHG Rn. 2 ff.; Hüffer, Aktiengesetz, 5. Aufl. 2002, § 76 AktG Rn. 7 ff. sowie § 116 Abs. 1 HGB.

[50] Vgl. K. Schmidt, Handelsrecht, S. 69 und ff., 74.

[51] Vgl. BAG, NJW 1955, 277; NJW 1955, 1574, 1575; Der Betrieb 1976, 1579; Richardi, in: Münchener Handbuch zum Arbeitsrecht, Band 1, S. 565 Rn. 6.

[52] Siehe dazu näher S. 133 ff.

[53] Vgl. etwa zum Filialleiter Pentz, in: Ebenroth/Boujong/Joost, Handelsgesetzbuch, Kommentar, 2001, § 13 HGB Rn. 10.

cc)   Zweigniederlassungen (Filialen)

Das Handelsrecht kennt als Sonderform von Betrieben die sog. Zweigniederlassung, die je nach Branche auch Filiale genannt wird.[54] Nach § 13 Abs. 1 Satz 1 HGB ist die Errichtung einer Zweigniederlassung von einem Einzelkaufmann oder reiner juristischen Person beim Gericht der Hauptniederlassung, von einer Handelsgesellschaft beim Gericht des Sitzes der Gesellschaft zur Eintragung in das Handelsregister des Gerichts der Zweigniederlassung anzumelden. Die Firma der Zweigniederlassung darf neben der Firma der Hauptniederlassung einen Filialzusatz enthalten. Unter den Voraussetzungen des § 30 Abs. 3 HGB ist dies sogar zwingend.[55]

Kennzeichen einer Zweigniederlassung sind nach herrschender Meinung

- die grundsätzlich gleichartige Tätigkeit und das grundsätzlich gleichartige Erscheinungsbild wie die Hauptniederlassung,
- die räumliche Trennung von der Hauptniederlassung,
- die selbständige Teilnahme am Geschäftsverkehr durch einen eigenen Leiter im Außenverhältnis
- die Ausstattung mit einem gesondert gewidmeten Betriebsvermögen und eigener Buchführung und
- die interne Leitungsabhängigkeit von der Hauptniederlassung.[56]

Der Leiter der Zweigniederlassung muss sie trotz seiner Bindung im Innenverhältnis nach außen hin selbständig vertreten. Eine Handlungsvollmacht nach § 54 HGB genügt. Eine Filialprokura ist gemäß § 50 Abs. 3 HGB zulässig, wenn

---

[54]   Vgl. Pentz, in: Ebenroth/Boujong/Joost, § 13 HGB Rn. 17; Schmidt, Handelsrecht, S. 75.

[55]   Vgl. Hopt, in: Baumbach/Hopt, Handelsgesetzbuch, Kommentar, 31. Aufl. 2003, § 13 HGB Rn. 7; Emmerich, in: Heymann, Handelsgesetzbuch, Kommentar, 2. Aufl. 1995, § 17 HGB Rn. 28 f.

[56]   Vgl. zum ganzen BGH, NJW 1972, 1859, 1860; Hüffer, in: Staub, Handelsgesetzbuch, Großkommentar, 4. Aufl. 1995, Vor § 13 HGB Rn. 9 ff.; Pentz, in: Ebenroth/Boujong/Joost, § 13 HGB Rn. 17 ff.; Hopt, in: Baumbach/Hopt, § 13 HGB Rn. 3; Sonnenschein/Weitermeyer, in: Heymann, Handelsgesetzbuch, Kommentar, 2. Aufl. 1995, § 13 HGB Rn. 6 ff.

die Firma der Zweigniederlassung durch einen Zusatz von der Firma der Hauptniederlassung abweicht.[57]

Trotz des Anscheins der Selbständigkeit im Außenverhältnis ist die Zweigniederlassung der Hauptniederlassung nach- und in den Dienst der von dem Unternehmensträger formulierten und verfolgten Unternehmensziele eingeordnet. Die grundlegenden Fragen der Geschäftspolitik werden im Rahmen der „Oberleitung" von der Hauptniederlassung bestimmt.[58]

b)   Das frei- und heilberufliche Apothekenunternehmen nach dem GMG

aa)   Unternehmensträger bei Apotheken

Wie schon erwähnt, bleibt auch nach dem GMG das Fremdbesitzverbot erhalten. Im Falle von Apotheken ist der Kreis der potentiellen Unternehmensträger und Betreiber gemäß §§ 1 Abs. 3, 2 Abs. 1 Nr. 3 und Abs. 2, 8 Satz 1 ApoG weiterhin auf Apotheker beschränkt.

Es bleibt ferner dabei, dass nur einzelne Apotheker bzw. aus Apothekern gebildete Gesellschaften des bürgerlichen Rechts oder offene Handelsgesellschaften Träger eines Apothekerunternehmens sein können. Jeder Träger und Betreiber eines Apothekenunternehmens ist somit eine natürliche Person und haftet für sämtliche Verbindlichkeiten des Unternehmens persönlich und unbeschränkt mit seinem gesamten Vermögen. Im Falle der vorgenannten Gesellschaften benötigt nach wie vor auch jeder Gesellschafter eine Betriebserlaubnis. Auch sie können wie ein einzelner Apotheker nicht mehr als vier Apotheken betreiben.[59]

---

[57]   Vgl. zum ganzen Hüffer, in: Staub, Vor § 13 HGB Rn. 14.

[58]   Vgl. Hüffer, in: Staub, Vor § 13 HGB Rn. 12; Sonnenschein/Weitermeyer, in: Heymann, § 13 HGB Rn. 9.

[59]   Ebenso Mecking, Apotheken-Mehrbesitz - Rechtliche Grenzen der neuen Möglichkeiten, AWA 15.02.2004, 1 f.; *Meyer, Die Freigabe des begrenzten Mehrbesitzes, DAZ 2004, 865, 866;* Tisch, Filialbetrieb – Die neue Rechtslage, PZ 2004, 4508, 4514; vgl. auch Schiedermair/Pieck, Apothekengesetz; § 8 ApoG Rn. 43.

bb) Unternehmenszweck, Unternehmenspolitik und Unternehmensleitung bei Apotheken

(1) Versorgung der Bevölkerung als vorrangiger Unternehmenszweck

Obwohl es sich bei Apotheken auch um Gewerbebetriebe handelt, ist deren Unternehmenszweck nicht wie sonst bei Gewerbebetrieben primär der der Gewinnerzielung.[60] Der Zweck des Unternehmens Apotheke ist gesetzlich anderweitig bestimmt. Der Zweck des Unternehmens Apotheke ist nach § 1 Abs. 1 ApoG entsprechend dem frei- und heilberuflichen Charakter des Apothekerberufs zwingend die im öffentlichen Interesse gebotene Sicherstellung einer ordnungsgemäßen Arzneimittelversorgung der Bevölkerung.

§ 1 Abs. 1 ApoG bleibt durch das GMG unverändert. Die ordnungsgemäße Versorgung der Bevölkerung mit Arzneimitteln ist deshalb nach wie vor vorrangige Aufgabe der Apotheke und gesetzlich angeordneter Zweck des Apothekenunternehmens. Das Streben nach Gewinn hat weiterhin hinter sie zurückzutreten. Die Versorgung mit Arzneimitteln darf weiterhin nur nach dem fachlichen Gesichtspunkt des medizinisch Notwendigen und unabhängig von umsatz- oder gewinnorientierten Gesichtspunkten und Einflussnahmen erfolgen.

Anreize zur künstlichen Erhöhung des Arzneimittelumsatzes müssen deshalb unterbleiben. Insbesondere darf kein Druck auf das pharmazeutische Personal ausgeübt werden, den Arzneimittelumsatz künstlich zu erhöhen.

(2) „Doppelsicherung" der frei- und heilberuflichen Zwecksetzung durch das Fremd- und Vielbesitzverbot

Das Fremd- und Vielbesitzverbot dient ebenso wie das Fremd- und Mehrbesitzverbot der Sicherung der Aufgabenerfüllung durch Apotheken nach frei- und heilberuflichen Grundsätzen. Indem Träger von Apothekenunternehmen weiterhin nur Apotheker sein können, ist gewährleistet, dass nicht nur die Betriebsleitung auf Arbeitnehmerebene, sondern auch Unternehmensleitung und der Unternehmensträger selbst, also auch die Arbeitgeber- und Betreiberebene den frei- und heilberuflichen Sonderpflichten unterliegt. Damit ist ein durchgehender Gleichlauf von gesetzlichem Unternehmenszweck, tatsächli-

---

60 Kritisch zum Merkmal der Gewinnerzielungsabsicht Tettinger, in: Tettinger/Wank, § 1 GewO Rn. 12 und ff., der darauf verweist, dass im Handelsrecht inzwischen auf das Merkmal der Gewinnerzielungsabsicht überwiegend verzichtet wird, vgl. dazu K. Schmidt, in: Münchener Kommentar zum Handelsgesetzbuch, Band 1, 1996, § 1 HGB Rn. 23.

cher Unternehmenspolitik und tatsächlicher Unternehmensleitung bis hin zur unabhängigen, nur am sachlichen Versorgungsinteresse orientierten Betriebsführung auch durch angestelltes pharmazeutisches Personal sichergestellt. Das Risiko von Interessenkonflikten zwischen kommerziellen Betreiberinteressen einerseits und frei- und heilberuflicher Bindung angestellter Apotheker andererseits ist soweit als möglich reduziert. Das Apothekenunternehmen soll nach dem Willen des Gesetzgebers im Interesse einer Doppelsicherung sowohl auf Betreiber- als auch auf Arbeitnehmerebene „durch und durch" frei- und heilberuflich geprägt sein.[61]

Allerdings tritt an die Stelle des bisherigen strengen Mehrbesitzverbots ein „Vielbesitzverbot". Dazu beschränkt § 1 Abs. 2 ApoG die Anzahl der möglichen Apothekenbetriebe einer Kette auf eine kleine Zahl, nämlich auf vier. Zusätzlich ist der Betreiber gemäß § 2 Abs. 5 Nr. 1 ApoG verpflichtet, eine der Apotheken, die sog. „Hauptapotheke" persönlich zu führen. Er ist nach § 2 Abs. 1 Nr. 4 ApBetrO der Leiter der Hauptapotheke. Gemäß § 2 Abs. 2 Satz 3 ApBetrO ist bei Filialapotheken auch der Betreiber für die Einhaltung der zum Betreiben von Apotheken geltenden Vorschriften verantwortlich. Nach § 2 Abs. 4 Nr. 2 ApoG müssen die Hauptapotheke und die Filialapotheken räumlich innerhalb desselben Kreises oder derselben kreisfreien Stadt oder in einander benachbarten Kreisen oder kreisfreien Städten liegen.

Schließlich kann gemäß § 2 Abs. 6 Satz 4 ApBetrO der Betreiber nur von einem Apotheker vertreten werden, während der Apotheken(betriebs)leiter

---

[61] Ungeachtet des Umstandes, dass manche ausländischen Staaten auch den Fremdbesitz an Apotheken und Apothekenketten zulassen und solche Unternehmen in der Regel ordnungsgemäß und seriös geführt werden, zeigen Beispiele wie das der niederländischen Versandapotheke DocMorris, zu welcher Art von Geschäftspolitik Fremdbesitz und kommerzielle Geschäftsführung bei Apotheken führen können. Ralf Däinghaus, der Gründer der Internet-Apotheke DocMorris, antwortete in einem Interview der Frankfurter Allgemeinen Sonntagszeitung vom 20.04.2003 unter dem Titel „Wir tricksen die Apotheker aus" auf die Frage, was sein meistverkauftes Medikament sei: *„Viagra. Platz zwei: Viagra. Platz 3 Viagra. Wir sind eine hervorragende Viagra-Apotheke, weil wir so schön diskret sind..."* Die Risiken, die sich aus den „diskreten Internetapotheken" ergeben können, zeigen sich beispielhaft an einem Bericht über Club- und Partydrogen, in dem es heißt: *„Sowohl Ecstacy als auch Viagra und Poppers sind 'trendy' und in der Club- und Partyszene sehr verbreitet. Durch die Kombination der Substanzen potenziert sich das Komplikationsrisiko, ein bedrohlicher Blutdruckabfall ist quasi vorprogrammiert. Jede der genannten Drogen birgt bereits ein eigenständiges beachtliches Risiko. Und zusammen kann es zur Katastrophe kommen."* Vgl. Pallenbach, Ecstacy und Poppers mit Viagra, DAZ 2003, 3069, 3071.

gemäß § 2 Abs. 6 Satz 1 bis 3 ApBetrO in der persönlichen Leitung der Apotheke auch von einem Apothekerassistenten oder Pharmazieingenieur vertreten werden kann. Damit anerkennt das GMG, dass das Leiten eines Unternehmens und Überwachen mehrerer Apotheken mit einer „höheren Verantwortung" verbunden ist als die Leitung nur eines Apothekenbetriebs.[62]

Trotz der Auflockerung des Mehrbesitzverbots erscheint auch das verbliebene Vielbesitzverbot noch geeignet sicherzustellen, dass der Apotheker als Unternehmensträger weiterhin persönlich in die frei- und heilberufliche Leistungserbringung eingebunden bleibt und sich nicht auf die Unternehmensträger- und -leitungsfunktion zurückzieht, also nicht zum reinen Kaufmann mutiert. Er ist weiterhin zur persönlichen Leitung eines Apothekenbetriebs verpflichtet und durch die enge räumliche und zahlenmäßige Beschränkung auch tatsächlich in der Lage, die Leitung der Filialapotheken persönlich zu überwachen. Die Situation bei den Filialapotheken erscheint durch die engen Vorgaben im wesentlichen vergleichbar mit der Situation, die sich bei der schon immer zulässigen Abwesenheitsvertretung durch angestellte Apotheker gemäß § 2 Abs. 5 und Abs. 6 ApBetrO ergibt. Durch die Beschränkung auf lokale Kleinketten erscheint auch das Vertrauen der Bevölkerung, dass der Apotheker sich nicht von Gewinnstreben beherrschen lässt, sondern seine Verantwortung im Rahmen der Gesundheitsberufe wahrnimmt, nicht in Frage gestellt.[63]

---

[62]   In der Amtlichen Begründung, BT-Drs. 15/1525 vom 08.09.2003, S. 163, Zu Artikel 21 Zu Nr. 2 Zu den Buchstaben a, b und d heißt es dazu: „*Das Betreiben mehrerer Apotheken ist mit einer **höheren Verantwortung** verbunden als die Leitung nur einer Apotheke. Deshalb darf der Betreiber mehrerer Apotheken auch nur von einem Apotheker vertreten werden*" (Hervorhebung durch die Verfasser).

[63]   Die Amtliche Begründung führt zur Auflockerung des Mehrbesitzverbotes aus: „*Der Mehrbesitz von öffentlichen Apotheken wird in einem eng begrenzten Umfang ermöglicht. Damit wird auch einem Anliegen von Apothekern gefolgt. Mit einem solchen begrenzten Mehrbesitz kann die Wirtschaftlichkeit der Betriebsführung und der Arzneimittelbeschaffung sowie die Flexibilität in der Warenbewirtschaftung und dem Personaleinsatz erhöht werden. Weiterhin wird mit dieser Liberalisierung Apothekern die Möglichkeit zu einer zukunftsorientierten Weiterentwicklung des Apothekenwesens auch im Zusammenhang mit Weiterentwicklungen im deutschen und europäischen Gesundheitswesen geboten. Mit diesen Regelungen werden weder die Arzneimittelsicherheit noch die Versorgungssicherheit gefährdet. ...*

Die Eingrenzung auf maximal vier Apotheken und zusätzlich auf einen Kreis oder benachbarten Kreis ist notwendig, um dem Betreiber der Apotheken eine persönliche und somit effektive Kontrolle der Filialapotheken zu ermöglichen. Damit soll auch weiterhin die persön-

(3) Persönliche Haftung, Unabhängigkeitsgebot und Verbot partiarischer Rechtsverhältnisse und lokale Bindung

Auch an der persönlichen Haftung, an dem Unabhängigkeitsgebot, dem Verbot partiarischer Rechtsverhältnisse und der lokalen Bindung des Apothekenbetreibers hat das GMG durch die Zulassung kleiner, lokaler Apothekenketten nichts geändert.

Nach § 2 Abs. 5 ApoG gelten die Bestimmungen des Apothekengesetzes für den Betrieb mehrerer öffentlicher Apotheken grundsätzlich entsprechend. Nach wie vor können Träger von Apothekenunternehmen nur Apotheker als Einzelpersonen oder im Zusammenschluss mit anderen Apothekern in der Rechtsform der Gesellschaft bürgerlichen Rechts oder der offenen Handelsgesellschaft sein. §§ 2 Abs. 4 Nr. 1, 8 Satz 1 2. Halbsatz ApoG schreiben vor, dass der oder die Unternehmensträger die Voraussetzungen nach § 2 Abs. 1 bis 3 ApoG für jede der beantragten Apotheken erfüllen müssen.

Das GMG hat ferner das Unabhängigkeitsgebot ausdrücklich auf Filialapotheken erstreckt. Nach § 7 Satz 2 1. Halbsatz ApoG n.F. obliegen im Falle einer Filialapotheke dem vom Betreiber benannten Apotheker die Pflichten entsprechend § 7 Satz 1 ApoG. Die Verpflichtungen des Betreibers bleiben nach § 7 Satz 2 2. Halbsatz ApoG n.F. unberührt. Die Verpflichtungen des Betreibers ergeben sich insbesondere aus dessen Verantwortung für das Gesamtunternehmen. Diese Gesamtverantwortung besteht vor allem darin zu gewährlei-

---

liche Verantwortung des Apothekers für seine Apotheken gestützt und die Beeinflussung durch Dritte verhindert werden. Zudem wird damit Kettenbildungen mit unter Umständen wettbewerbspolitisch bedenklichen Situationen vorgebeugt. Sollte im Einzelfall eine marktbeherrschende Stellung eines Apothekenverbundes (z.B. in Orten mit nur wenigen Apotheken) vorliegen, so gilt das einschlägige Wettbewerbsrecht. Die zahlenmäßige, geografische und auf den Mehrbesitz ausgerichtete Eingrenzung ist auch deshalb berechtigt, da mit Fremdbesitz von öffentlichen Apotheken in einem Gesundheitssystem wie dem deutschen keine verlässlichen Erfahrungen vorliegen, die im Hinblick auf den Verbraucherschutz, die Arzneimittelsicherheit und die Versorgungssicherheit notwendig sind.

Auch aus oben genannten Gründen soll die Regelung den Fremdbesitz von öffentlichen Apotheken verhindern. Eine Umgehung des Fremdbesitzverbotes soll dadurch unterbunden werden, dass ein Apotheker, der keine Apotheke betreibt und auch keine persönlich führen will, in den Besitz von mehreren Apotheken gelangt. Auf Grund dieser Regelung unterliegt der Betreiber in jedem Fall persönlich den Vorschriften, die das Apothekenrecht für Apothekenleiter vorsieht, wonach er, wenn er persönlich eine Apotheke führt, keiner weiteren beruflichen Tätigkeit nachgehen darf...“ Vgl. BT-Drs. 15/1525 vom 08.09.2003, S. 160, Zu Artikel 20 Zu Nr. 3.

sten, dass der Unternehmenszweck, wie es § 1 Abs. 1 ApoG bestimmt, im gesamten Unternehmen, d.h. sowohl in der Hauptapotheke wie auch in den Filialapotheken tatsächlich die ordnungsgemäße Arzneimittelversorgung der Bevölkerung ist und dieser Zweck in der täglichen Praxis des Apothekenbetriebs gelebt wird. Diese Verpflichtung erfüllt der Betreiber des Apothekenunternehmens durch die persönliche Leitung der Hauptapotheke und die persönliche Überwachung der Filialapotheken.

Im Hinblick auf die Gewährleistung einer persönlichen Überwachung jeder Filialapotheke durch den Betreiber und das Erfordernis der Approbation der Filialleiter dürfte trotz der Einschränkungen, die mit dem Fehlen einer persönlichen Leitung der Filialapotheken durch den Betreiber und der beschränkten persönlichen Haftung der Filialleiter möglicherweise verbunden sind, gegen Risiken für eine ordnungsgemäße Versorgung noch in vergleichbarer Weise wie beim strengen Mehrbesitzverbot vorgesorgt sein.

Darüber hinaus wurde ein neuer § 8 Satz 4 ApoG angefügt, der ausdrücklich klarstellt, dass das Verbot partiarischer Rechtsverhältnisse für Filialapotheken entsprechend gilt. Schließlich blieben die Anforderungen an den Nachweis der Nutzungsrechte hinsichtlich der Räume unverändert. Das Apothekenunternehmen in Gänze ist gemäß § 2 Abs. 4 Nr. 2 ApoG auf den lokalen Bereich beschränkt. Der Betreiber bleibt dadurch weiterhin lokal und finanziell an die Apotheke und damit an einen bestimmten Patientenkreis gebunden. Er ist weiterhin der „konstante Faktor" des Apothekenunternehmens und Brennpunkt des Persönlichkeitsbezugs als Grundlage für das Vertrauensverhältnis, das seinerseits die Existenz freier Berufe und damit die Erbringung der Leistung vielfach überhaupt erst ermöglicht.[64]

cc)   Ergebnis

Durch die Möglichkeit des Betriebs kleiner lokaler Apothekenketten wird der frei- und heilberufliche Charakter des Apothekerberufs nicht verändert oder gar in Frage gestellt. Im Vordergrund steht weiterhin im Sinne des § 1 Abs. 2 Satz 1 PartGG die persönliche, eigenverantwortliche und fachlich unabhängige Erbringung von Leistungen höherer Art auf der Grundlage besonderer beruflicher Qualifikation im Interesse der Patienten und der Allgemeinheit. Die Absicht der Gewinnerzielung hat dahinter weiterhin zurückzustehen.

Auch nach der Einführung lokaler Kleinketten verbleibt es ferner bei den wesentlichen apothekenrechtlichen Rahmenbedingungen, die die tatsächliche Beachtung des Vorrangs des Versorgungsauftrages in der täglichen Praxis

---

[64]   Vgl. dazu Taupitz, Standesordnungen, S. 52 ff. und 57 ff.

gewährleisten sollen. Das Leitbild des „Apothekers in seiner Apotheke" bleibt in seinem Kerngehalt unangetastet.

2.2.4 Verfassungsrechtliche Beurteilung des Fremd- und Vielbesitzverbots

a)   Rechtsprechung und Literatur zum Fremd- und Mehrbesitzverbot

Nach der Rechtsprechung des Bundesverfassungsgerichts ist das Fremd- und Mehrbesitzverbot mit dem Grundrecht auf Berufsfreiheit aus Art. 12 Abs. 1 GG vereinbar und damit verfassungsgemäß. In seiner Entscheidung vom 13.02.1964 stellte es hinsichtlich der Versorgung der Bevölkerung mit Arzneimitteln fest, dass der Gesetzgeber die *„Erfüllung dieser für die Volksgesundheit wichtigen öffentlichen Aufgaben ...* **am besten** *dann für gewährleistet (hält), wenn die allseitige Verantwortung für den Betrieb der Apotheke in einer Hand liegt, wenn also dem ausgebildeten Apotheker, der für die Erfüllung der öffentlich-rechtlichen Aufgaben einzustehen hat, auch das Eigentum an der Apotheke zusteht; der Gesetzgeber will es vermeiden, dass die Erfüllung der mit dem Betrieb einer Apotheke verbundenen öffentlichen Aufgaben und das privatrechtliche Eigentum und der Besitz an dem Apothekenbetrieb auseinanderfallen.*

Danach ist das Leitbild des Gesetzgebers des 'Apothekers in seiner Apotheke'. Aus dieser Grundanschauung hat er dem selbständigen Apotheker die Verpflichtung zur persönlichen Leitung der Apotheke in eigener Verantwortung auferlegt (§ 7 Satz 1) und ihn auf den Betrieb nur einer *Apotheke beschränkt (§ 3 Nr. 5). Aus dieser Konzeption heraus schließt das Gesetz die Verwaltung von Apotheken fast ganz aus und beschränkt die Verpachtung auf wenige Ausnahmen"* (Hervorhebung durch Fettdruck von den Verfassern, Hervorhebung durch Unterstreichung im Original).[65]

Diese Erwägungen des Bundesverfassungsgerichts haben nach wie vor Gültigkeit. Auch nach der neueren Rechtsprechung des Bundesverfassungsgerichts bringt es die Eigenart des Berufs des selbständigen Apothekers mit sich, dass bei ihm die Züge eines freien Berufs überwiegen.[66] Deshalb gilt auch nach wie

---

65   Vgl. BVerfGE 17, 232, 239 f.; vgl. ferner BGHZ 75, 214, 215; BGH, NJW-RR 1998, 803, 805; BGH, NJW 2002, 2724, 2726 f.

66   Vgl. BVerfGE 94, 372, 391.

vor, dass das frei- und heilberufliche Leitbild des Apothekerberufs und die darauf gegründete *„herkömmliche Ordnung des Apothekenwesens ... der Wertordnung des Grundgesetzes auch* **mehr** *Rechnung (trägt) als andere mögliche Gestaltungen. Die Erwägung, die Arzneimittelversorgung in die Hand eines Standes freier, selbständiger Apotheker zu legen, wird dem Grundgedanken der Berufsfreiheit und der Freiheit des Einzelnen zu seiner wirtschaftlichen Entfaltung in besonderem Maße gerecht"*[67] (Hervorhebung durch die Verfasser).

Auch nach der herrschenden Meinung in der sonstigen Rechtsprechung und in der Literatur ist das Fremd- und Mehrbesitzverbot (weiterhin) verfassungsgemäß.[68]

b) Fremd- und Vielbesitzverbot

Die Erwägungen des Bundesverfassungsgerichts zur Verfassungsmäßigkeit des Fremd- und Mehrbesitzverbotes gelten ferner auch für das Fremd- und Vielbesitzverbot.

---

[67] Vgl. BVerfGE 17, 232, 242 f.

[68] Vgl. BGH, NJW 2002, 2724, 2726 f.; Scholz, in: Maunz/Dürig, Grundgesetz, Kommentar, Stand: 2003, Art. 12 GG Rn. 328; Wieland, in: Dreier (Hrsg.), Grundgesetz, Kommentar, 1996, Art. 12 GG Rn. 134; Zuck/Lenz, Apotheker, S. 78 ff.; Starck, Die Vereinbarkeit des apothekenrechtlichen Fremd- und Mehrbesitzverbotes mit den verfassungsrechtlichen Grundrechten und dem gemeinschaftsrechtlichen Niederlassungsrecht, 1999, S. 22, 26; Dettling/Lenz, Der Arzneimittelvertrieb in der Gesundheitsreform 2003 – Eine apotheken- und verfassungsrechtliche Analyse des GMG-Entwufs, 2003, S. 194 ff. A.A. auf der Grundlage eines im Auftrag von Herrn Apotheker Günter Stange erstellten Gutachtens hinsichtlich des Mehrbesitzverbots Taupitz, Das apothekenrechtliche Verbot des "Fremd- und Mehrbesitzes" aus verfassungs- und europarechtlicher Sicht, 1998; Taupitz/Schelling, Das apothekenrechtliche Verbot des "Mehrbesitzes" - auf ewig verfassungsfest?, NJW 1999, 1751 ff. Für Manssen sind nicht einmal ausreichende Gründe des Gemeinwohls zur Rechtfertigung des Fremdbesitzverbotes „ersichtlich", vgl. Manssen, in: v. Mangoldt/Klein/Strack, Grundgesetz, Kommentar, Band I, 1999, Art. 12 GG Rn. 181. Diese Auffassungen verkennen die Notwendigkeit von Sicherungen zur Gewährleistung des frei- und heilberuflichen Charakters der Arzneimittelversorgung gerade wegen der Nähe des Apothekerberufs zur gewerblichen Tätigkeit und den Zusammenhang von persönlicher Verantwortung, Versorgungsqualität und Vertrauen der Bevölkerung in eine ordnungsgemäße Arzneimittelversorgung.

Das Bundesverfassungsgericht hat schon in seiner Entscheidung vom 13.02.1964 darauf hingewiesen, dass *„unter besonderen Umständen ein Apotheker zwei oder auch drei nahe beieinander liegende Apotheken noch unter voller persönlicher Verantwortung selbst leiten kann."*[69] Die vom GMG vorgesehenen räumlichen und zahlenmäßigen Beschränkungen für Apothekenketten bewegen sich im Bereich dieser Grenzen.

Das GMG stützt auch weiterhin das frei- und heilberufliche Leitbild des Apothekerberufs.[70] Dies gilt auch für das Fremd- und Vielbesitzverbot. Es führt dieses Leitbild weiterhin konsequent und widerspruchsfrei durch. Indem es den Mehrbesitz in einem Maße beschränkt, der mit dem frei- und heilberuflichen Leitbild vereinbar erscheint, besteht auch keine Gefahr einer allmählich sich bildenden Konzentration im Apothekenwesen, die den freiberuflichen Charakter des Apothekerstandes nach der Rechtsprechung des Bundesverfassungsgerichts gefährden könnte.[71]

Das Bemühen des Gesetzgebers um die Erhaltung des frei- und heilberuflichen Charakters des Apothekenunternehmens zeigt sich gerade auch anhand der Entstehungsgeschichte der Regelung. Der Entwurf eines Gesetzes zur Modernisierung des Gesundheitssystems (Gesundheitssystemmodernisierungsgesetz – GMG) vom 09.05.2003 aus dem Bundesministerium für Gesundheit und Soziale Sicherung sah in seinem Art. 13 Nr. 2 noch eine Fassung der Absätze 4 und 5 des § 2 ApoG vor, die die Möglichkeit des Betriebs von bis zu fünf Apotheken ohne jegliche räumliche Beschränkung bot.[72] Noch weiter ging der in den Bundestag eingebrachte Gesetzentwurf der Fraktionen SPD und

---

[69] Vgl. BVerfGE 17, 232, 245.

[70] Vgl. auch den Bericht über den Vortrag des Leiters des Referats Arzneimittelversorgung beim Bundesministerium für Gesundheit und Soziale Sicherung, Ulrich Dietz, auf dem Apothekertag Mecklenburg-Vorpommern vom 07. bis 09.11.2003 „Pharmazie in der Krise", DAZ 2003, 5808 f.: *„Der Apotheker solle nicht der verlängerte Teil der Pharmaindustrie sein, sondern an der Seite des Arztes als eigenständiger Heilberuf wirken. Vor diesem Hintergrund seien auch die neuen gesetzlichen Regelungen zum Apothekenwesen entstanden... Ziel der neuen Arzneimittelpreisverordnung sei es beispielsweise gewesen, die Beratungsleistung des Apothekers zu honorieren, das Profil als Heilberufler zu stärken..."*

[71] Vgl. dazu BVerfGE 17, 232, 242 f.

[72] Vgl. dazu näher Dettling/Lenz, Arzneimittelvertrieb, S. 197 ff.

BÜNDNIS 90/DIE GRÜNEN.[73] Dessen Artikel 13 Nr. 2 sah in § 2 Abs. 4 ApoG(-Entwurf) eine völlige Aufhebung des Mehrbesitzverbotes vor, so dass Apotheker Apothekenketten ohne jede räumliche und zahlenmäßige Beschränkung hätten betreiben dürfen.[74] Diese Regelungen hätten das Leitbild des freiberuflichen, persönlich haftenden, voll verantwortlichen und örtlich gebundenen Apothekers durch dasjenige eines nur beschränkt haftenden, räumlich ungebundenen, angestellten Filialleiters ersetzt. Der Gesetzgeber hätte zu erkennen gegeben, dass aus seiner Sicht außer der Approbation des angestellten Filialleiters keine weiteren Vorkehrungen zur Sicherstellung einer ordnungsgemäßen Versorgung der Bevölkerung mit Arzneimitteln erforderlich sind. Die damit verbundene Abkehr vom Leitbild des durch und durch frei- und heilberuflich geprägten Apothekenunternehmens hätte im Ergebnis aber nicht nur die Beseitigung des Mehrbesitzverbotes, sondern auch die Beseitigung des Fremdbesitzverbotes bedeutet. Denn der Fremdbesitz schließt die Leitung der Apothekenbetriebe durch angestellte Apotheker nicht aus. Wenn diese Anforderung nach Auffassung des Gesetzgebers aber ausreichend wäre, wäre eine Rechtfertigung für die Erforderlichkeit des Fremdbesitzverbotes in der Tat nicht mehr ersichtlich.[75] Einer solchen Entwicklung ist der Gesetzgeber mit der endgültigen Gesetzesfassung bewusst entgegengetreten. Nach seiner Auffassung sind auch weiterhin zusätzliche Vorkehrungen zur Sicherung der ordnungsgemäßen Versorgung der Bevölkerung mit Arzneimitteln auch auf der Betreiberebene angezeigt. Es liegt dabei grundsätzlich im politischen Gestaltungsermessen des Gesetzgebers, das erforderliche Schutzniveau festzulegen.[76] Er hat dazu im

---

[73] Vgl. Gesetzentwurf der Fraktionen SPD und BÜNDNIS 90/DIE GRÜNEN, Entwurf eines Gesetzes zur Modernisierung des Gesundheitssystems (Gesundheitssystemmodernisierungsgesetz – GMG), BT-Drs. 15/1170 vom 16.06.2003.

[74] Vgl. dazu näher Dettling, Stellungnahme an den Gesundheitsausschuss des Deutschen Bundestages zum Fraktions-Entwurf des Gesundheitssystemmodernisierungsgesetzes aus Sicht des Apotheken- und Verfassungsrechts, Drucksache des Ausschusses für Gesundheit und Soziale Sicherung 0248(87) vom 25.06.2003, S. 50 ff., veröffentlicht unter http://www.bundestag.de/gremien15/a13/a13a_anhoerungen/27_Sitzung_29_-31_Sitzung/Stellungnahmen/Dettling.pdf.

[75] Vgl. zum ganzen Dettling/Lenz, Arzneimittelvertrieb, S. 202 ff.; Dettling, Abschied von der Präsenzapotheke, DAZ 2003, 2528, 2536 ff.

[76] Vgl. dazu BVerfGE 17, 232, 242 f. Nach der Rechtsprechung des EuGH ist auch gemeinschaftsrechtlich der Umstand allein, dass ein

Gesetz neben der zahlenmäßigen Beschränkung auch eine räumliche Begrenzung vorgesehen und damit nur lokale Kleinketten zugelassen. Er hat ferner den Betreiber sowohl zur persönlichen Leitung einer Apotheke als auch zur persönlichen Überwachung der übrigen Apotheken verpflichtet und dies sowohl rechtlich als auch tatsächlich ermöglicht.

Bei der Zulassung von Filialapotheken im eng begrenzten Umfang handelt es sich somit um eine Auflockerung des Mehrbesitzverbots, die dessen Regelungsphilosophie unangetastet lässt und sich auf nachvollziehbare und in ihrem Umfang bagatellartige Ausnahmekonstellationen beschränkt. Die räumlich und zahlenmäßig eng begrenzte Zulassung von Filialapotheken ist eine solche Ausnahme.[77] Die Regelung des Fremd- und Vielbesitzverbots erscheint nach alledem – wenn auch an die Grenzen gehend - verfassungsrechtlich noch haltbar.

2.3   Die Filialapotheke

Durch die Zulassung von Filialapotheken kann aus dem bisherigen Einbetriebsunternehmen Apotheke ein Mehrbetriebsunternehmen, ein Filialunternehmen, eine Kleinkette werden. Obgleich sich an den frei- und heilberuflichen Grundlagen nichts ändert und nichts ändern soll, ergeben sich aus dieser Neuerung doch eine ganze Reihe von Rechtsfragen, die sich bei einem Einbetriebsunternehmen nicht stellen.

Die nachfolgenden Ausführungen befassen sich mit einigen rechtlichen Besonderheiten, die sich aus dem Betrieb einer oder mehrere Filialapotheken neben einer Hauptapotheke aus derzeitiger Sicht ergeben. Behandelt werden dabei neben Fragen des Apothekenrechts auch Fragen des Handels-, Arbeits-,

---

Mitgliedstaat andere Schutzregelungen als ein anderer Mitgliedstaat erlassen hat, für die Beurteilung der Notwendigkeit und Verhältnismäßigkeit der einschlägigen Bestimmung ohne Belang, vgl. insbesondere EuGH, Urteil vom 21.10.1999 in der Rechtssache C-67/98 Zenatti, Slg. 1999, S. I-7289 ff., I-7304 ff., I-7315 Rn. 33 f.; EuGH, Urteil vom 19.02.2002 in der Rechtssache C-309/99, Wouters u.a., Slg. 2002, S. I-1577 ff., I-1653 ff., I-1691 Rn. 108; EuGH, Urteil vom 11.07.2002 in der Rechtssache C-294/00, Deutsche Paracelsus Schulen für Naturheilverfahren GmbH, EWS 2002, S. 473 ff., 476 Rn. 46.

[77]   Vgl. zur Möglichkeit entsprechender Ausnahmen auch Dettling/Lenz, Arzneimittelvertrieb, S. 205.

Wettbewerbs- und Kartellrechts.[78] Zur besseren Übersicht wird die Darstellung in die Phasen des Betriebsbeginns und des laufenden Betriebs unterteilt. Ein Anspruch auf Vollständigkeit wird dabei nicht erhoben, zumal die Einführung von Filialapotheken nicht auf einer langen rechtswissenschaftlichen Diskussion, sondern eher auf einem politischen Coup beruht.

2.3.1 Betriebsbeginn

a) Apothekenrechtliche und sonstige öffentlich-rechtliche Voraussetzungen

aa) Rechtsnatur der Mehrbetriebserlaubnis

Die Filialapotheke ist eine vollwertige Apotheke.[79] Voraussetzung für den Betrieb einer Filialapotheke ist deshalb wie für den Betrieb jeder Apotheke eine Betriebserlaubnis.[80] Im Falle einer Neueröffnung bedarf es darüber hinaus auch einer Abnahme der Filialapotheke.

Die Erlaubnis zum Betrieb einer Filialapotheke unterscheidet sich allerdings von den herkömmlichen öffentlich-rechtlichen Betriebsgenehmigungen und -erlaubnissen. Nach § 2 Abs. 4 ApoG wird die Betriebserlaubnis als „Erlaubnis zum Betrieb mehrerer öffentlicher Apotheken" erteilt. Es handelt sich also um *eine* Erlaubnis für mehrere Betriebsstätten. Anders als etwa im Bereich des Gaststättenrechts, wo für jede Betriebsstätte eine gesonderte Erlaubnis erteilt wird, gilt die Erlaubnis beim Betrieb mehrerer Apotheken einheitlich für meh-

---

[78] Wir bedanken uns bei unseren Partnern Dr. Daumann (Arbeitsrecht), Dr. Herr (Verwaltungsrecht) und Dr. Ulshöfer (Kartellrecht) für ihre Unterstützung bei der nachfolgenden Darstellung.

[79] Vgl. Amtliche Begründung, BT-Drs. 15/1525 vom 08.09.2003, S. 160, Zu Artikel Zu Nummer 3.

[80] Nach § 1 Abs. 2 ApoG bedarf, wer eine Apotheke und bis zu drei Filialapotheken betreiben will, der Erlaubnis der zuständigen Behörde. Die Erlaubnis gilt gemäß § 1 Abs. 3 ApoG nur für den Apotheker, dem sie erteilt ist, und für die in der Erlaubnisurkunde bezeichneten Räume. Es handelt sich also um eine raumgebundene persönliche Genehmigung. Vgl. dazu auch BVerwGE 40, 157, 160.

rere räumlich voneinander getrennte Betriebsstätten. Man spricht deshalb zutreffend vom Grundsatz der Einheitlichkeit der Betriebserlaubnis.[81]

bb)   Anspruch auf Erteilung der Mehrbetriebserlaubnis

Die Mehrbetriebserlaubnis ist nach § 2 Abs. 4 ApoG zu erteilen, wenn der Antragsteller die in dieser Bestimmung genannten Voraussetzungen erfüllt. Aus dem Wortlaut der Bestimmung ergibt sich, dass der Antragsteller einen Anspruch auf Erteilung der Erlaubnis hat, wenn er die gesetzlichen Voraussetzungen erfüllt. Die zuständige Behörde hat also kein Ermessen. Seiner Rechtsnatur nach handelt es sich bei dem Erfordernis einer Betriebserlaubnis um ein präventives Verbot mit Erlaubnisvorbehalt.[82]

Die Erteilung der Erlaubnis setzt gemäß § 2 Abs. 4 Nr. 1 ApoG voraus, dass der Antragsteller die in den Absätzen 1 bis 3 des § 2 ApoG enumerativ aufgeführten, personen- und betriebsbezogenen Voraussetzungen für jede der beantragten Apotheken erfüllt.[83] Sie setzt gemäß § 2 Abs. 4 Nr. 2 ApoG ferner

---

[81]   Vgl. Mecking, Neuregelungen beim Mehrbesitz und beim Versandhandel, AWA 01.01.2004, 8; Meyer, Begrenzter Mehrbesitz, DAZ 2004, 865, 873; Tisch, Filialbetrieb, PZ 2003, 4508, 4509.

[82]   Vgl. dazu auch Maurer, Allgemeines Verwaltungsrecht, 14. Auflage, 2002, § 9 Rn. 51.

[83]   § 2 Abs. 1 bis 3 ApoG lauten wie folgt:

„(1) Die Erlaubnis ist auf Antrag zu erteilen, wenn der Antragsteller

1. Deutscher im Sinne des Artikel 116 des Grundgesetzes, Angehöriger eines der übrigen Mitgliedsstaaten der Europäischen Gemeinschaften oder eines anderen Vertragsstaates des Abkommens über den Europäischen Wirtschaftsraum oder heimatloser Ausländer im Sinne des Gesetzes über die Rechtsstellung heimatloser Ausländer ist;

2. voll geschäftsfähig ist;

3. die deutsche Approbation als Apotheker besitzt;

4. die für den Betrieb einer Apotheke erforderliche Zuverlässigkeit besitzt; dies ist nicht der Fall, wenn Tatsachen vorliegen, welche die Unzuverlässigkeit des Antragstellers in bezug auf das Betreiben einer Apotheke dartun, insbesondere wenn strafrechtliche oder schwere sittliche Verfehlungen vorliegen, die ihn für die Leitung einer Apotheke ungeeignet erscheinen lassen, oder wenn er sich durch gröbliche oder beharrliche Zuwiderhandlung gegen dieses Gesetz, die auf Grund dieses Gesetzes erlassene Apothekenbetriebsordnung oder die für die Herstellung von Arzneimitteln und den Verkehr mit diesen erlassenen Rechtsvorschriften als unzuverlässig erwiesen hat;

5. die eidesstattliche Versicherung abgibt, dass er keine Vereinbarungen getroffen hat, die gegen § 8 Satz 2, § 9 Abs. 1, § 10 oder § 11 verstoßen, und den Kauf- oder Pachtvertrag über die Apotheke sowie auf Pachtvertrag über die Apotheke sowie auf Verlangen der zuständigen Behörde auch andere Verträge, die mit der Einrichtung und dem Betrieb der Apotheke in Zusammenhang stehen, vorlegt;

6. nachweist, dass er im Falle der Erteilung der Erlaubnis über die nach der Apothekenbetriebsordnung (§ 21) vorgeschriebenen Räume verfügen wird;

7. nicht in gesundheitlicher Hinsicht ungeeignet ist, eine Apotheke ordnungsgemäß zu leiten;

8. mitteilt, ob und gegebenenfalls an welchem Ort er in einem anderen Mitgliedsstaat der Europäischen Gemeinschaften oder in einem anderen Vertragsstaat des Abkommens über den Europäischen Wirtschaftsraum eine oder mehrere Apotheken betreibt.

(2) Abweichend von Absatz 1 ist dem Antragsteller, der Angehöriger eines der übrigen Mitgliedsstaaten der Europäischen Gemeinschaften oder in einem anderen Vertragsstaat des Abkommens über den Europäischen Wirtschaftsraum ist und seine pharmazeutische Ausbildung mit einem in der Anlage 1 aufgeführten Diplom abgeschlossen hat, die Erlaubnis nur zu erteilen, wenn sie für eine Apotheke beantragt wird, die seit mindestens drei Jahren betrieben wird. Sofern die pharmazeutische Ausbildung mit dem in der Anlage bezeichneten griechischen Diplom abgeschlossen wurde, ist eine Erlaubnis erst dann zu erteilen, wenn die Gegenseitigkeit gewährleistet ist.

(2a) Ergänzend zu Absatz 1 Nr. 1 ist einem Antragsteller, der Bürger eines anderen Staates ist, die Erlaubnis für den Betrieb einer Apotheke in dem in Artikel 3 des Einigungsvertrages genannten Gebiet hatte und die übrigen Voraussetzungen des Absatzes 1 erfüllt.

(3) Hat der Apotheker nach seiner Approbation oder nach Erteilung eines der in der Anlage zu diesem Gesetz aufgeführten Diplome, Prüfungszeugnisse oder sonstigen Befähigungsnachweise mehr als zwei Jahre lang unterbrochen keine pharmazeutische Tätigkeit ausgeübt, so ist ihm die Erlaubnis zu erteilen, wenn er im letzten Jahr vor der Antragstellung eine solche Tätigkeit mindestens sechs Monate lang wieder in einer in einem Mitgliedstaat oder Europäischen Gemeinschaften des Abkommens über den Europäischen Wirtschaftsraum gelegene Apotheke oder Krankenhausapotheke ausgeübt hat."

voraus, dass die vom Antragsteller zu betreibenden Apotheken innerhalb desselben Kreises oder derselben kreisfreien Stadt oder in einander benachbarten Kreisen oder kreisfreien Städten liegen.

Aus dem abschließenden Charakter der Aufzählung in § 2 Abs. 4 ApoG ergibt sich gleichzeitig, dass im Rahmen des Betriebserlaubnisverfahrens die Voraussetzungen des § 2 Abs. 5 ApoG noch nicht zu prüfen sind. Nach § 2 Abs. 5 ApoG gelten für den Betrieb mehrerer öffentlicher Apotheken die Vorschriften des Apothekengesetzes mit der Maßgabe entsprechend, dass der Betreiber eine der Apotheken (Hauptapotheke) persönlich zu führen hat (§ 2 Abs. 5 Nr. 1 ApoG) und für jede weitere Apotheke (Filialapotheke) schriftlich einen Apotheker als Verantwortlichen zu benennen hat, der die Verpflichtungen zu erfüllen hat, wie sie im Apothekengesetz und in der Apothekenbetriebsordnung für Apothekenleiter festgelegt sind (§ 2 Abs. 5 Nr. 2 ApoG).

Im Rahmen des Betriebserlaubnisverfahrens ist die schriftliche Benennung des für die Filialapotheke verantwortlichen Apothekers deshalb noch nicht erforderlich. Die Prüfung der Voraussetzungen des § 2 Abs. 5 ApoG ist Angelegenheit der Überwachung und erfolgt im Rahmen der Abnahmeprüfung nach § 6 ApoG und der Überwachung des laufenden Betriebs.[84]

cc) Beschränkte Prüfung und Bestandsschutz bei Erweiterungen

In § 2 Abs. 4 Nr. 1 ApoG verlangt der Gesetzgeber, dass der Antragsteller die Voraussetzungen der Absätze 1 bis 3, die bisher schon für den Betrieb einer Einzelapotheke galten, für jede der beantragten Apotheken erfüllt. Diese Formulierung ist auf Sachverhalte zugeschnitten, in denen der Antragsteller noch keine Betriebserlaubnis hat und – etwa im Rahmen eines Erwerbs einer Kleinkette – gleich die Erlaubnis zum Betrieb mehrerer öffentlicher Apotheken beantragt.

Verfügt ein Antragsteller schon über die Erlaubnis zum Betrieb einer oder mehrerer Apotheken und beabsichtigt er den Betrieb einer weiteren Apotheke, so ist der Bestandsschutz für seine bisherige Erlaubnis zu beachten.[85] Das

---

[84] Wie sich auch aus § 2 Abs. 5 Nr. 2 Satz 2 ApoG ergibt, ist die Person des für die Filialapotheke verantwortlichen Apothekers jederzeit änderbar. Die Person des für die Filialapotheke verantwortlichen Apothekers kann deshalb nicht Bestandteil der (Mehr-)Betriebserlaubnis und demzufolge auch nicht Bestandteil des Erlaubnisverfahrens sein.

[85] Die Bindungswirkung der bisherigen Betriebserlaubnis ist etwa in BVerwGE 40, 157, 161 angesprochen. Vgl. allgemein zur Bindungswirkung von Verwaltungsakten Kopp/Ramsauer, VwVfG, 8. Aufl. 2003, § 43 Rn. 16 ff.; Wolff/Bachof/Stober, Verwaltungsrecht, Band 1, 11. Aufl.1999, S. 241 f. Rn. 63 ff.

Vorliegen der personen- und betriebsbezogenen Voraussetzungen für die bisherige(n) Apotheke(n) ist von der zuständigen Behörde schon geprüft und durch die Erteilung der Betriebserlaubnis für die bisherige(n) Apotheke(n) bestandskräftig festgestellt. Die aus der Bestandskraft der bisherigen Erlaubnis folgende materielle Bindungswirkung besteht so lange fort, wie diese Erlaubnis nicht nach § 4 Abs. 1 oder Abs. 2 ApoG zurückgenommen bzw. widerrufen worden ist.

Bei einer Erweiterung des Apothekenunternehmens um weitere Apothekenbetriebe hat der Betreiber demzufolge nur die Erweiterung der bisherigen Betriebserlaubnis auf die zusätzliche(n) Apotheke(n) zu beantragen. Im Hinblick auf die Bestandskraft der bisherigen Erlaubnis darf die Behörde die Erweiterung der Betriebserlaubnis grundsätzlich nur aus Gründen versagen, die in der zusätzlichen Apotheke liegen. Eine Versagung aus Gründen, die in der Person des Antragstellers liegen, ist im Hinblick auf die Bestandskraft der bisherigen Erlaubnis nur zulässig, sofern diese Gründe nach der Erteilung der bisherigen Erlaubnis entstanden oder der zuständigen Behörde erst nach deren Erteilung bekannt wurden.

Soweit Tisch von einem Erlöschen der „Alterlaubnis" und der Notwendigkeit einer vollständigen Neuerteilung ausgeht[86], ist dem nicht zu folgen. Gegen die Auffassung von Tisch spricht zum einen der Bestandsschutz der für die bisherigen Apotheken erteilten Erlaubnis. Es bedeutete darüber hinaus eine nicht zu rechtfertigende Erschwerung des vom Gesetzgeber zugelassenen Betriebs von Filialapotheken, wenn bei jeder Erweiterung auch die bisherigen Apotheken vollständig erneut zu prüfen wären. Insbesondere wäre unklar, ob auch schon erteilte Genehmigungen für den Versand gemäß § 11a ApoG, zur Versorgung von Heimen gemäß § 12a ApoG oder zur Versorgung von Krankenhäusern gemäß § 14 Abs. 5 ApoG ebenfalls entfielen und jeweils wieder neu beantragt und erteilt werden müssten.

Gegen die Auffassung von Tisch spricht schließlich auch die Streichung des § 3 Nr. 5 ApoG a.F. im Zuge der Einführung der Filialapotheke durch Art. 20 Nr. 4 GMG. Nach § 3 Nr. 5 ApoG a.F. erlosch die bisherige Betriebserlaubnis, wenn dem Erlaubnisinhaber die Erlaubnis zum Betrieb einer anderen Apotheke, die keine Zweigapotheke ist, erteilt wird. Entgegen der Auffassung von Tisch handelt es sich dabei nicht um ein gesetzgeberisches Redaktionsversehen. Die Streichung macht vielmehr deutlich, dass die bisherige Betriebserlaubnis fortbesteht und nur um die zusätzliche Apotheke erweitert wird.

In Erweiterungsfällen sind somit die personenbezogenen Voraussetzungen des § 2 Abs. 1 bis 3 ApoG nur auf Änderungen seit der Erteilung bzw. letzten

---

[86] Tisch, Filialbetrieb, PZ 2003, 4508, 4509; ebenso Mecking, Neuregelungen, AWA 01.01.2004, 8.

Erweiterung der Betriebserlaubnis zu prüfen. Die betriebsbezogenen Voraussetzungen des § 2 Abs. 1 ApoG sind nur hinsichtlich der zusätzlichen Apotheke(n) zu prüfen.

dd) Einbeziehung von Pachtapotheken

Als Betreiber von Apotheken kommen nicht nur Eigentümer, sondern auch Pächter in Betracht.[87] Deshalb bedarf der Pächter einer Apotheke nach der klarstellenden Bestimmung des § 9 Abs. 2 Satz 1 ApoG ebenfalls „der Erlaubnis nach § 1".[88] Allerdings ist die Verpachtung von Apotheken in § 9 Abs. 1 ApoG auf eng begrenzte Fälle beschränkt.[89]

Durch Art. 20 Nr. 8 GMG wurde in § 9 Abs. 1 Satz 1 ApoG klargestellt, dass sich die Möglichkeit der Verpachtung auch auf mehrere Apotheken erstreckt.[90] Eine andere Frage ist, ob ein Apotheker künftig mehrere Apotheken auch in der Weise betreiben kann, dass er einen Teil der Apotheken als Pächter und einen anderen Teil als Eigentümer betreibt. Nach Auffassung von Tisch soll dies nicht möglich sein.[91] Diese Auffassung überzeugt jedoch nicht.[92]

---

[87] Vgl. Schiedermair/Pieck, Apothekengesetz, § 1 Rn. 121 und § 9 Rn. 84; Pelchen, in: Erbs/Kohlhaas, Strafrechtliche Nebengesetze, Stand: 2004, § 1 ApoG Rn. 4 und § 9 ApoG Anm. 5.

[88] Vgl. zum klarstellenden Charakter des § 9 Abs. 2 Satz 1 ApoG Schiedermair/Pieck, Apothekengesetz, § 9 ApoG Rn. 84. Ist auch der Verpächter Inhaber einer Betriebserlaubnis, erlischt seine Erlaubnis durch die Verpachtung nicht, sondern besteht fort. Gemäß § 9 Abs. 3 ApoG finden für die Dauer der Verpachtung die Erlaubnis des Verpächters aber § 3 Nr. 4 ApoG, § 4 Abs. 2 ApoG, soweit sich diese Vorschrift auf § 2 Abs. 1 Nr. 6 ApoG bezieht, sowie § 7 Satz 1 ApoG keine Anwendung. In diesen Fällen bestehen somit für die gleiche Apotheke zwei Betriebserlaubnisse nebeneinander - diejenige des Verpächters und diejenige des Pächters, vgl. Schiedermair/Pieck, Apothekengesetz, § 9 ApoG Rn. 96.

[89] Vgl. zu Sinn und Zweck der Verpachtungsbeschränkung BVerfGE, 17, 232, 246 f.; BGH, NJW-RR 1998, 803, 804 f.; Schiedermair/Pieck, Apothekengesetz, § 9 ApoG Rn. 1 ff., 37; Dettling, Die Betriebserlaubnis des Pächters beim Tod des Verpächters und Erwerb der gepachteten Apotheke durch den Pächter, ApoR 2002, 66.

[90] Ebenso Tisch, Filialbetrieb, PZ 2003, 4508 - 4514.

[91] Vgl. Tisch, Filialbetrieb, PZ 2003, 4508 - 4514.

Nach der Rechtsprechung des BGH umfasst die Apothekenpacht nach § 9 ApoG „den Apotheken**betrieb** in seiner Gesamtheit an Sachen und Rechten, zu denen in der Regel auch Kundenstamm, good will, Personal, Beziehungen zu Lieferanten, Ärzten und Krankenhäusern, Forderungen und Verbindlichkeiten und der eingeführte Name gehören"[93] (Hervorhebung durch die Verfasser). Die Verpachtung ist deshalb von vornherein betriebsbezogen.

Darüber hinaus stellen die Pächtererlaubnis und die Inhabererlaubnis nach zutreffender Auffassung keine unterschiedliche Art von Betriebserlaubnissen dar.[94] Es ist zudem nicht ersichtlich, weshalb die Verpachtung eines Apothekenbetriebs nur deshalb ausgeschlossen sein soll, weil der Pächter noch andere Apotheken betreibt. Selbstverständlich ist die Möglichkeit der Vereinbarung eines umsatz- oder gewinnabhängigen Pachtzinses auf den Umsatz oder Gewinn des gepachteten Apothekenbetriebs beschränkt. In der Praxis dürften sich daraus keine Schwierigkeiten ergeben, zumal nach der herrschenden handelsrechtlichen Literatur zu einer Filiale ohnehin eine gesonderte Buchführung gehört. Im übrigen bleibt des den Parteien des Pachtvertrages unbenommen, anstelle eines umsatz- oder gewinnabhängigen Pachtzinses einen festen Pachtzins für die verpachtete Filialapotheke zu vereinbaren.

Verstirbt der Verpächter und erwirbt der bisherige Pächter und Betreiber die Filialapotheke von dessen Erben, benötigt er nach richtiger Auffassung keine neue Betriebserlaubnis.[95]

---

92   Ebenso Meyer, Begrenzter Mehrbesitz, DAZ 2004, 865, 874 f. m.w.N.; Mecking, Neuregelungen, AWA 01.01.2004, 8, 9. Siehe dort auch zu weiteren Konstellationen und zur Verwaltung mehrerer Apotheken; vgl. ferner Mecking, Apotheken-Mehrbesitz, AWA 15.02.2004, 1, 2 f.

93   Vgl. BGH, NJW-RR 1998, 803, 804.

94   Vgl. Dettling, Betriebserlaubnis des Pächters, ApoR 2002, 66, 69.

95   Vgl. VGH Baden-Württemberg, PZ 1967, 29 ff., 30; Schiedermair/Pieck, Apothekengesetz, § 9 ApoG Rn. 84; Pelchen, in: Erbs/Kohlhaas, § 9 ApoG Anm. 5; Dettling, Betriebserlaubnis des Pächters, ApoR 2002, 66, 69 f. A.A. BVerwG, PZ 1970, 1095 ff.

ee) Zulässige räumliche Ausdehnung

Nach § 2 Abs. 4 Nr. 2 ApoG müssen die Hauptapotheke und die Filialapotheken innerhalb desselben Kreises oder derselben kreisfreien Stadt oder in einander benachbarten Kreisen oder kreisfreien Städten liegen. Aus dem Wortlaut des Gesetzes ergibt sich nicht, ob „benachbart" im Sinne von „angrenzend" zu verstehen ist. Sowohl umgangssprachlich als auch rechtlich, etwa im Bau- oder Immissionsschutzrecht, ist Nachbar nicht nur der unmittelbare Angrenzer, sondern auch noch derjenige, der zwei, drei oder vier Häuser weiter wohnt. Dennoch sprechen Sinn und Zweck der räumlichen Beschränkung, dem Betreiber der Apotheken eine persönliche und somit effektive Kontrolle der Filialapotheken zu ermöglichen, dafür, den Begriff „benachbart" eng auszulegen und im Sinne von „angrenzend" zu verstehen.[96]

Danach sind Konstellationen (vgl. Abbildung 2.1), in der sich alle Filialapotheken und die Hauptapotheke in einem Kreis oder Stadtkreis befinden, problemlos zulässig. Ebenfalls unproblematisch ist die Gestaltung, bei der die Apotheken auf zwei angrenzende Kreise verteilt sind.

Zulässig sind auch noch die Konstellationen, in denen eine Verteilung auf drei oder gar vier Kreise stattfindet, solange auch hier noch alle Apotheken in aneinander angrenzenden Kreisen oder kreisfreien Städten liegen.

Nicht mehr vom Gesetzeswortlaut gedeckt und damit unzulässig sind Anordnungen, wie sie sich aus Abbildung 2.2 ergeben, weil hier nicht alle Apotheken in *aneinander angrenzenden* Kreisen oder kreisfreien Städten liegen.

---

[96] Ebenso legt das VG Regensburg den Begriff „benachbart" in § 14 Abs. 5 Satz 3 Nr. 1 ApoG aus, vgl. VG Regensburg, Urt. v. 03.07.1995 – RN. 5 K-95.219.

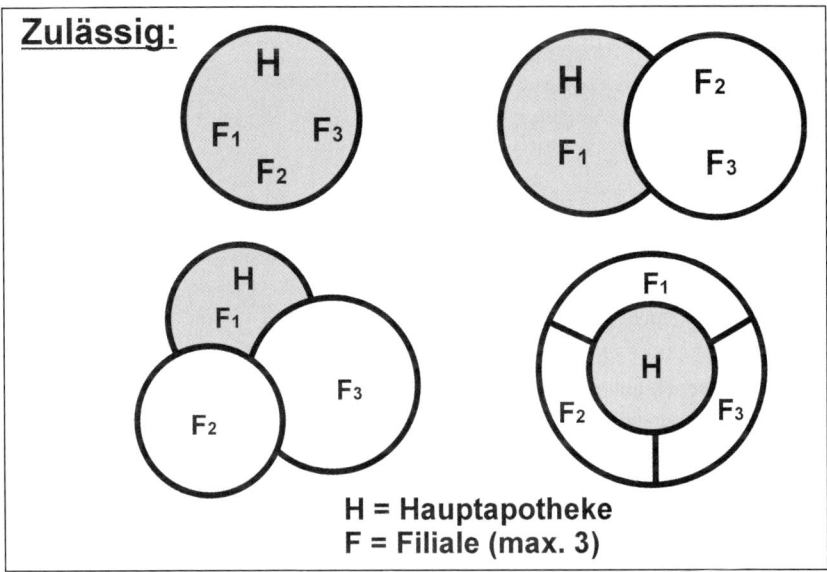

Abb. 2.1: Erlaubte Konstellationen der räumlichen Anordnung von Filialapotheken. Näheres im Text.

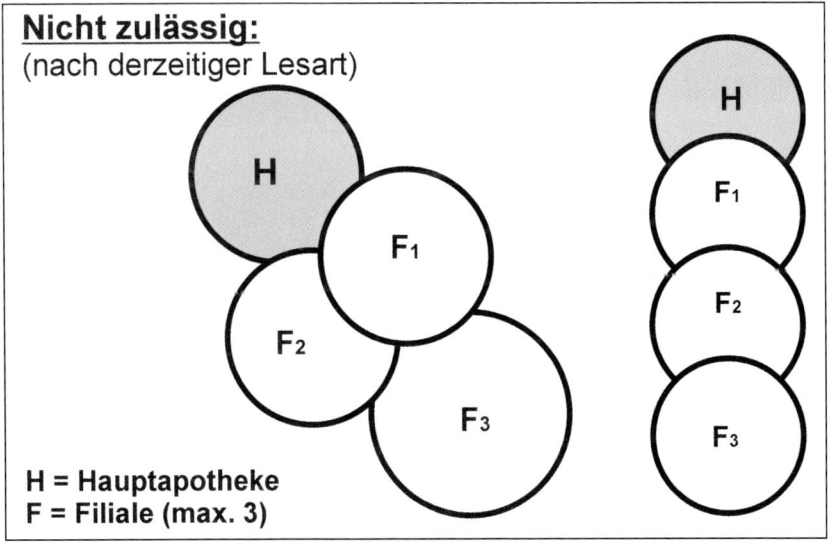

Abb. 2.2: Nach derzeitiger Lesart nicht erlaubte Konstellationen der räumlichen Anordnung von Filialapotheken. Näheres im Text.

ff) Zuständige Erlaubnisbehörde

Das ApoG regelt nicht selbst, welche Behörde sachlich für die Erteilung der Erlaubnis zuständig ist. Die Regelung der Zuständigkeit ist gemäß Art. 83 GG vielmehr Sache der Länder. Von dieser Kompetenz haben die Länder in unterschiedlicher Weise Gebrauch gemacht. In Baden-Württemberg liegt die Zuständigkeit beispielsweise gemäß § 4 Abs. 1 der Pharmazie- und Medizinprodukte-Zuständigkeitsverordnung[97] bei den Regierungspräsidien. In Bayern sind gemäß § 1 Abs. 5 der Verordnung zum Vollzug arzneimittel- betäubungsmittel-, apotheken- und transfusionsrechtlicher Vorschriften[98] die Kreisverwaltungsbehörden zuständig. In Hessen erklärt § 3 der Verordnung zur Bestimmung von Zuständigkeiten im Bereich der staatlichen Gesundheitsverwaltung[99] das Regierungspräsidium Darmstadt für zuständig.[100]

Von der sachlichen Zuständigkeit ist die örtliche Zuständigkeit zu unterscheiden. Sie bestimmt sich gleichfalls nach den einschlägigen landesrechtlichen Bestimmungen. Da die Zuständigkeitsverordnungen der Länder zum Vollzug des Apothekengesetzes keine speziellen Bestimmungen über die örtliche Zuständigkeit enthalten, ist auf die allgemeine Regelung in § 3 des jeweiligen Landesverwaltungsverfahrensgesetzes („LVwVfG") zurückzugreifen.

§ 3 Abs. 1 LVwVfG enthält in bindender Reihenfolge vier Arten von Anknüpfungspunkten für die örtliche Zuständigkeit. Anzuwenden ist bei Apothekenbetriebserlaubnissen § 3 Abs. 1 Nr. 1 LVwVfG (ortsgebundenes Recht oder

---

[97] Verordnung vom 17.10.2000, GBl. S. 694.

[98] Verordnung vom 10.02.1997, GVBl. S. 36.

[99] Verordnung vom 20.02.2001, GVBl. S. 127.

[100] In den anderen Bundesländern ist/sind zuständig: in Berlin das Landesamt für Arbeitsschutz, Gesundheitsschutz und technische Sicherheit, in Brandenburg das Landesamt für Soziales und Versorgung, in Bremen der Senator für Frauen, Gesundheit, Jugend, Sozial und Umweltschutz, in Hamburg die Behörde für Arbeit, Gesundheit und Soziales, in Mecklenburg-Vorpommern die Arzneimittelüberwachungs- und -prüfstelle, in Niedersachsen die Bezirksregierungen, in Nordrhein-Westfalen die Kreisverwaltungsbehörden bzw. die Kreisfreien Städte, in Rheinland-Pfalz das Landesamt für Soziales, Jugend und Versorgung, im Saarland der Minister für Frauen, Arbeit, Gesundheit und Soziales, in Sachsen die Regierungspräsidien, in Sachsen-Anhalt das Landesamt für Versorgung und Soziales, in Schleswig-Holstein das Landesamt für Gesundheit und Arbeitssicherheit und in Thüringen das Landesamt für Lebensmittelsicherheit und Verbraucherschutz.

Rechtsverhältnis).[101] Danach ist die Behörde zuständig, in deren Bezirk die Apotheke liegt.

Befinden sich Hauptapotheke und Filialapotheke(n) im Bezirk verschiedener Behörden, ist zunächst danach zu unterscheiden, ob sich die betroffenen Apotheken im selben Bundesland oder in unterschiedlichen Bundesländern befinden. Liegen die Apotheken innerhalb der Grenzen eines Bundeslandes, treten dann keine Schwierigkeiten auf, wenn die jeweilige landesrechtliche Zuständigkeitsverordnung die Zuständigkeit für das ganze Bundesland auf eine Behörde konzentriert. Von dieser Möglichkeit haben jedoch die Länder Baden-Württemberg, Bayern, Niedersachsen, Nordrhein-Westfalen und Sachsen keinen Gebrauch gemacht. Eine undifferenzierte Anwendung des § 3 Abs. 1 Nr. 1 LVwVfG würde hier dazu führen, dass verschiedene Behörden zuständig und demzufolge mehrere Erlaubnisse zu erteilen wären.

Dies widerspräche dem durch das Apothekengesetz vorgegebenen Grundsatz der Einheitlichkeit der Betriebserlaubnis. Ordnet das Apothekengesetz als vorrangiges Bundesrecht die Einheitlichkeit der Betriebserlaubnis und darüber hinaus an, dass die Mehrbetriebserlaubnis dem Betreiber erteilt wird, der nach § 2 Abs. 5 Nr. 1 ApoG die Hauptapotheke persönlich zu führen hat, so sind in Fällen, in denen mehrere Bezirke betroffen sind, die bundesrechtlichen Vorgaben einerseits und die landesrechtlichen Zuständigkeitsregelungen andererseits nur dann miteinander in Einklang zu bringen, wenn diejenige Behörde örtlich zuständig ist, in deren Bezirk die Hauptapotheke liegt. Daher ist die Mehrbetriebserlaubnis von der für den Sitz der Hauptapotheke zuständigen Behörde zu erteilen.[102]

Allerdings ist die Behörde, in deren Bezirk nur Filialapotheken betrieben werden sollen, über die Erteilung der Betriebserlaubnis zu informieren. Denn für die Abnahme der Apotheken nach § 6 ApoG und ihre spätere apothekenrechtliche Überwachung ist diejenige Behörde örtlich zuständig, in deren Bezirk die jeweilige Apotheke liegt.[103]

Auch dann, wenn die Apotheken in unterschiedlichen Bundesländern betrieben werden sollen, ist für die Erteilung der Erlaubnis die Behörde zuständig, in

101 Vgl. Bonk/Schmitz, in: Stelkens/Bonk/Sachs, VwVfG, Kommentar, 6. Auflage 2001, § 3 VwVfG Rn. 16.

102 Ebenso Mecking, Neuregelungen, AWA 01.01.2004, 8; Tisch, Filialbetrieb, PZ 2003, 4508, 4510.

103 Ähnlich Tisch, Filialbetrieb, PZ 2003, 4508, 4512. Er verlangt, dass die andere Behörde am Genehmigungsverfahren beteiligt, zumindest aber über die Erteilung der Erlaubnis unterrichtet wird.

deren Sitz sich die Hauptapotheke befindet. Da eine Landesbehörde aber nicht die Befugnis hat, einen Verwaltungsakt zu erlassen, der seine Rechtswirkungen in dem Gebiet eines anderes Bundeslandes entfaltet[104], ist die zuständige Behörde des anderen Bundeslandes an dem Genehmigungsverfahren zu beteiligen.[105] Ist die Mehrbetriebserlaubnis allerdings einmal erteilt, sind die übrigen Behörden daran gebunden. Denn nach allgemeinem Verwaltungsrecht ist ein rechtswirksamer Verwaltungsakt von allen Staatsorganen zu beachten und bei weiteren Entscheidungen als Tatbestand zu Grunde zu legen (sog. Tatbestandswirkung).[106]

gg)   Abnahme

Nach § 6 ApoG darf eine Apotheke erst eröffnet werden, nachdem die zuständige Behörde bescheinigt, dass die Apotheke den gesetzlichen Anforderungen entspricht (Abnahme). Wird eine Filialapotheke erstmalig eröffnet[107], muss sie vor der Inbetriebnahme von der zuständigen Behörde abgenommen sein.

Da die Abnahme eine nur betriebsbezogene, nicht auch personenbezogene Entscheidung ist[108], ist nach § 3 Abs. 1 Nr. 1 LVwVfG die Behörde, in deren Bezirk die Apotheke liegt, örtlich zuständig. Für die Erlaubnis zum Betrieb der Apotheke(n) und die Abnahme können daher verschiedene Behörden zuständig sein[109].

---

104   Vgl. dazu Kopp/Ramsauer, § 3 VwVfG Rn. 11.

105   Bei Zuständigkeitsstreitigkeiten haben die Aufsichtsbehörden der nach den Zuständigkeitsverordnungen der Länder zuständigen Erlaubnisbehörden nach § 3 Abs. 2 Satz 4 LVwVfG die zuständige Behörde durch eine gemeinsame Entscheidung zu bestimmen.

106   Vgl. dazu BVerfGE 11, 6, 19; Maurer, Verwaltungsrecht, § 11 Rn. 8; Kopp/Ramsauer, § 43 VwVfG Rn. 16 ff.

107   Vgl. Schiedermair/Pieck, Apothekengesetz, § 6 ApoG Rn. 8.

108   So im Ergebnis auch Schiedermair/Pieck, Apothekengesetz, § 6 ApoG Rn. 2.

109   Ebenso Mecking, Neuregelungen, AWA 01.01.2004, 8. Die Auffassung von Tisch, Filialbetrieb, PZ 2003, 4508, 4510, wonach die Abnahme der Filialapotheke gegebenenfalls im Wege der Amtshilfe für die Erlaubnisbehörde erfolge, findet im Gesetz keine Stütze. Die Abnahmebehörde handelt kraft eigener Zuständigkeit und damit gemäß § 4 Abs. 1 Nr. 2 LVwVfG nicht im Wege der Amtshilfe.

hh)   Rechtsschutz

Wird die Erteilung der Mehrbetriebserlaubnis abgelehnt, kann hiergegen Widerspruch und nach erfolgloser Durchführung des Widerspruchsverfahrens Verpflichtungsklage beim Verwaltungsgericht eingelegt werden. Gemäß § 68 Abs. 1 Nr. 1 i.V.m. Abs. 2 VwGO ist kein Widerspruchsverfahren durchzuführen, wenn die Ablehnung der Betriebserlaubnis von einer obersten Landesbehörde, also einem Ministerium erlassen worden ist.[110] Außerdem kann das jeweilige Landesrecht gemäß § 68 Abs. 1 VwGO bestimmen, dass ein Widerspruchsverfahren nicht durchzuführen ist.[111] Der Widerspruch oder - wenn ein Widerspruchsverfahren nicht durchzuführen ist – die Verpflichtungsklage sind nach § 70 Abs. 1 bzw. § 74 VwGO innerhalb eines Monats, nachdem der Ablehnungsbescheid dem Antragsteller bekannt gegeben worden ist, zu erheben. Gemäß § 52 Nr. 1 VwGO ist das Verwaltungsgericht, in dessen Bezirk die Hauptapotheke ihren Sitz hat, örtlich zuständig.

Entscheidet die Behörde über den Antrag nicht zeitnah oder lehnt sie ihn zu Unrecht ab, kann darüber hinaus bei den Gerichten einstweiliger Rechtsschutz in Anspruch genommen werden. Dazu ist gemäß § 123 VwGO beim zuständigen Verwaltungsgericht ein Antrag auf Erlass einer einstweilige Anordnung zu stellen. Der Antrag ist darauf zu richten, die Erlaubnisbehörde bzw. ihren Rechtsträger zur vorläufigen Erteilung der Betriebserlaubnis zu verpflichten. Der Antrag ist begründet, wenn der Antragsteller bei summarischer Prüfung der Rechtslage einen Anspruch gemäß § 2 Abs. 4 ApoG auf Erteilung der Mehrbetriebserlaubnis hat (sog. Anordnungsanspruch)[112] und das Interesse des Antragstellers an dem Erlass der Anordnung das öffentliche Interesse an einer Nichterteilung überwiegt (sog. Anordnungsgrund). Ergibt die summarische Prüfung der Rechtslage, dass der Anordnungsanspruch offensichtlich besteht, muss die einstweilige Anordnung nach richtiger Ansicht ergehen.[113]. Ist nach

---

[110]   Keine oberste Landesbehörden, sondern Landesoberbehörden sind die sogenannten Landesämter.

[111]   In Baden-Württemberg ist beispielsweise kein Widerspruchsverfahren durchzuführen. Nach § 6 a AGVwGO ist das Vorverfahren bei Verwaltungsakten, die ein Regierungspräsidium erlassen hat, ausgeschlossen.

[112]   Vgl. zum Anordnungsanspruch Kuhla/Hüttenbrink, Der Verwaltungsprozess, 3. Auflage 2002, J Rn. 209.

[113]   Vgl. dazu Hufen, Verwaltungsprozessrecht, 5. Auflage, 2003, § 33 Rn. 15.

summarischer Prüfung unklar, ob ein Anordnungsanspruch besteht, ist eine Interessenabwägung notwendig. Insbesondere dann, wenn eine laufende Apotheke übernommen werden soll und ohne die rechtzeitige Erteilung oder Erweiterung der Erlaubnis die Schließung drohte, werden die Interessen des Antragstellers überwiegen. Denn in diesem Fall besteht die Gefahr eines Verlusts des bisherigen Kundenstamms der Apotheke und damit eines unter Umständen großen Vermögensschadens. Anders kann die Abwägung ausfallen, wenn begründete und ernsthafte Zweifel am Vorliegen von für die Sicherheit der Bevölkerung unmittelbar relevanten Erlaubnisvoraussetzungen bestehen.

Da die Entscheidung über die Abnahme ein Verwaltungsakt ist, gilt für den Fall, dass die zuständige Behörde die Abnahme verweigert, entsprechendes.[114]

ii)   Keine Konzentrationswirkung

Auch wenn die Erlaubnis zum Betrieb mehrerer Apotheken erteilt oder erweitert wird und die Abnahme erfolgt, ist zu beachten, dass der Grundsatz der Einheitlichkeit der Betriebserlaubnis keine sogenannte Konzentrationswirkung bedeutet. Im Falle einer Konzentrationswirkung schließt die Genehmigung für eine Betriebsstätte andere Genehmigungen, die nach anderen fachgesetzlichen Regelungen für die *gleiche* Betriebsstätte zu erteilen wären, mit ein. Die Mehrbetriebserlaubnis nach § 2 Abs. 4 ApoG umfasst dagegen nach anderen Spezialgesetzen zusätzlich erforderliche Genehmigungen nicht. Sollen etwa in Zusammenhang mit den Betriebsräumen Bauarbeiten vorgenommen werden, die baurechtlich genehmigungspflichtig sind, ist zusätzlich zur apothekenrechtlichen Betriebserlaubnis auch eine entsprechende Baugenehmigung erforderlich.[115]

---

114   Vgl. dazu auch Schiedermair/Pieck, Apothekengesetz, § 6 ApoG Rn. 25.

115   Demgegenüber schließt beispielsweise die mit Konzentrationswirkung ausgestattete immissionsschutzrechtliche Genehmigung nach § 13 BImSchG andere die Anlage betreffende behördliche Entscheidungen, insbesondere die Baugenehmigung, ein, vgl. dazu Brohm, Öffentliches Baurecht, 3. Auflage 2002, § 28 Rn. 2, 16.

jj) Kartellrechtliche Fusionskontrolle

Ebenso wenig ist mit der Erteilung oder Erweiterung einer Mehrbetriebserlaubnis eine Sperrwirkung[116] gegenüber kartellrechtlichen Eingriffsinstrumentarien beabsichtigt. In der Begründung zu Art. 20 des GMG ist zwar einerseits dargestellt, dass die für den Mehrbetrieb vorgesehenen Beschränkungen Kettenbildungen wettbewerbspolitisch bedenklichen Situationen vorbeugen sollen. Gleichzeitig wird aber betont, dass das einschlägige Wettbewerbsrecht gilt, sollte im Einzelfall eine marktbeherrschende Stellung eines Apothekenverbundes (z.B. in Orten mit nur wenigen Apotheken) vorliegen.[117]

Der Verweis des Gesetzgebers auf das „einschlägige Wettbewerbsrecht" kann sich aufgrund des angesprochenen Zusammenhangs mit dem Vorliegen einer marktbeherrschenden Stellung nur auf das Gesetz gegen Wettbewerbsbeschränkungen (GWB) und das darin vorgesehene Instrumentarium beziehen. Daraus folgt einerseits, dass die für die Erteilung oder Erweiterung der Mehrbetriebserlaubnis zuständige Behörde kartellrechtliche Vorschriften nicht zu prüfen hat. Die Erlaubnis ist also insbesondere auch dann zu erteilen oder zu erweitern, wenn im Einzelfall eine marktbeherrschende Stellung eines Apothekenverbundes vorliegen sollte.

Zur Kontrolle des Entstehens oder Verstärkens marktbeherrschender Stellungen unterwirft das GWB in seinen §§ 35 ff. Zusammenschlüsse zwischen zuvor unabhängigen Unternehmen der präventiven Fusionskontrolle. Ziel der Fusionskontrolle ist es, die Entstehung oder Verstärkung einer marktbeherrschenden Stellung durch externes Unternehmenswachstum zu verhindern. Zuständig sind die Landeskartellbehörden oder das Bundeskartellamt.

Als Zusammenschlüsse[118] gelten der Erwerb des Vermögens eines anderen Unternehmens ganz oder zu einem wesentlichen Teil (§ 37 Abs. 1 Nr. 1

---

116   Vgl. z.B. zur Sperrwirkung der preisaufsichtsrechtlichen Genehmigung nach § 12 BTOElt gegenüber der kartellrechtlichen Missbrauchskontrolle Weigt, in: Obernolte/Danner, Energiewirtschaftsrecht, Band I, Stand: 2003, III EnPrR B 1 § 12 Rn. 16 ff.; Klaue, in: Immenga/Mestmäcker, GWB, Kommentar, 2. Aufl. 1992, Vor § 103 GWB Rn. 17 ff.; Hübschle, Die kartellrechtliche Missbrauchsaufsicht über Strompreisdifferenzierungen nach der Energiewirtschaftsnovelle, WuW 1998, 146, 147 Fn. 10.

117   Vgl. die Amtliche Begründung, BT-Drs. 15/1525 vom 08.09.2003, S. 160, Zu Artikel 20 Zu Nummer 3.

118   Vgl. einer aktuellen Analyse der Zusammenschlusstatbestände des § 37 GWB Ulshöfer, Kontrollerwerb in der Fusionskontrolle – Eine Untersuchung im europäischen, deutschen und US-amerikanischen Fusionskontrollrecht, 2003, S. 97 ff.

GWB)[119], der Erwerb der Kontrolle über ein anderes Unternehmen (§ 37 Abs. 1 Nr. 2 GWB), der Erwerb von 50%, 25% oder mehr der Anteile an einem anderen Unternehmen (§ 37 Abs. 1 Nr. 3 GWB)[120], sowie die Erlangung eines wettbewerblich erheblichen Einflusses auf ein anderes Unternehmen (§ 37 Abs. 1 Nr. 4 GWB).

Allerdings findet nach § 35 Abs. 1 GWB die Zusammenschlusskontrolle nur Anwendung, wenn im letzten Geschäftsjahr vor dem Zusammenschluss die beteiligten Unternehmen insgesamt weltweit Umsatzerlöse von mehr als 500 Mio. Euro und mindestens ein beteiligtes Unternehmen im Inland Umsatzerlöse von mehr als 25 Mio. Euro erzielt haben. Angesichts dieser Umsatzschwellen dürften selbst bei einer möglichen Übernahme extrem umsatzstarker (Versand-)Apotheken und selbst unter Berücksichtigung der Zurechnung von Umsätzen verbundener Unternehmen gemäß § 36 Abs. 2 GWB die Anwendbarkeit der kartellrechtlichen Fusionskontrolle bei Apothekenzusammenschlüssen praktisch ausgeschlossen sein.[121]

kk) Gewerbeanzeige

Im Hinblick auf den Zweck, auch statistische Erhebungen zu ermöglichen, muss trotz der Ausnahmeregelung für Apotheken in § 6 GewO die Aufnahme, die Verlegung und die Einstellung des Betriebs der Filialapotheke gemäß § 14 Abs. 1 GewO auch den zuständigen Gewerbebehörden angezeigt werden. Die zuständigen Behörden sind jeweils gemäß § 155 Abs. 2 GewO durch Landesrecht bestimmt. Anzeigepflichtig ist der Betreiber.[122]

---

119   Vgl. dazu auch BGH, WuW/E BGH 1570, 1573; WuW/E BGH, 1763, 1771; WuW/E BGH 2783, 2787; Ulshöfer, a.a.O., S. 107 ff.

120   Bei Apotheken kommt dieser Zusammenschlusstatbestand im Falle des Erwerbs von OHG-Anteilen in Betracht.

121   Sollten die Umsatzschwellen dennoch überschritten sein, so würde die Fusionskontrolle auch dann keine Anwendung finden, wenn es sich bei dem Zusammenschluss um den Anschluss einer Apotheke handelte, die im letzten Geschäftsjahr Umsatzerlöse von weniger als zehn Millionen Euro erzielte (§ 35 Abs. 2 Nr. 1 GWB), oder wenn ausschließlich ein Bagatellmarkt betroffen wäre, auf dem seit mindestens fünf Jahren weniger als 15 Millionen Euro umgesetzt wurden (§ 35 Abs. 2 Nr. 2 GWB).

122   Vgl. zum ganzen Marcks, in: Landmann/Rohmer, § 14 GewO Rn. 27, 54 und 91.

ll)   BtM-Nummer und Apothekenkennzeichen

Gemäß § 4 Abs. 3 BtMG müssen Apotheken, die am Betäubungsmittelverkehr teilnehmen, dies dem Bundesinstitut für Arzneimittel und Medizinprodukte(BfArM) zuvor anzeigen. Anzeigepflichtig ist der Betreiber.[123] Die Bundes-Opiumstelle im BfArM teilt der Apotheke nach Eingang der Anzeige eine Teilnahme-Nummer, die sog. „BtM-Nummer" zu.[124] Im Interesse einer effektiven Kontrolle wird im Falle von Kleinketten auch in Zukunft jede einzelne Filiale des Apothekenunternehmens eine eigene BtM-Nummer erhalten.[125] Ähnliches dürfte für die Apothekenkennzeichen i.S.d. § 293 Abs. 5 SGB V gelten, obwohl die Abrechnung von Rezepten mit den Krankenkassen durch Filialapotheken jeweils im Namen des Betreibers erfolgt. Im Verzeichnis über die Apotheken i.S.d. § 293 Abs. 5 SGB V ist im Hinblick darauf als „Apotheker" der Betreiber und nicht der Filialleiter aufzuführen.

b)   Anforderungen hinsichtlich der Filialleitung

aa)   Berufsrechtlicher Status des Filialleiters

Gemäß § 2 Abs. 5 Nr. 2 ApoG hat der Betreiber für jede Filialapotheke schriftlich einen „Apotheker" als Verantwortlichen zu benennen. Apotheker ist nach § 3 BApO, wer als Apotheker approbiert oder nach § 2 Abs. 2 i.V.m. § 11 BApO zur vorübergehenden Ausübung des Apothekerberufs befugt ist. Das Erfordernis der Approbation gemäß § 2 Abs. 1 BApO gilt damit auch für die Filialleiter. Auch die Funktion der Filialleitung kann deshalb nur von Personen ausgeübt werden, die charakterlich, gesundheitlich und fachlich geeignet sind. Darüber hinaus sind auch angestellte Apotheker Mitglieder der Apothekerkammern und unterliegen der entsprechenden berufsrechtlichen Überwachung. Verstößt ein angestellter Filialleiter gegen beruflich relevante Bestimmungen, drohen ihm berufsrechtliche Verfahren und Sanktionen und in entsprechend

---

[123]   Vgl. Körner, Betäubungsmittelgesetz Arzneimittelgesetz, Kommentar, 5. Aufl. 2001, § 4 BtMG Rn. 36.

[124]   Vgl. Schiedermair/Pohl, Gesetzeskunde für Apotheker, 15. Aufl. 2004, S. 68 und 312.

[125]   Vgl. dazu näher Meyer, Begrenzter Mehrbesitz, DAZ 2004, S. 865 und 872 f.

schwerwiegenden Fällen auch der Widerruf der Approbation gemäß § 6 Abs. 2 BApO.

bb)   Apothekenrechtlicher Status des Filialleiters – „Dauervertretung"
Apothekenrechtlich hat der Verantwortliche für die Filialapotheke nach § 2 Abs. 5 Nr. 2 ApoG die Verpflichtungen zu erfüllen, wie sie im Apothekengesetz und in der Apothekenbetriebsordnung für Apothekenleiter festgelegt sind.

(1)   Benennung des Filialleiters
Der Filialleiter erhält seine Stellung als für die Filialapotheke Verantwortlicher gemäß § 2 Abs. 5 Nr. 2 Satz 1 ApoG durch schriftliche Benennung durch den Betreiber. Gemäß § 2 Abs. 1 Nr. 5 ApBetrO ist Apothekenleiter bei einer Filialapotheke der nach § 2 Abs. 5 Nr. 2 ApoG vom Betreiber benannte Verantwortliche.
Obwohl im Gesetz nicht ausdrücklich vorgesehen, ist davon auszugehen, dass die Benennung gegenüber der zuständigen Behörde zu erfolgen hat. Als zuständige Behörde ist dabei die für die Überwachung zuständige Behörde und nicht die für die Erteilung der Mehrbetriebserlaubnis zuständige Behörde anzusehen.
Die Benennung eines Verantwortlichen ist apothekenrechtlich grundsätzlich jederzeit widerruflich. Soll die Person des Verantwortlichen geändert werden, so ist dies gemäß § 2 Abs. 5 Nr. 2 Satz 2 ApoG der Behörde vom Betreiber eine Woche vor der Änderung schriftlich anzuzeigen. „Behörde" ist auch hier die Überwachungsbehörde, nicht die Erlaubnisbehörde.

(2)   OHG-Gesellschafter als Filialleiter
Fraglich ist, ob im Falle einer OHG einer der Gesellschafter als Filialleiter benannt werden kann. Dagegen könnte sprechen, dass nach § 2 Abs. 4 Nr. 1 ApoG „der Betreiber" eine der Apotheken als Hauptapotheke persönlich zu führen hat. Geht man davon aus, dass im Falle einer OHG, deren Gesellschafter als „Betreiber" anzusehen sind[126], könnte dies bedeuten, dass sämtlich OHG-Gesellschafter zur persönlichen Leitung der Hauptapotheke verpflichtet sind.
Andererseits ist kein Grund ersichtlich, der gegen die Leitung einer Filialapotheke durch einen der OHG-Gesellschafter sprechen könnte. Insbesondere ist nicht ersichtlich, weshalb im Falle einer OHG die Leitung der Hauptapotheke

---

126   Vgl. dazu S. 89 und S. 98.

durch alle OHG-Gesellschafter erforderlich sein soll. Schließlich entspricht die Leitung einer Filialapotheke durch einen der Betreiber dem Leitbild des Apothekers in seiner Apotheke in stärkerem Maße als die Leitung durch einen angestellten Apotheker. Sinn und Zweck sprechen deshalb dafür, dass im Falle einer OHG auch einer der Gesellschafter als Filialleiter benannt werden kann.

(3)   Persönliche Leitung der Filialapotheke

Nach § 7 Satz 1 ApoG verpflichtet die Erlaubnis zur persönlichen Leitung der Apotheke in eigener Verantwortung. Nach § 7 Satz 2 ApoG obliegen im Falle des Mehrbetriebs von Apotheken dem vom Betreiber nach § 2 Abs. 5 Nr. 2 ApoG benannten Apotheker die Pflichten entsprechend § 7 Satz 1 ApoG. Die Verpflichtungen des Betreibers bleiben unberührt.

Der Begriff der „persönlichen Leitung" ist beim Filialleiter grundsätzlich ebenso wie beim Betreiber zu verstehen.[127] Um die persönliche Leitung der Filialapotheke zu gewährleisten, gilt auch für den Filialleiter die Pflicht zur Anzeige des Betriebs einer weiteren Apotheke in einem anderen Mitgliedstaat der Europäischen Gemeinschaft oder in einem anderen Vertragsstaat des Abkommens über den Europäischen Wirtschaftsraums gemäß § 2 Abs. 3 1. Alt. ApBetrO. Es muss sich dabei aber um eine von dem Filialleiter betriebene und nicht um eine vom Betreiber der Filialapotheke betriebene Apotheke handeln. Ferner ist der Filialleiter gemäß § 2 Abs. 3 2. Alt. ApBetrO verpflichtet, jede berufliche Tätigkeit, die er neben seiner Tätigkeit als Apothekenleiter ausübt, vor ihrer Aufnahme der zuständigen Behörde anzuzeigen. Zuständig ist auch hier jeweils die Überwachungsbehörde.

Die Verpflichtung, die Apotheke persönlich zu leiten, verlangt, dass der Filialleiter seine Aufgaben unter persönlicher Anwesenheit wahrnimmt. Es ist ihm grundsätzlich nicht gestattet, die Apothekenleitung ganz oder teilweise auf andere zu übertragen. Von diesem Grundsatz enthält § 2 Abs. 5 ApBetrO insoweit eine Ausnahme, als sich der Apothekenleiter in seiner persönlichen Leitung für maximal drei Monate im Jahr durch einen approbierten Apotheker oder unter den Voraussetzungen des § 2 Abs. 6 Satz 1 bis 3 ApBetrO auch durch einen Apothekerassistenten oder Pharmazieingenieur vertreten lassen kann. Auch hier gilt, dass der mit der Vertretung beauftragte Apotheker, Apothekerassistent oder Pharmazieingenieur gemäß § 2 Abs. 7 ApoG während der

---

127   Vgl. dazu etwa Cyran/Rotta, Apothekenbetriebsordnung, Kommentar, Stand: August 2003, § 2 ApBetrO Rn. 8 ff.; Pfeil/Pieck/Blume, Apothekenbetriebsordnung, Kommentar, Stand: 1999, § 2 ApBetrO Rn. 13 ff.

Dauer der Vertretung die Pflichten eines Apothekenleiters hat und damit in die gesamte öffentlich-rechtliche Pflichtenstellung des Filialleiters eintritt.[128]

(4)   Leitung in „eigener Verantwortung"

Demgegenüber ist der Begriff der „eigenen Verantwortung" beim angestellten Filialleiter anders als beim Betreiber zu verstehen. In Bezug auf den Betreiber als Inhaber der Erlaubnis bedeutet der Begriff der „eigenen Verantwortung" das Gebot der Unabhängigkeit in pharmazeutischer und betriebswirtschaftlicher Hinsicht. Der Betreiber darf deshalb keine vertraglichen oder faktischen Bindungen eingehen, die seine Unabhängigkeit beschränken.[129]

Beim Filialleiter ist zu beachten, dass ihn naturgemäß weder das rechtliche noch das wirtschaftliche Risiko der Filialapotheke trifft, sofern es sich nicht ausnahmsweise um einen Mitbetreiber im Rahmen einer OHG handelt. Der Filialleiter schließt auf die Filialapotheke bezogene Verträge auch nicht im eigenen Namen, sondern im Namen des Betreibers ab.

Während der Betreiber gemäß § 7 Satz 1 ApoG darüber hinaus gegenüber jedermann sowohl in pharmazeutischer als auch in betriebswirtschaftlicher Hinsicht unabhängig bleiben muss, ist dies beim Filialleiter im Verhältnis zum Betreiber selbst nicht der Fall. Denn der Filialleiter ist, wie es in der Amtlichen Begründung heißt, von dem Betreiber mit der Führung einer öffentlichen Apotheke im Rahmen des Mehrbesitzes „beauftragt".[130] Seine Aufgabe entspricht grundsätzlich derjenigen eines Vertreters des Apothekenleiters. Nach § 2 Abs. 7 ApBetrO hat ein mit der Vertretung beauftragter Apotheker (oder Apothekerassistent oder Pharmazieingenieur) während der Dauer der Vertretung die Pflichten eines Apothekenleiters. Die Stellung eines Vertreters unterscheidet sich von einem Verantwortlichen für eine Filialapotheke nur graduell dadurch, dass die Vertretung von vornherein als vorübergehend angelegt ist, während die Filialleitung grundsätzlich auf Dauer angelegt ist, allerdings jederzeit beendet werden kann.

Als Beauftragter und Vertreter ist der Verantwortliche den Weisungen des Betreibers unterworfen. Dies gilt im Hinblick darauf, dass das rechtliche und wirtschaftliche Risiko der Filialapotheke den Betreiber trifft, in wirtschaftli-

---

[128]   Vgl. auch Cyran/Rotta, Apothekenbetriebsordnung, § 2 ApBetrO Rn. 57.

[129]   Vgl. dazu Pfeil/Pieck/Blume, Apothekenbetriebsordnung, § 2 ApBetrO Rn. 19.

[130]   Vgl. BT-Drs. 15/1525, S. 162 f., Zu Artikel 21 Zu Nummer 2.

cher, aber auch in pharmazeutischer Hinsicht. In pharmazeutischer Hinsicht ist das Weisungsrecht des Betreibers allerdings durch die zwingenden apothekenrechtlichen, arzneimittelrechtlichen und heilmittelwerberechtlichen Bestimmungen begrenzt. Hinsichtlich dieses „pharmazeutischen Kernbereichs" besteht die eigene Verantwortlichkeit des Filialleiters auch im Verhältnis zum Betreiber. Soweit sich die Eigenverantwortlichkeit des Filialleiters für den pharmazeutischen Kernbereich auch wirtschaftlich auswirkt, ergibt sich daraus auch eine entsprechende, abgeleitete wirtschaftliche Eigenverantwortlichkeit gegenüber dem Betreiber.

Der Begriff der „eigenen Verantwortung" bezieht sich im Falle des Filialleiters somit (nur) auf die Verantwortung als Apothekenleiter. Dies wird durch § 2 Abs. 5 Nr. 2 Satz 1 ApoG, in dem der Verantwortliche als derjenige charakterisiert ist, der die Verpflichtungen zu erfüllen hat, wie sie im Apothekengesetz und in der Apothekenbetriebsordnung „für Apothekenleiter" festgelegt sind, und durch die Amtliche Begründung bestätigt. Während § 7 Satz 1 ApoG an die Erlaubnis anknüpft, soll § 7 Satz 2 ApoG nach der Amtlichen Begründung (nur) das Sicherheitsniveau gewährleisten, das das Gesetz mit den für den „Leiter" einer einzelnen öffentlichen Apotheke geltenden Regelungen verfolgt.[131] Im Falle des Betreibers bezieht sich der Begriff der „eigenen Verantwortung" demgegenüber sowohl auf die Verantwortung als Apothekenleiter als auch auf die Verantwortung als Betreiber. Dies wird auch durch § 7 Satz 2 2. Halbsatz ApoG betont, nach dem die Verpflichtungen des „Betreibers" unberührt bleiben.[132]

Die nur „entsprechende" Anwendung des § 7 Satz 1 ApoG auf Filialleiter bedeutet deshalb im Ergebnis zum einen eine Beschränkung des Verbots vertraglicher oder faktischer Bindungen, die die Unabhängigkeit beeinträchtigen, auf das Verhältnis zu außenstehenden Dritten. Der Filialleiter darf im Verhältnis zu Dritten keine Verträge abschließen oder faktische Bindungen eingehen, die seine Unabhängigkeit als Apothekenleiter oder die Unabhängigkeit des

---

131   Vgl. die Amtliche Begründung, BT-Drs 15/1525, S. 160, Zu Artikel 20 Zu Nummer 7, und S. 162 f., Zu Artikel 21 Zu Nummer 2.

132   Dass das neue Apothekenrecht streng zwischen der Betreiberverantwortlichkeit einerseits und der Leiterverantwortlichkeit andererseits unterscheidet, wird auch an einer Differenzierung in den Vertretungsbestimmungen deutlich. Nach § 2 Abs. 6 Satz 4 ApBetrO gilt die Vertretungsregelung in § 2 Abs. 6 Satz 1 bis 3 „nicht für die Vertretung des Inhabers einer Erlaubnis nach § 2 Abs. 4" ApoG. Danach kann sich der Inhaber einer Mehrbetriebserlaubnis im Hinblick auf seine höhere Verantwortung nur von einem Apotheker und nicht von einem Apothekerassistent oder Pharmazieingenieur vertreten lassen.

Betreibers in pharmazeutischer oder betriebswirtschaftlicher Hinsicht beeinträchtigen. Im Verhältnis zum Betreiber besteht die Unabhängigkeit des Apothekenleiters nur hinsichtlich der zwingenden apothekenrechtlichen, arzneimittelrechtlichen und heilmittelwerberechtlichen Bestimmungen (pharmazeutischer Kernbereich). Sie bedeutet zum anderen, dass der Filialleiter berufs-, ordnungswidrigkeiten- und gegebenenfalls auch strafrechtlich verantwortlich ist. Insbesondere finden auf ihn die für den Apothekenleiter geltenden Ordnungswidrigkeitentatbestände des § 34 Abs. 1 Nr. 2 ApBetrO Anwendung.

(5)   Beachtung der geltenden Vorschriften

Nach §§ 2 Abs. 5 Nr. 2 ApoG, 2 Abs. 2 ApBetrO ist der Filialleiter dafür verantwortlich, dass die Filialapotheke unter Beachtung der geltenden Vorschriften betrieben wird. Dies gilt zunächst für die zwingenden apothekenrechtlichen, arzneimittelrechtlichen und heilmittelwerberechtlichen Bestimmungen.

Der Filialleiter ist demzufolge insbesondere für die Einhaltung des Vorrangs des Arzneimittelversorgungsauftrages gemäß § 2 Abs. 4 ApoG verantwortlich. Er ist jeweils bezogen auf die Filialapotheke ferner verantwortlich für die Einhaltung der Bestimmungen über das Apothekenpersonal (§ 3 ApBetrO) und der Bestimmungen über die Beschaffenheit, Größe und Einrichtung der Apothekenbetriebsräume gemäß (§ 4 ApBetrO).[133] Der Filialleiter ist auch verantwortlich für das Vorhandensein der wissenschaftlichen und sonstigen Hilfsmittel gemäß § 5 ApBetrO und die Einhaltung der Bestimmungen über die Herstellung i.w.S., Vorratshaltung und Lagerung gemäß §§ 6 bis 16 ApBetrO sowie über das Inverkehrbringen, die Einfuhr, Tierarzneimittel, Information und Beratung, Arzneimittelrisiken, nicht verkehrsfähige Arzneimittel, die Dokumentation, die Dienstbereitschaft, Rezeptsammelstellen und apothekenübliche Waren gemäß §§ 17 bis 25 ApBetrO.

Der Filialleiter ist darüber hinaus aber auch für die Einhaltung sonstiger betriebsbezogener Rechtsvorschriften wie etwa das Ladenschlussgesetz verantwortlich.[134] Entspricht der Betrieb nicht den einschlägigen Bestimmungen und verfügt der Filialleiter nicht selbst über die Vollmacht zu Beseitigung eines pflichtwidrigen Zustandes, muss er den Betreiber entsprechend informieren

---

[133]   Die Verpflichtung zur Anzeige wesentlicher Veränderungen der Größe und Lage der Betriebsräume gegenüber der zuständigen Behörde gemäß § 4 Abs. 6 ApBetrO obliegt allerdings dem Betreiber. Sie steht mit einer Maßnahme in Zusammenhang, die die Filialapotheke als Ganzes betrifft.

[134]   Vgl. dazu ausführlich Cyran/Rotta, Apothekenbetriebsordnung, § 2 ApBetrO Rn. 16.

und zur Beseitigung dieses Zustandes veranlassen. Kommt der Betreiber dem nicht nach, kann der Filialleiter notfalls zur vorübergehenden Schließung der Filialapotheke gezwungen sein, um eine berufs-, ordnungswidrigkeiten- oder gar strafrechtliche Ahndung zu vermeiden. Schließt der Filialleiter die Apotheke allerdings zu Unrecht, besteht für ihn gegenüber dem Betreiber ein erhebliches Haftungsrisiko.

(6) Verantwortlichkeit des Betreibers für die Filialapotheken

Die Bestellung eines Filialleiters entbindet den Erlaubnisinhaber nicht von seiner eigenen Verantwortlichkeit für seine Filialapotheken. Nach § 7 Satz 2 2. Halbsatz ApoG bleiben die Verpflichtungen des Erlaubnisinhabers unberührt. Nach § 2 Abs. 2 ApBetrO ist neben dem Filialleiter auch der Erlaubnisinhaber „für die Einhaltung der zum Betreiben von Apotheken geltenden Vorschriften verantwortlich".

Allerdings sind die für den Betreiber aus seiner Verantwortlichkeit fließenden Verpflichtungen hinsichtlich des Betriebs der Filialapotheken gelockert. Dies ergibt sich schon aus dem Umstand, dass er nur zur persönlichen Führung der Hauptapotheke, nicht aber zur persönlichen Führung der Filialapotheken verpflichtet ist. Vor diesem Hintergrund kann der Betreiber in Bezug auf seine Filialapotheken nicht mehr für das Tagesgeschäft als solches verantwortlich sein. Insoweit beschränkt sich seine Verantwortung demgemäß darauf zu kontrollieren, ob der Filialleiter seiner Verantwortung als Apothekenleiter gerecht wird. Für diese Interpretation spricht auch die Gesetzesbegründung zu § 2 Abs. 4 und 5 ApoG[135]. Danach ist die Eingrenzung auf maximal vier Apotheken und auf benachbarte Kreise notwendig, *„um dem Betreiber der Apotheken eine persönliche und somit effektive Kontrolle der Filialapotheken zu ermöglichen".* Konkret lässt sich die Betreiberverantwortung damit in mehrere Bereiche untergliedern:

Ordnungsgemäße Personalauswahl: Der Betreiber hat zunächst bei der Einstellung des Filialleiters sicherzustellen, dass der Filialleiter nicht nur die formelle Voraussetzung des Apothekerstatus mitbringt, sondern auch tatsächlich seinen Aufgaben gewachsen ist. Er muss sich auch anhand des persönlichen Eindrucks von dessen Eignung überzeugen. Dasselbe gilt für die Auswahl des übrigen Apothekenpersonals. Soweit der Betreiber dem Filialleiter Personalentscheidungen überlässt, hat er den Filialleiter insoweit in erhöhtem Maße zu kontrollieren.

[135]   BT-Drs. 15/1525, S. 160, zu Artikel 20, zu Nummer 3.

Laufende Überwachung: Über die sorgfältige Auswahl zu Beginn hinaus hat der Betreiber die Filialleitung durch den Filialleiter und den sonstigen Filialbetrieb laufend zu überwachen. Die Überwachung muss nach der Gesetzesbegründung persönlich erfolgen. Das bedeutet, dass der Erlaubnisinhaber die Überwachung grundsätzlich nicht an Dritte delegieren darf. Insbesondere darf der Betreiber auch die Überwachung des pharmazeutischen Personals nicht allein dem Filialleiter überlassen.

Nach der Gesetzesbegründung muss die Überwachung ferner effektiv sein. Effektiv ist eine Überwachung nur dann, wenn der Erlaubnisinhaber den Filialbetrieb so regelmäßig und intensiv kontrolliert, dass er etwaige Missstände rechtzeitig erkennen und beseitigen kann.

Im übrigen richtet sich die konkrete Ausgestaltung der Überwachung nach den Umständen des Einzelfalles. Zu berücksichtigen sind dabei etwa die Größe der Apotheke, die Art ihrer Tätigkeit insbesondere auch in Zusammenhang mit Spezialisierungen, Erfahrung und Zuverlässigkeit des Personals, etc.

Unternehmensorganisationspflichten: Schließlich ist der Betreiber für eine ordnungsgemäße Gesamtorganisation des Apothekenunternehmens einschließlich der Filialapotheken verantwortlich. Neben der Vorgabe genereller, unternehmenspolitischer Leitlinien hat er insbesondere unternehmens- und betriebsinterne Abläufe so zu organisieren, dass Verstöße gegen rechtliche Bestimmungen und sonstige Fehlerquellen so weit als möglich ausgeschlossen sind.

Dokumentation: Um im Streitfall belegen zu können, dass er seiner Verantwortlichkeit als Betreiber nachgekommen ist, empfiehlt sich die Einführung eines Dokumentationssystems, aus der sich insbesondere die Maßnahmen ergeben, die der Betreiber zum Zwecke der laufenden Überwachung sowie zur ordnungsgemäßen Organisation des Unternehmens getroffen hat.

cc)   Arbeitsrechtlicher Status des Filialleiters

Der Filialleiter hat nach § 2 Abs. 5 Nr. 2 ApoG die Verpflichtungen zu erfüllen, wie sie im Apothekengesetz und in der Apothekenbetriebsordnung für Apothekenleiter festgelegt sind. Diese Verantwortlichkeit begrenzt das arbeitsrechtliche Weisungsrecht des Betreibers gegenüber einem angestellten Filialleiter. Ein Filialleiter kann und muss eine gesetzeswidrigen Weisung des Betreibers unbeachtet lassen, ohne sich dem Vorwurf einer Arbeitsverweigerung auszusetzen.

Nach § 3 Abs. 5 S. 2 ApoBetrO hat der Apotheker das pharmazeutische Personal bei der Abgabe von Arzneimitteln zu beaufsichtigen. Daraus ergibt sich ein Anspruch gegenüber dem Betreiber, alle Befugnisse gegenüber dem pharmazeutischen Personal zu erhalten, die zur Ausübung der Aufsichtspflicht erforderlich sind. Der Betreiber muss dem Filialleiter daher die Stellung eines Vorgesetzten zumindest gegenüber dem pharmazeutischen Personal einräumen und ihm gestatten, das Direktionsrecht des Arbeitgebers auszuüben, soweit dies apothekenrechtlich zur Beaufsichtigung des pharmazeutischen Personals erforderlich ist.

Daraus allein folgt allerdings noch nicht, dass der Filialleiter automatisch leitender Angestellter im Sinne des Kündigungsschutzgesetzes oder des Betriebsverfassungsrechts wird. Leitender Angestellter im Sinne des Kündigungsschutzgesetzes sind nach § 14 Abs. 2 KSchG vielmehr nur solche Filialleiter, die zur selbständigen Einstellung oder Entlassung von Arbeitnehmern berechtigt sind. Um den apothekenrechtlichen Anforderungen zu genügen, muss der Filialleiter aber die Mitarbeiter nicht selbständig einstellen oder entlassen können. Die Apothekenbetriebsordnung stellt hinsichtlich des Personals nur die Anforderung, dass ein Apotheker anwesend sein muss. Dies ist durch die Präsenzpflicht des Filialleiters gewährleistet. Wegen der wichtigen Bedeutung für den Betrieb und der mit Personal verbundenen Kosten wird der Betreiber der Apotheke dem Filialleiter auch regelmäßig keine Befugnisse zur selbständigen Einstellung oder Entlassung von Arbeitnehmern einräumen wollen, so dass die erleichterten Möglichkeiten für die Kündigung von leitenden Angestellten bei Filialleitern im Allgemeinen nicht bestehen werden.

Der Begriff des „Leitenden" ist im übrigen im Betriebsverfassungsrecht anders als im Kündigungsschutzrecht definiert. Ob der Filialleiter leitender Angestellter im Sinne von § 5 Abs. 3 BetrVG ist, kann nur im Einzelfall beurteilt werden. Die Voraussetzungen des § 5 Abs. 3 Nr. 1 BetrVG (Berechtigung zur selbständigen Einstellung und Entlassung) werden wie dargelegt im Allgemeinen nicht gegeben sein. Die Erteilung einer Generalvollmacht oder Prokura ist nach der Rechtsprechung zur bisherigen Rechtslage[136] unzulässig. Ob es bei dieser Rechtsprechung nach der neuen Rechtslage bleiben kann, erscheint zwar zweifelhaft. Der Tatbestand des § 5 Abs. 3 Nr. 2 BetrVG (Generalvollmacht oder Prokura) dürfte aber selbst im Falle einer Zulässigkeit nur ausnahmsweise erfüllt sein. Denkbar ist noch am ehesten eine Stellung als leitender Angestellter im Sinne von § 5 Abs. 3 Nr. 3 BetrVG, wenn der Filialleiter Aufgaben wahrnimmt, die für den Bestand oder die Entwicklung des Unternehmens oder eines Betriebs von Bedeutung sind und deren Erfüllung besondere Erfahrungen und Kenntnisse voraussetzt und er die Entscheidungen dabei im Wesentlichen frei von Weisungen trifft oder sie doch zumindest maßgeblich beeinflusst. Ob diese Voraussetzungen trotz der daneben bestehenden Verantwortung des Betreibers vorliegen, muss jeweils im Einzelfall sorgfältig unter Berücksichti-

---

136   Vgl. dazu OLG Celle, DAZ 1988, 2221.

gung der Rechtsprechung des Bundesarbeitsgerichts geprüft werden. Die bloße Stellung als Apothekenleiter reicht für sich genommen noch nicht aus, um das Vorliegen der Voraussetzungen zu bejahen.

dd) Zivil- und handelsrechtlicher Status des Filialleiters

(1) Filialleitung – zentral und dezentral geführte Filialapotheken

Wie dargestellt ist der Verantwortliche für die Filialapotheke grundsätzlich verpflichtet, den Weisungen des Betreibers Folge zu leisten, soweit sich nicht aus dem zwingenden Recht, insbesondere aus dem Apothekenrecht etwas anderes gibt.

Trotz seiner zahlreichen Vorgaben lässt auch das Apothekenrecht bei der täglichen Führung der Filialgeschäfte noch einen erheblichen Spielraum. Im Hinblick auf sein Direktionsrecht ist es grundsätzlich Sache des Betreibers zu entscheiden, ob er dem Verantwortlichen für die Filialapotheke ein größeres Maß an Selbständigkeit einräumt oder ob er auch die Filialapotheke(n) zentral führt. Das Maß der Selbständigkeit eines Verantwortlichen für die Filialapotheke wird nach oben hin durch die dem Betreiber obliegende apothekenrechtlichen Überwachungspflicht und nach unten hin durch dasjenige Maß an Entscheidungsfreiheit und Befugnissen begrenzt, das ein Apothekenleiter zur Erfüllung seiner apothekenrechtlichen Pflichten als Apothekenleiter mindestens benötigt. Innerhalb dieser Ober- und Untergrenze ist der Betreiber in seiner Filialpolitik frei. Er kann seine Filialapotheke(n) insbesondere zentral oder dezentral führen und dem Filialleiter entsprechend einen größeren oder einen kleineren Spielraum bei der Führung der Filialgeschäfte einräumen.

(2) Vertretung

Der Filialleiter ist nicht nur apothekenrechtlich, sondern auch zivilrechtlich Vertreter des Betreibers. Nach § 17 Abs. 4 ApBetrO sind Verschreibungen von Personen, die zur Ausübung der Heilkunde, Zahnheilkunde oder Tierheilkunde berechtigt sind, in einer der Verschreibung angemessenen Zeit auszuführen. Der Apothekenleiter muss deshalb zivilrechtlich über die Vollmacht verfügen, den Betreiber beim Abschluss von Kaufverträgen mit Endverbrauchern über nach § 17 Abs. 4 ApBetrO abzugebende Arzneimittel zu vertreten.

Die Verantwortlichkeit des Filialleiters für die Ordnungsmäßigkeit der Räume, Ausstattung, für den Mindestlagerbestand, etc. bedeutet andererseits wie schon dargestellt nicht, dass er zivilrechtlich über die Vollmacht verfügen muss, die erforderlichen Waren und Gegenstände zu beschaffen. Sie bedeutet nur, dass der Filialleiter die Apotheke im Notfall zu schließen hat, wenn der Betreiber insoweit nicht für ordnungsgemäße Verhältnisse sorgt. Erst recht bedarf es keiner zwingenden Bevollmächtigung des Filialleiters zur Anschaffung nicht obligatorischer Waren oder Gegenstände, etwa einer EDV, apothekenüblicher Waren, etc.

Der Filialleiter muss die Grenzen seiner Vollmacht beachten. Soweit der Betreiber nicht ausdrücklich eine weitergehende Vollmacht erteilt hat, ist die Vertretungsmacht des Filialleiters grundsätzlich auf Geschäfte beschränkt, die der Betrieb der Filialapotheke gewöhnlich mit sich bringt. Der Filialleiter vertritt den Betreiber grundsätzlich nur in der Leiterfunktion, nicht in der Betreiberfunktion. Seine Vollmacht umfasst damit insbesondere regelmäßig keine Geschäfte, die die Filialapotheke als Ganzes betreffen, wie etwa den Verkauf der Apothekeneinrichtung oder des Warenlagers als Ganzes, den Abschluss, die Änderung oder die Kündigung des Mietvertrages über die Räume der Filialapotheke oder gar den Verkauf der Apotheke als Ganzes.

Der Filialleiter muss bei einer zivilrechtlichen Vertretung des Betreibers daneben die gesetzlichen Bestimmungen beachten. Über die §§ 7 Satz 2, 8 Satz 4 ApoG hinaus gilt dies etwa für das Verbot einer Verpflichtung, bestimmte Arzneimittel ausschließlich oder bevorzugt anzubieten oder abzugeben oder anderweitig die Auswahl der abzugebenden Arzneimittel auf das Angebot bestimmter Hersteller oder Händler oder von Gruppen von solchen zu beschränken, gemäß § 10 ApoG. Dies gilt ferner für nach § 11 Abs. 1 ApoG verbotene Absprachen. Umgekehrt umfasst eine filialbetriebsbezogene Generalvollmacht des Filialleiters im Zweifel auch die Befugnis zur Anforderung von anwendungsfertigen Zytostatikazubereitungen oder, sofern die anwendungsfertige Zytostatikazubereitung in der von ihm geleiteten Filialapotheke hergestellt wurde, die Befugnis zu deren Abgabe, auch wenn insoweit in § 11 Abs. 3 ApoG jeweils nur vom „Inhaber der Erlaubnis" die Rede ist.

Der Apothekenleiter ist darüber hinaus ohne ausdrückliche Bevollmächtigung in aller Regel nicht befugt, den Betreiber in öffentlich-rechtlichen Angelegenheiten gegenüber Behörden zu vertreten, also etwa eine Versand-, Heimversorgungs- oder Krankenhausversorgungsgenehmigung gemäß §§ 11a, 12a bzw. 14 Abs. 5 ApoG zu beantragen.

(3)   Haftung

Da Träger der Filialapotheke der Betreiber ist, werden die die Filialapotheke betreffenden Rechtsgeschäfte mit Patienten und Kunden oder Geschäftspartnern im Namen des Betreibers abgeschlossen. Der Filialleiter selbst ist als solcher nicht Vertragspartner. Er haftet deshalb weder gegenüber Patienten oder Kunden noch gegenüber Geschäftspartnern nach vertraglichen Grundsätzen.

In Betracht kommt allerdings eine deliktische Haftung des Filialleiters gemäß § 823 BGB. Dies gilt insbesondere dann, wenn einem Patienten in der Filialapotheke etwa schuldhaft das falsche Arzneimittel ausgehändigt und der Patient dadurch in seiner Gesundheit verletzt wird. Hat der Filialleiter das Arzneimittel selbst ausgehändigt oder das aushändigende Personal nicht hinreichend überwacht, so hat er an den Patienten gemäß §§ 823, 249 ff., 253 Abs. 2 BGB Schadensersatz sowie gegebenenfalls Schmerzensgeld zu leisten. Wird der Filialleiter durch Dritte in Zusammenhang mit seiner Tätigkeit als Filialleiter in Anspruch genommen, ist allerdings der Betreiber verpflichtet, den Filialleiter gegenüber dem Dritten freizustellen, sofern dem Filialleiter nur leichte Fahrlässigkeit zu Last fällt.[137]

c)   Firmenrechtliche Anforderungen

Beabsichtigt ein Apotheker, zusätzlich zu seiner bisherigen Apotheke weitere Apotheken zu betreiben, stellt sich die Frage, unter welchem Namen die zusätzlichen Apotheken im Geschäftsverkehr auftreten sollen. Es handelt sich dabei um die Frage der sogenannten „Firma" gemäß § 17 Abs. 1 HGB.

Der Apotheker, der zukünftig auch Filialapotheken betreiben möchte, kann entweder schon bestehende Haupt- oder Filialapotheken erwerben oder Apotheken neu gründen. Insbesondere dann, wenn er schon bestehende Apotheken übernimmt, steht er vor einer schwierigen Entscheidung: Soll er den ortsbekannten, eingeführten bisherigen Apothekennamen fortführen oder lieber alle seine Apotheken unter ein und derselben Firma führen? Die Rechtsordnung lässt ihm bei seiner Entscheidung allerdings nicht völlig freie Hand. Er hat zum einen das handelsrechtliche Firmenrecht und zum anderen Rechte Dritter zu beachten.

aa)   Grundsatz der Firmeneinheit

Nach § 17 Abs. 1 HGB ist die Firma eines Kaufmanns der Name, unter dem er seine Geschäfte betreibt und die Unterschrift abgibt. Nach § 18 Abs. 1 HGB muss die Firma zur Kennzeichnung des Kaufmanns geeignet sein und Unterscheidungskraft besitzen.

Diese Anforderungen kann der Betreiber entweder durch die Wahl einer Personenfirma oder die Wahl einer Sachfirma oder die Wahl einer gemischten Personen- und Sachfirma erfüllen. Bei einer Personenfirma muss die Firma eines Einzelkaufmannes aber dessen Familiennamen enthalten.[138] Nach § 19

---

[137]   etwa Preis, in: Erfurter Kommentar zum Arbeitsrecht, § 619a BGB Rn. 13 ff., 26.

[138]   Vgl. Zimmer, in: Ebenroth/Boujong/Roth, Handelsgesetzbuch, Kommentar, 2001, § 18 HGB Rn. 6.

Abs. 1 Nr. 1 HGB muss die Firma eines Einzelkaufmannes zur Kennzeichnung der Rechtsform ferner den Zusatz „eingetragener Kaufmann", „e.K." oder ähnliches enthalten.

Ein Apotheker mit dem Nachnamen Müller kann demnach seine Apotheke(n) grundsätzlich etwa unter „Müller e.K." oder „Apotheker Müller e.K." als Personenfirma führen. Er kann aber auch eine Sachfirma wie etwa „Bahnhof-Apotheke e.K." oder eine gemischte Personen- und Sachfirma wie etwa „Bahnhof-Apotheke Müller e.K." wählen.

Die Firma dient dazu, den hinter dem Unternehmen stehenden Unternehmensträger zu identifizieren und die Zuordnung von Rechten und Pflichten zu dem Unternehmensträger zu ermöglichen. Aus dieser Funktion leiten Rechtsprechung und Literatur auch den Grundsatz der Firmeneinheit ab, nach dem der Betreiber eines Handelsgeschäfts immer nur eine Firma führen darf. Durch den Grundsatz der Firmeneinheit ist ausgeschlossen, dass sich der Betreiber des Unternehmens verschiedener Firmen bedienen kann.[139]

Daraus folgt, dass der Betreiber einer Apothekenkette für die zu dem Apothekenunternehmen gehörenden Apotheken jeweils grundsätzlich nur eine einheitliche Firma führen darf. Sämtliche zu dem Apothekenunternehmen gehörenden Apotheken müssten nach diesem Grundsatz somit unter ein und derselben Firma geführt werden. Der Grundsatz der Firmeneinheit wird allerdings in mehrfacher Hinsicht durchbrochen.

bb)   Ausnahmen für Zweigniederlassungen (Filialen)

Obwohl gesetzlich nicht ausdrücklich geregelt, ist es in Rechtsprechung und Literatur anerkannt, dass eine Zweigniederlassung im Sinne des § 13 HGB auch unter einer eigenständigen Firma im Rechtsverkehr auftreten kann, solange der Zusammenhang mit dem tatsächlichen Rechtsträger noch deutlich zum Ausdruck kommt.[140]

Eine Filialapotheke ist handelsrechtlich eine Zweigniederlassung. Die schon dargestellten Merkmale einer Zweigniederlassung[141] liegen im Falle von Fi-

---

[139]   Vgl. dazu etwa BGH NJW 1991, 2023, 2024; Hopft, in: Baumbach/Hopt, § 17 HGB Rn. 8 m.w.N.

[140]   Vgl. dazu BayOblG, BB 1992, 944; Bokelmann, in: Münchener Kommentar zum HGB, 1996, § 13 HGB Rn. 22; Ammon, in: Röhricht/von Westphalen, HGB, 2. Aufl. 2001, § 13 HGB Rn. 18; Pentz, in: Ebenroth/Boujong/Joost, § 13 HGB Rn. 22; Hopt, in: Baumbach/Hopt, HGB, § 13 HGB Rn. 7.

[141]   Siehe S. 97.

lialapotheken unabhängig davon vor, ob der Betreiber dem Filialleiter nur geringe oder sehr weitgehende Vollmachten eingeräumt hat, die Filialapotheke also zentral oder dezentral geführt wird. Die apothekenrechtlichen (Mindest-)Anforderungen führen handelsrechtlich in jedem Falle zu dem erforderlichen (Mindest-)Maß einer gewissen Selbständigkeit des Filialleiters.

Auch die übrigen Voraussetzungen für die Annahme einer Zweigniederlassung liegen vor. Dies gilt um so mehr, als der Gesetzgeber selbst den Terminus „Filialapotheke" gewählt hat und gerade eine Zweigniederlassung handelsrechtlich auch als Filiale bezeichnet wird.[142] Der Gesetzgeber hat durch die Unterscheidung zwischen Hauptapotheke und Filialapotheke zunächst ein Abhängigkeitsverhältnis, wie es bei Zweigniederlassungen üblich ist, begründet. Filialapotheken sind auch regelmäßig räumlich von der Hauptapotheke getrennt. Die Filialapotheke nimmt zumindest gegenüber den Patienten und Kunden im Außenverhältnis selbständig durch einen eigenen Leiter, dem vom Betreiber zu benennenden Verantwortlichen, am Geschäftsverkehr teil. Nach der Gesetzesbegründung muss eine Filialapotheke schließlich in ihrer Funktion und damit auch in ihrer sachlichen und personellen Ausstattung den Anforderungen einer Vollapotheke entsprechen und alle rechtliche Anforderungen und Pflichten wie eine Vollapotheke erfüllen.[143]

Danach müssen die Firmen der Hauptapotheke und der Filialapotheken firmenrechtlich nicht identisch sein. Allerdings muss der Zusammenhang mit dem Betreiber noch hinreichend erkennbar sein. Im Verkehr darf insbesondere nicht den Eindruck erweckt werden, es handele sich bei der Filialapotheke um ein eigenständiges Unternehmen mit eigener Rechtspersönlichkeit.[144] In der Praxis wird der Zusammenhang durch die Verwendung der Firma der Hauptapotheke und eines Zweigniederlassungszusatzes hergestellt. So könnte etwa der Betreiber einer Hauptapotheke in Stuttgart mit der Firma „Bahnhof-Apotheke e.K." in Esslingen eine Filialapotheke mit der Firma „Bahnhof-Apotheke e.K. Filialapotheke Esslingen"[145] oder mit der Firma „Park-Apotheke Filialapotheke der Bahnhof-Apotheke e.K." betreiben.[146]

---

142 Vgl. Pentz, in: Ebenroth/Boujong/Joost, § 13 HGB Rn. 17.

143 Vgl. BT-Drucks. 15/1525 vom 08.09.2003, S. 160.

144 Vgl. Pentz, in: Ebenroth/Boujong/Joost, § 13 HGB Rn. 22; Kieser/Leinekugel, Die firmen- und kennzeichenrechtliche Behandlung von Filialapotheken und Versandapotheken, ApoR 2004, 33 ff.

145 Wegen des Grundsatzes der Firmeneinheit wäre es der Filialapotheke auch gestattet, die Firma der Hauptapotheke ohne Filialniederlassungszusatz zu übernehmen. Ein Zweigniederlassungszusatz ist aber

cc)   Ausnahmen in Kollisionsfällen

§ 30 HGB normiert den Grundsatz der Firmenunterscheidbarkeit. Eine Firma muss sich von anderen Firmen am selben Ort, die im Handelsregister eingetragen sind, deutlich unterscheiden. Der Rechtsverkehr soll die Möglichkeit haben, ein Unternehmen über die Firma zu identifizieren. Verwechslungen sollen vermieden werden. Insbesondere im Bereich von Apotheken wäre es inakzeptabel, wenn Patienten etwa im Rahmen des Notdienstes durch gleichlautende Apothekennamen innerhalb eines Ortes fehlgeleitet würden, weil sie den Namen einer Apotheke einer anderen Apotheke als der, die Notdienst hat, zuordnen.

Besondere Probleme bereitet dabei, dass bei Apotheken nur eine begrenzte Anzahl von Namen üblich ist. Apotheken werden bisher regelmäßig mit einem Namen gekennzeichnet, der sich auf deren örtliche Lage bezieht, auf eine geschichtliche Persönlichkeit hinweist oder der Tier-, Pflanzen- oder Fabelwelt entlehnt ist.[147] Erst in jüngerer Zeit gehen Apotheker auch dazu über, ihren Nachnamen in die Firma der Apotheke einzubinden und unter diesem im Geschäftsverkehr aufzutreten. Die begrenzte Zahl an Apothekenfirmen kann zu Kollisionen führen, wenn der Apotheker den prägenden Bestandteil der Firma seiner Hauptapotheke auch auf die Filialapotheke übertragen will, am Ort der Filialapotheke aber schon eine andere Apotheke mit diesem prägenden Bestandteil existiert. Eröffnet der Betreiber der Stuttgarter „Bahnhof-Apotheke e.K." beispielsweise eine Filialapotheke unter der gleichen Firma in Esslingen, obwohl dort schon eine im Handelsregister eingetragene „Bahnhof-Apotheke e.K." existiert, fehlt es aber an der Unterscheidbarkeit.

Besteht an dem Ort oder in der Gemeinde, wo eine Zweigniederlassung errichtet wird, bereits eine in diesem Sinne gleiche eingetragene Firma, so muss gemäß § 30 Abs. 2 und 3 HGB der Firma für die Zweigniederlassung ein Zusatz beigefügt werden, durch den sie sich von der schon eingetragenen Firma

---

nach § 50 Abs. 3 HGB notwendig, wenn die Beschränkung der Vertretungsmacht eines Prokuristen Außenwirkung entfalten soll. Erhält der Filialapothekenleiter Prokura beschränkt auf eine Filialapotheke, ist also ein Filialapothekenzusatz notwendig.

146   Vgl. zu weiteren Möglichkeiten Kieser/Leinekugel, Firma und Unternehmenskennzeichen von Filial- und Versandapotheken, DAZ 2004, 737 ff.

147   Vgl. etwa OLG Karlsruhe, WRP 1974, 422; Kieser/Leinekugel, Firmenrechtliche Behandlung, ApoR 2004, 33 ff.; Kieser/Leinekugel, Firma und Unternehmenskennzeichen, DAZ 2004, 737 ff.

deutlich unterscheidet. In dem vorherigen Beispiel käme zur Herbeiführung der Unterscheidbarkeit etwa eine Firmierung als „Stuttgarter Bahnhof-Apotheke e.K." in Betracht.

Kommt es entgegen § 30 HGB zu gleichen oder verwechslungsfähigen Firmen, hat das Registergericht die Möglichkeit, nach § 37 Abs. 1 HGB ein Firmenmissbrauchsverfahren gegen den Betreiber der neu auf den Markt kommenden (Filial-)Apotheke einzuleiten. In der Praxis machen die Registergerichte gerade bei Apothekennamen hiervon aber nur zurückhaltend Gebrauch. Verwechslungsfähige Firmen wurden bislang vornehmlich durch Eingemeindungen verursacht, nicht durch Neueröffnungen. Auch hat regelmäßig der neu eröffnende Apotheker ein maßgebliches Interesse daran, seiner Apotheke einen individuellen Namen zu geben, mit dem er sich von den anderen Apotheken vor Ort abgrenzt. Mit der Zulässigkeit des Betreibens von bis zu drei Filialapotheken werden Beanstandungen durch Registergerichte aber voraussichtlich zunehmen.

dd) Ausnahme beim Erwerb

Nach § 22 Abs. 1 HGB darf schließlich, wer ein bestehendes Handelsgeschäft erwirbt, für das Geschäft die bisherige Firma, auch wenn sie den Namen des bisherigen Geschäftsinhabers enthält, mit oder ohne Beifügung eines das Nachfolgeverhältnis andeutenden Zusatzes fortführen, wenn der bisherige Geschäftsinhaber oder dessen Erben in die Fortführung der Firma ausdrücklich einwilligen.

Die Firmenfortführung nach § 22 Abs. 1 HGB setzt grundsätzlich eine unveränderte und durch einen Nachfolgezusatz gegebenenfalls nur ergänzte Fortführung voraus.[148] Im Falle von Apotheken bedeutete dies grundsätzlich auch die Pflicht zur Fortführung des Namens des bisherigen Inhabers, sofern dieser Bestandteil der Firma der erworbenen Apotheke war.

Da Filialapotheken Zweigniederlassungen im handelsrechtlichen Sinne darstellen, ergibt sich im Falle des Erwerbs einer bestehenden Apotheke in der Regel schon daraus die Möglichkeit zur Übernahme des prägenden Bestandteils ihrer Firma. § 22 Abs. 1 HGB spielt deshalb vor allem dann eine Rolle, wenn gerade auch der Name des bisherigen Inhabers als Bestandteil der Firma fortgeführt werden soll. Erwirbt beispielsweise der Betreiber der „Adler Apotheke e.K." die bisherige „Bären-Apotheke Schneider e.K." als Filialapotheke, so kann die Filialapotheke künftig nach den Regeln für die Firma einer Zweigniederlassung unter „Bären-Apotheke Filialapotheke der Adler Apotheke e.K"

---

[148]   Vgl. dazu sowie zu den Ausnahmen Zimmer, in: Ebenroth/Boujong/Joos, § 22 HGB Rn. 55 ff.

firmieren. Sie könnte aber auch nach den Regeln der Firmenfortführung unter den Voraussetzungen des § 22 Abs. 1 HGB unter „Bären-Apotheke Schneider e.K. Nachf. Adler Apotheke e.K" firmieren.

ee) Irreführungsverbot

Nach § 18 Abs. 2 Satz 1 HGB darf eine Firma keine Angaben enthalten, die geeignet sind, über wesentliche geschäftliche Verhältnisse irrezuführen. Aber nur dann, wenn der Verkehr in einem wesentlichen Punkt irregeführt wird, kann eine objektiv unzutreffende Bezeichnung einer Filialapotheke mit § 18 Abs. 2 HGB kollidieren.[149] Nicht nur berufsrechtlich und wettbewerbsrecht-lich[150], sondern auch handelsrechtlich problematisch kann es danach sein, wenn eine Apotheke als „Natur-Apotheke" firmiert, obwohl sie keinen Schwerpunkt im Verkehr von Arzneimitteln aus Naturprodukten hat.
Von besonderer Bedeutung ist die Beschränkung des Grundsatzes der Firmen-wahrheit auf wesentliche Merkmale bei der Übernahme der Firma der Hauptapotheke durch eine Filialapotheke. Firmenrechtlich könnte eine Fi-lialapotheke auch dann „Bahnhof-Apotheke" heißen, wenn der Bahnhof weit entfernt ist. Ob dies aus Marketinggründen sinnvoll ist, sei dahingestellt. Je-denfalls steht der Grundsatz der Firmenwahrheit der Übernahme der Firma durch die Filialapotheke auch dann nicht entgegen, wenn die Firma der Hauptapotheke sich an eine lokaltypische geographische Begebenheit anlehnt.

ff) Firmenänderung und Registerverfahren

Erwägt ein Apotheker die Änderung der Firma einer Hauptapotheke und sind die Firmen von Haupt- und Filialapotheke identisch, erstreckt sich die Ände-rung der Firma der Hauptapotheke auch auf die Filialapotheken.[151] Unter-scheiden sich die Firmen, behalten die Filialapotheken ihren Namen auch

---

149 Vgl. auch Lutter/Welp, Das neue Firmenrecht der Kapitalgesell-schaften, ZIP 1999, 1073, 1079; Hopt, in: Baumbach/Hopt, § 18 HGB Rn. 13.

150 Vgl. dazu auch Kieser, ABC der Apothekenwerbung, 2002, Stichwort Natur-Apotheke; Berufsgericht für Apotheker in Stuttgart, Urteil vom 15.02.2002, Az. S 377/01, wonach die Bezeichnung „Natur-Apotheke" nicht irreführend ist, wenn ein Schwerpunkt der Apotheke auf dem Angebot von Arzneimitteln aus Naturprodukten liegt und die Kundenberatung für Arzneimittel aus Naturprodukten einen großen Raum einnimmt.

151 Vgl. BayOblG, BB 1990, 1364.

dann, wenn sich die Firma der Hauptapotheke ändert. Der Filialapothekenzusatz, der auf die Hauptapotheke verweist, ändert sich aber kraft Gesetzes.[152] Die Aufnahme des Betriebs einer (weiteren) Filialapotheke hat der Apotheker beim Registergericht seiner Hauptapotheke anzumelden.[153] Dieses prüft, ob die Firma der Filialapotheke korrekt gebildet wurde. Das Registergericht der Hauptapotheke leitet die Anmeldung dann an das für die Eintragung der Filialapotheke zuständige Registergericht weiter, welches prüft, ob sich die Firma der Filialapotheke von den schon im Handelsregister eingetragenen Firmen am Ort unterscheidet.[154]

d)   Rechte Dritter

Schließlich sind bei der Firmierung die Rechte Dritter zu beachten. Nach §§ 5 Abs. 1 und Abs. 2, 15 Abs. 2 und Abs. 5 MarkenG sowie § 37 Abs. 2 HGB kann der Inhaber einer älteren Apotheke vor Ort gegen die Kennzeichnung bzw. Firmierung mit einem verwechslungsfähigen Kennzeichen am selben Ort auf Unterlassung und Schadensersatz klagen.

aa)   Anspruch aus § 37 Abs. 2 HGB

Der firmenrechtliche Anspruch aus § 37 Abs. 2 HGB bezieht sich nur auf eine politische Gemeinde. Diese bildet eine eigene firmenrechtliche Welt. Danach kann der Inhaber der Bahnhof-Apotheke in Esslingen firmenrechtlich gegen die Eröffnung einer weiteren Bahnhof-Apotheke in Esslingen vorgehen. Dieser Anspruch besteht auch dann, wenn es sich um eine Filialapotheke der Bahnhof-Apotheke in Stuttgart handelt und die Bahnhof-Apotheke in Stuttgart schon wesentlich länger existiert als die Bahnhof-Apotheke in Esslingen. Die Filialapotheke in einer anderen politischen Gemeinde (Esslingen) kann sich firmenrechtlich nicht auf eventuelle ältere Firmenrechte ihrer Hauptapotheke aus Stuttgart beziehen. Umgekehrt könnte aber auch dann, wenn die „Bahnhof-Apotheke" Esslingen älter ist als die „Bahnhof-Apotheke" in Stuttgart der Inhaber der Esslinger „Bahnhof-Apotheke" keine firmenrechtlichen Unterlas-

---

[152]   Vgl. Bokelmann, in: Münchener Kommentar zum HGB, § 13 Rn. 23.

[153]   Vgl. BayOblG, DB 1995, 1456; Hopt, in: Baumbach/Hopt, § 13 HGB Rn. 10.

[154]   Vgl. BayOblG, DB 1995, 1456; Hopt, in: Baumbach/Hopt, HGB; § 13 HGB Rn. 11.

sungsansprüche gegen die „Bahnhof-Apotheke" in Stuttgart geltend machen, da die Firma wie gezeigt nur ortsbezogen wirkt.[155]

Denkbar ist auch, dass es durch Eingemeindungen oder durch langjährige Duldung in einer politischen Gemeinde zwei gleich firmierende Apotheken gibt. Wenn diese nun beabsichtigen, in der Gemeinde eine identisch firmierende Filialapotheke zu eröffnen, kann der jeweils andere Apothekeninhaber firmenrechtliche Unterlassungsansprüche geltend machen. Das firmenrechtliche Interesse, weitere verwechslungsfähige Firmen zu verhindern, hat Vorrang vor dem Bedürfnis des Apothekenbetreibers, seine Filialapotheke unter der Firma seiner Hauptapotheke im Rechtsverkehr auftreten zu lassen. Die firmenrechtlichen Unterlassungsansprüche stehen dem Inhaber einer Apotheke jedoch nur zu, wenn die Firma im Handelsregister eingetragen ist.[156]

bb)   Anspruch aus §§ 5 Abs. 1 und Abs. 2, 15 Abs. 2 und Abs. 5 MarkenG

§§ 5 Abs. 1 und Abs. 2, 15 Abs. 2 und Abs. 5 MarkenG, die den Schutz des Unternehmenskennzeichens regeln, kennen solche Beschränkungen grundsätzlich nicht. Sie haben den Vorteil, dass der Schutzbereich nicht wie bei §§ 37 Abs. 2, 30 HGB auf den Ort einer politischen Gemeinde beschränkt ist. Auch die Eintragung im Handelsregister ist nicht erforderlich.[157] Alleine die Benutzung des Kennzeichens im geschäftlichen Verkehr, beispielsweise auf Briefbögen oder in Werbeanzeigen, reicht, um den kennzeichenrechtlichen Schutz entstehen zu lassen.

Der räumliche Schutzbereich einer unterscheidungskräftigen Unternehmensbezeichnung erstreckt sich im Grundsatz auf das gesamte Bundesgebiet.[158] Ist

---

[155]   Vgl. hierzu auch ausführlich Kieser/Leinekugel, Firmenrechtliche Behandlung, ApoR 2004, 33 ff.; Kieser/Leinekugel, Firma und Unternehmenskennzeichen, DAZ 2004, 737 ff.

[156]   Vgl. Hopt, in: Baumbach/Hopt, HGB, § 30 HGB Rn. 6; Ammon, in: Röhricht/von Westphalen, § 30 HGB Rn. 7; Hüffer, in: Staub, § 30 HGB Rn. 12; Lieb, in: Münchener Kommentar zum HGB, § 30 HGB Rn. 11.

[157]   Vgl. BGH GRUR 1954, 271, 273; Ströbele/Hacker, Markengesetz, 7. Aufl. 2003, § 5 MarkenG Rn. 26 und 41.

[158]   Vgl. BGH GRUR 1995, 754, 757; BGH GRUR 1961, 535, 537; Ströbele/Hacker, Markengesetz, § 5 MarkenG Rn. 76; Ingerl/Rohnke, Markengesetz, 2. Aufl. 2003, § 5 MarkenG Rn. 13; Gruber, in: von Schultz, Markenrecht, 2002, § 5 MarkenG Rn. 28.

der Geschäftsbetrieb von Natur aus räumlich beschränkt, kommt eine Einschränkung dieses Grundsatzes in Betracht. Die Rechtsprechung ist bisher bei Unternehmenskennzeichen von Apotheken von einem räumlich begrenzten Schutzbereich ausgegangen.[159] Das KG Berlin beschränkte den Schutzbereich in einer Großstadt sogar nur auf den Stadtteil, in dem die Apotheke betrieben wurde und die unmittelbar angrenzenden Bereiche.[160] Demgegenüber hat das Oberlandesgericht Karlsruhe in einer älteren Entscheidung den Schutzbereich weiter gezogen und auch einen Stadtteilzusatz bei einer Apotheke nicht ausreichen lassen, um eine Verwechslungsgefahr auszuschließen.[161]

Die Gesetzeslage seit dem 01.01.2004 erfordert eine Neubeurteilung. Apotheken sind nicht mehr per se in ihrer Tätigkeit räumlich auf ihr lokales Umfeld beschränkt. Sie können im selben Kreis oder im benachbarten Kreis bis zu drei Filialapotheken eröffnen. Sie können auch, wenn sie eine Versandhandelserlaubnis beantragen, im Wege des Versandes bundesweit tätig werden. Die Prämisse, dass eine Apotheke ein nur örtlich wirkendes Unternehmen ist, lässt sich damit nicht mehr halten. Gerade einer Apotheke, die eine Versandhandelserlaubnis beantragt hat und Arzneimittel versendet, wird man einen bundesweiten Schutz des gewählten Unternehmenskennzeichens nicht absprechen können. Demgegenüber führt nach hier vertretener Auffassung alleine die Eröffnung einer Filialapotheke nicht dazu, dass sich der Schutz des gewählten, mit dem Kennzeichen der Hauptapotheke identischen Kennzeichens automatisch auf den gesamten Landkreis und den benachbarten Landkreis, in dem Filialapotheken eröffnet werden könnten, ausdehnt. Sofern keine Versandhandelserlaubnis beantragt wurde, haben die Hauptapotheke und die Filialapotheke(n) nur einen örtlichen Bezug und ein örtlich begrenztes Einzugsgebiet. Sie treten vornehmlich dem Endverbraucher, der entweder in der Nähe arbeitet, wohnt, Einkäufe erledigt oder einen Arzt besucht, entgegen. Hieran ändert auch der Umstand, dass die Apotheken nach § 12a Abs. 1 ApoG Versorgungsverträge mit Alten- und Pflegeheimen in einem größeren Umkreis schließen können und auch Krankenhausversorgungsverträge nach § 14 ApoG in einem größeren räumlichen Bereich möglich sind, nichts. Denn auch wenn eine Apotheke von dieser Möglichkeit Gebrauch macht, liegt der Schwerpunkt

---

159 Vgl. KG, Gewerbearchiv 2000, 257; OLG Karlsruhe, WRP 1974, 422 f.; OLG Nürnberg, WRP 1971, 334, 335.

160 Vgl. KG, Gewerbearchiv 2000, 257.

161 Vgl. OLG Karlsruhe, WRP 1974, 422 f.; dazu auch Kieser/Leinekugel, Firmenrechtliche Behandlung, ApoR 2004, 33 ff.

einer Apotheke doch regelmäßig in der Versorgung der Endverbraucher vor Ort.

Kennzeichenrechtlich ist die Wahl des Namens einer neu zu eröffnenden Filialapotheke nicht anders zu bewerten als bei der Eröffnung einer Hauptapotheke. Die allgemeinen kennzeichenrechtlichen Regelungen gelten fort, so dass das Unternehmenskennzeichen primär nicht mit einem gleichlautenden oder verwechslungsfähigen Kennzeichen im räumlich beschränkten Schutzbereich kollidieren darf. Dies bedeutet, dass der Inhaber einer älteren, gleichnamigen Apotheke gegen den Apotheker, der die Eröffnung einer Apotheke im räumlichen Schutzbereich der älteren Apotheke plant, nicht nur firmenrechtlich, sondern auch kennzeichenrechtlich vorgehen kann.

Wird die Eröffnung in einer Stadt erwogen, in der es eine Apotheke mit diesem Kennzeichen noch nicht gibt, ist ferner zu beachten, dass Unternehmenskennzeichen von Apotheken vor Ort nicht die einzigen Kennzeichen sind, mit denen der Name einer neu zu eröffnenden Apotheke kollidieren kann. Erwähnt worden ist schon, dass Versandapotheken grundsätzlich bundesweiten Kennzeichenschutz genießen. Bedient sich eine Versandapotheke schon des Kennzeichens, das für die Eröffnung der neuen Apotheke geplant war, kann die Versandapotheke die Nutzung dieses Kennzeichens gegebenenfalls verhindern. In diesem Fall findet nach der Rechtsprechung des Bundesgerichtshofs[162] eine Interessenabwägung der Parteien statt. Einschlägige Entscheidungen zum Verhältnis des Kennzeichens der bundesweit tätigen Versandapotheke und der nur vor Ort tätigen Apotheke existieren naturgemäß noch nicht.

Für die Geltendmachung von Unterlassungsansprüchen reicht grundsätzlich die sogenannte Begehungsgefahr aus, d.h. der Apotheker muss die älteren Kennzeichenrechte noch nicht verletzen, es muss aber die konkrete Gefahr drohen, dass dies geschieht. Alleine die Möglichkeit, eine gleich firmierende Filialapotheke an einem anderen Ort zu eröffnen oder eine Versandhandelserlaubnis zu beantragen, reicht richtigerweise für die Annahme einer Begehungsgefahr aber nicht aus. Andernfalls drohten tausende von Unterlassungsprozessen, da jede Apotheke zumindest theoretisch die Möglichkeit hat, eine Versandhandelserlaubnis zu beantragen und Versandhandel zu betreiben bzw. eine Filialapotheke zu eröffnen.

Vor Eröffnung einer Filialapotheke ist es folglich empfehlenswert, in Erfahrung zu bringen, ob es eine Versandapotheke mit einem gleichlautenden Kennzeichen gibt. Ist dies der Fall, empfiehlt es sich, von dem geplanten Kennzeichen Abstand zu nehmen. Andernfalls droht eine gerichtliche Auseinandersetzung mit offenem Ausgang. Darüber hinaus kann das favorisierte Kennzeichen auch als Marke für einen anderen Apotheker eingetragen sein. Eine eingetra-

---

162   BGB GRUR 1991, 155, 156.

gene Marke hat bundesweiten Schutz. Der Markeninhaber kann aus der eingetragenen Marke gegen eine jedwede Neueröffnung – auch die Eröffnung einer
Filialapotheke – mit Erfolg vorgehen und Unterlassung verlangen. Vor der
Investition weiterer Mittel in das Kennzeichen einer Apotheke sollte daher die
kennzeichenrechtliche Situation abgeklärt werden.[163]

2.3.2 Laufender Betrieb

a) Apothekenrechtliche Überwachung

aa) Gegenstand der Überwachung

Die behördliche Überwachung der Apotheken ist in den §§ 64 ff. AMG geregelt. Gemäß § 64 Abs. 1 Satz 1 AMG unterliegen die Betriebe und Einrichtungen, in denen Arzneimitteln hergestellt, geprüft, gelagert, verpackt oder in den
Verkehr gebracht werden insoweit der behördlichen Überwachung. Der Begriff des Betriebs i.S.d. § 64 AMG ist weit auszulegen. Er erfasst alle gewerblichen Niederlassungen[164]. Daher sind Filialapotheken als Betriebe im Sinne
des § 64 Abs. 1 AMG anzusehen.
Sachlicher Gegenstand der Überwachung ist gemäß § 64 Abs. 3 AMG die
Einhaltung der Vorschriften über den Verkehr mit Arzneimitteln, über die
Werbung auf dem Gebiet des Heilwesens und über das Apothekenwesen.

bb) Zuständigkeit

Die sachliche Zuständigkeit der Apothekenüberwachungsbehörde ergibt sich
wiederum aus den jeweiligen Zuständigkeitsverordnungen der Länder. Nach
den einschlägigen landesrechtlichen Bestimmungen ist grundsätzlich die Behörde sachlich zuständig, die die Erlaubnis erteilt hat.
Zu einem Auseinanderfallen zwischen der Erlaubnisbehörde und der Überwachungsbehörde kann es jedoch aufgrund der örtlichen Zuständigkeit kommen.

---

163   Vgl. zu den Problemen auch Kieser/Leinekugel, Firmenrechtliche
       Behandlung, ApoR 2004, 33 ff.; Kieser/Leinekugel, Firma und Un-
       ternehmenskennzeichen, DAZ 2004, 737 ff.

164   Vgl. Sander, Arzneimittelrecht, Kommentar, Stand: 2003, § 64 AMG
       Anm. 2; Deutsch/Lippert, Kommentar zum Arzneimittelgesetz
       (AMG), 2000, § 64 AMG Rn. 5.

Während sich die örtliche Zuständigkeit für die Erlaubniserteilung aufgrund der bundesrechtlich vorgegebenen Einheitlichkeit der Betriebserlaubnis nach dem Sitz der Hauptapotheke bestimmt, fehlt es hinsichtlich der Überwachung an einer entsprechenden vorrangigen Bestimmung. Demzufolge ist für die Überwachung der Filialapotheke gemäß § 3 Abs. 1 Nr. 1 LVwVfG jeweils die Behörde zuständig, in deren Bezirk sich die Filialapotheke befindet.

cc) Eingriffsermächtigungen

Nach der Generalklausel des § 69 Abs. 1 AMG sind die Überwachungsbehörden befugt, die zur Beseitigung festgestellter Verstöße und die zur Verhütung künftiger Verstöße notwendigen Anordnungen zu treffen. Die Auswahl der geeigneten Maßnahme liegt im pflichtgemäßem Ermessen der Überwachungsbehörde. Adressat behördlicher Anordnungen ist der Betreiber als Träger der Apothekenbetriebe.[165]

Zur Feststellung von Verstößen sehen § 64 Abs. 3 bis Abs. 6 und § 65 AMG umfangreiche Ermittlungsbefugnisse vor. Nach § 66 Satz 1 AMG ist derjenige, der der Überwachung nach § 64 Abs. 1 AMG unterliegt, verpflichtet, die Maßnahmen nach den §§ 64 und 65 AMG zu dulden und die in der Überwachung tätigen Personen bei der Erfüllung ihrer Aufgaben zu unterstützen, insbesondere Auskünfte zu erteilen, etc. Diese Person ist jeweils der Betreiber.[166]

Ein direkter behördlicher „Zugriff" auf den Filialleiter scheidet demgegenüber aus. Denn nach § 66 Satz 2 AMG trifft die Verpflichtung nach § 66 Satz 1 AMG neben dem Betreiber nur den Herstellungsleiter, Kontrollleiter, Vertriebsleiter, Stufenplanbeauftragten, Informationsbeauftragten und Leiter der klinischen Prüfung sowie deren Vertreter. Der vom Betreiber mehrerer Apotheken benannte Verantwortliche ist in § 66 Satz 2 ApoG nicht genannt. Der Filialleiter ist deshalb nicht zur Auskunft, etc. gegenüber den Überwachungsbehörden verpflichtet.[167].

---

[165] Vgl. Sander, Arzneimittelrecht, § 69 AMG Anm. 2 und 4.

[166] Vgl. Kloesel/Cyran, Arzneimittelrecht, § 66 AMG Anm. 1.

[167] § 64 Abs. 1 Satz 3 AMG bezieht sich nur auf selbständig Tätige, so dass auch diese Bestimmung als Rechtsgrundlage für direkte Maßnahmen und Mitwirkungspflichten des Filialleiters ausscheidet, vgl. zum ganzen Sander, Arzneimittelrecht, § 64 AMG Rn. 3 und 13.

b) Arbeitsrecht

aa) Filialleiter

Arbeitsvertragsrechtlich[168] ist in Zusammenhang mit Filialleitern vor allem von Interesse, ob bislang in Apotheken angestellte Apotheker zur Übernahme einer Filialleitung verpflichtet sind. Da es Verantwortliche für Filialapotheken bislang nicht gab, ist die Verpflichtung zur Übernahme einer Filialleitung in bestehenden Arbeitsverträgen mit approbierten Apothekern in der Regel nicht ausdrücklich geregelt. Es findet sich bei der Beschreibung der Aufgaben eines approbierten Apothekers allenfalls die Verpflichtung, den Apothekeninhaber vorübergehend als Apothekenleiter zu vertreten.

Was ein approbierter Apotheker nach seinem Arbeitsvertrag schuldet, muss deshalb durch Auslegung des Arbeitsvertrags ermittelt werden. Ergibt sich aus dem Arbeitsvertrag nur, dass eine Tätigkeit als „approbierter Apotheker" geschuldet ist, können sämtliche Arbeiten zugewiesen werden, die sich innerhalb des Berufsbilds halten. Es stand daher bisher außer Frage, dass ein als approbierter Apotheker eingestellter Mitarbeiter auch ohne ausdrückliche Regelung im Arbeitsvertrag mit der Vertretung des Apothekenleiters beauftragt werden konnte. Da Arbeitnehmer keinen Anspruch darauf haben, dass die von ihnen vertraglich geschuldete Tätigkeit nur einen Teil ihrer Arbeitszeit ausmacht und vorübergehend bleibt, muss ein Mitarbeiter, der verpflichtet ist, den Apotheker zu vertreten, auch verpflichtet sein, dies dauerhaft in der Form zu tun, dass er die Verantwortung für eine Filialapotheke übernimmt.

Zweifelhaft könnte allerdings noch sein, ob der Arbeitsort einseitig geändert werden kann. Dabei sind zwei Fallgestaltungen zu unterscheiden. Fehlt eine ausdrückliche Regelung des Arbeitsortes, wird die Auslegung des Arbeitsvertrags regelmäßig ergeben, dass der Mitarbeiter für den Betrieb des Apothekers - meist eine namentlich ausdrücklich bezeichnete Apotheke - eingestellt ist. Da es bisher die Möglichkeit der Einrichtung von Filialapotheken nicht gab, wird sich im Vertrag keine Versetzungsklausel finden. Der für die Filialleitung vorgesehene approbierte Apotheker wird daher möglicherweise einwenden, er schulde seine Tätigkeit nur in der Hauptapotheke.

Ein solcher Einwand wäre jedoch nicht berechtigt. Auch ohne entsprechenden Vorbehalt kann ein Arbeitgeber kraft allgemeinen Direktionsrechts einen Arbeitnehmer an einen anderen Arbeitsort versetzen, wenn der Arbeitnehmer diesen ohne größere Schwierigkeiten erreichen kann. Das ist insbesondere dann anzunehmen, wenn Arbeitnehmer innerhalb von Filialunternehmen von

---

[168]   Zum arbeitsrechtlichen Status des Filialleiters siehe auch S. 132 ff.

einem Geschäft in ein anderes, räumlich nicht sehr weit entferntes Geschäft versetzt werden.[169] Da Filialapotheken nach § 2 Abs. 4 Nr. 2 ApoG nur innerhalb desselben Kreises oder derselben kreisfreien Stadt oder in einander benachbarten Kreisen oder kreisfreien Städten liegen dürfen, dürften diese Voraussetzungen im Allgemeinen gegeben sein. Dessen ungeachtet ist es eine Frage des Einzelfalles, ob das Erreichen der Filiale ohne größere Schwierigkeiten möglich ist oder nicht.

Anders zu beurteilen ist die zweite Fallgruppe der Verträge, in denen ausdrücklich ein Arbeitsort, etwa eine Stadt, genannt ist. Die einseitige Zuweisung der Pflicht zur Übernahme der Verantwortung für eine Filialapotheke ist dann ausgeschlossen, wenn die Filialapotheke jenseits der Grenzen dieses Ortes liegt. Wer seinem approbierten Apotheker versprochen hat, dass sein Arbeitsort Stuttgart ist, kann ihm die Verantwortung für eine Filialapotheke außerhalb von Stuttgart nicht einseitig zuweisen, sondern muss den Arbeitsvertrag einvernehmlich ändern bzw. eine Änderungskündigung aussprechen. Eine Änderungskündigung ist nur nach Maßgabe des Kündigungsschutzgesetzes unter Einhaltung der Kündigungsfrist möglich.

bb)   Sonstiges Personal

(1)   Einstellung

Auch wenn neben einer Hauptapotheke eine oder mehrere Filialapotheken betrieben werden, bleibt doch Arbeitgeber der Betreiber. Weder Hauptapotheke noch Filialapotheken sind rechtlich selbstständig. Rechtsträger des Unternehmens sind vielmehr der oder im Falle einer OHG die Betreiber.

Bisher wurden Mitarbeiter vom Betreiber der Apotheke für seine (einzige) Apotheke eingestellt. In Zukunft stellt sich die Frage, ob eine solche Einstellung für die Hauptapotheke, eine oder mehrerer Filialapotheken oder für sämtliche – möglicherweise noch zu gründende – Apotheken des Betreibers erfolgen soll. Die Verpflichtung zur Angabe des Arbeitsorts entweder im Arbeitsvertrag oder in einer Niederschrift der wesentlichen Bedingungen des Arbeitsverhältnisses ergibt sich aus § 2 Abs. 1 Nr. 4 des Nachweisgesetzes. Als Arbeitsort kann ein bestimmter Betrieb oder aber auch eine politische Gemeinde genannt werden. Denkbar ist daher eine Einschränkung im Arbeitsvertrag dahin, dass die Einstellung nur für eine konkret zu bezeichnende (Filial-)Apotheke oder aber für eine bestimmte Gemeinde - ohne Rücksicht darauf, wo sich die Apotheke befindet oder ob dort mehrere Apotheken des Inhabers vorhanden sind - erfolgt. Im zweiten Fall ist eine einseitige Zuweisung einer

---

169   Preis, Der Arbeitsvertrag, 2002, II D 30 Rn. 105.

Tätigkeit in einer anderen Apotheke des Arbeitgebers außerhalb der im Arbeitsvertrag genannten politischen Gemeinde nicht möglich. Apotheker, die außerhalb einer politischen Gemeinde - sei es innerhalb des Landkreises oder in angrenzenden Landkreisen - weitere Apotheken betreiben, müssen daher überlegen, ob sie eine Versetzungsklausel vereinbaren, die ihnen die Versetzung von Mitarbeitern zu einer anderen Apotheke erlaubt. Wenn das geschieht, führt dies allerdings zu nachteiligen Folgen im Fall von betriebsbedingten Kündigungen.

(2)   Kündigungen

Auf Kleinbetriebe ist das Kündigungsschutzrecht nur eingeschränkt anzuwenden. Seit dem 01.01.2004 ist die Schwelle für neu gegründete Arbeitsverhältnisse auf zehn Arbeitnehmer erhöht worden. Damit stellt sich die Frage, ob bei der Feststellung der Anzahl der Arbeitnehmer auf alle Apotheken oder auf die einzelne Haupt- bzw. Filialapotheke abzustellen ist. Im zweiten Fall könnte der Betreiber einer Apotheke das Eingreifen des allgemeinen Kündigungsschutzes verhindern, indem er dafür sorgt, dass pro (Filial-)Apotheke höchstens zehn Arbeitnehmer beschäftigt werden. Entscheidend ist, ob die Filialapotheke als unselbstständiger Betriebsteil der Hauptapotheke anzusehen ist oder ob sie einen eigenen Betrieb im Sinne von § 23 Abs. 1 KSchG darstellt.

Filialen sind regelmäßig nur unselbständige Betriebsteile, wenn sie im Rahmen einer einheitlichen Gesamtorganisation betrieben, d.h. einem einheitlichen Leitungsapparat unterliegen, ohne dass bei ihnen selbst wesentliche arbeitsrechtliche Befugnisse angesiedelt sind.[170] Dabei schadet es noch nicht einmal, wenn sich die Filialen nicht in der gleichen Stadt befinden, sondern über das Bundesgebiet verteilt sind, sofern die Entfernung trotzdem noch eine zentrale Lenkung erlaubt.[171] Da Filialapotheken innerhalb desselben Kreises oder derselben kreisfreien Stadt wie die Hauptapotheke oder in einander benachbarten Kreisen oder kreisfreien Städten liegen müssen, wird die Entfernung immer eine zentrale Leitung zulassen. Die Eingrenzung auf maximal vier Apotheken und zusätzlich auf einen Kreis oder benachbarten Kreis ist vom Gesetzgeber deshalb als notwendig angesehen worden, um dem Betreiber der Apotheke eine persönliche und effektive Kontrolle der Filialapotheken zu ermöglichen. Damit soll die persönliche Verantwortung des Apothekers für die Haupt- und alle Filialapotheken weiter möglich sein. Schließlich bleibt auch der Betreiber der Apotheken neben dem Filialleiter nach § 2 Abs. 2 ApBetrO für die Ein-

---

[170]   BAG v. 18.01.1990 AP Nr. 9 zu § 23 KSchG 1969.

[171]   BAG v. 25.11.1993 AP Nr. 3 zu § 15 KSchG 1969.

haltung der zum Betrieb von Apotheken geltenden Vorschriften verantwortlich. Das alles spricht dafür, dass Filialapotheken nur der Hauptapotheke zuzu-
ordnende Betriebsteile sind.

Dessen ungeachtet stellt sich die Frage, ob die Filialapotheken nicht so ausgestaltet werden können, dass sie auch im Sinne des Kündigungsschutzgesetzes
als selbstständiger Betrieb und nicht Betriebsteil anzusehen sind. Dabei muss
berücksichtigt werden, dass der Betriebsbegriff im Kündigungsschutzgesetz
zweckgerichtet auszulegen ist. Arbeitgebern soll es nicht möglich sein, durch
eine Zergliederung in kleine Betriebseinheiten den Kündigungsschutz zu min-
dern.[172] Das Bundesverfassungsgericht hat eine verfassungskonforme Auslegung des Betriebsbegriffs dahin vorgenommen, dass ein Betrieb im Sinne des
Kündigungsschutzgesetzes nur solche Einheiten sein können, für deren Schutz
die Kleinbetriebsklausel bestimmt ist.[173]. Nach Auffassung des Bundesarbeitsgerichts ändert diese Auslegung allerdings nichts daran, dass organisatorisch verselbständigte Einheiten, in denen der Arbeitgeber bestimmte arbeitstechnische Zwecke verfolgt, weiter als eigenständige Betriebe angesehen
werden können.[174] Auch Filialen können Betriebe sein, wenn ein Leiter vorhanden ist, der auf Grund eigenen Budgets selbst über wichtige Fragen wie
Einkauf, Personalführung und Werbung entscheiden kann.[175] Gerade diese
Voraussetzungen dürften im Regelfall aber fehlen. Die Filialapotheke verfolgt
keinen anderen arbeitstechnischen Zweck als die Hauptapotheke. Nur selten
wird der Betreiber der Apotheke dem Verantwortlichen für die Filialapotheke
ein eigenes Budget und wichtige Entscheidungsbefugnisse einräumen wollen.
Die bloße apothekenrechtliche Verpflichtung zur Beaufsichtigung des pharmazeutischen Personals bei der Abgabe von Arzneimitteln reicht für sich genommen zur Begründung, dass ein eigenständiger Betrieb der Filialapotheke
vorliegt, nicht aus. Nur ausnahmsweise dürfte demnach ein Kleinbetrieb im
Sinne von § 23 Abs. 1 KSchG vorliegen, in dem Kündigungen keiner sozialen
Rechtfertigung nach § 1 Abs. 2 KSchG bedürfen.

Wenn die Filialapotheken mit der Hauptapotheke einen einzigen Betrieb im
Sinn des Kündigungsschutzgesetzes bilden, wirkt sich das auch auf die Sozial-

---

[172]   Preis, Der Kündigungsschutz nach dem „Korrekturgesetz", RdA
        1999, 311, 314.

[173]   BVerfG v. 27.01.1998 AP Nr. 17 zu § 23 KSchG 1969.

[174]   BAG v. 12.11.1998 AP Nr. 20 zu § 23 KSchG 1969.

[175]   Moll, in: Großkommentar zum Kündigungsrecht, 2000, § 23 KSchG
        Rn. 13.

auswahl nach § 1 Abs. 3 KSchG aus. Diese Sozialauswahl hat sich auf den gesamten Betrieb zu erstrecken, d. h. der zu kündigende Mitarbeiter einer Filialapotheke kann sich auf die Vergleichbarkeit mit anderen Mitarbeitern in der Haupt- oder einer anderen Filialapotheke berufen. Etwas anderes gilt nur dann, wenn der Arbeitsvertrag einen Austausch nicht zulässt. Das ist insbesondere dann anzunehmen, wenn der Arbeitsvertrag keine Versetzungsklausel enthält und dem Mitarbeiter ein Arbeitsort zusagt, der eine einseitige Versetzung in andere (Filial-)Apotheke nicht erlaubt. Es muss daher gut überlegt werden, ob allgemeine Versetzungsklauseln in die Arbeitsverträge aufgenommen werden. Sie führen im Falle der betriebsbedingten Kündigung dann zu einer apothekenübergreifenden Sozialauswahl.

Arbeitnehmern, deren Arbeitsplatz betriebsbedingt wegfällt, müssen vorhandene freie Arbeitsplätze angeboten werden, auf denen eine Weiterbeschäftigung möglich ist. Das gilt nach § 1 Abs. 2 Satz 3 KSchG sogar dann, wenn die Weiterbeschäftigung auf dem freien Arbeitsplatz erst nach dem Arbeitgeber zumutbaren Umschulungs- oder Fortbildungsmaßnahmen und nur unter geänderten Arbeitsbedingungen möglich ist. Die Prüfung der Weiterbeschäftigung auf einem freien Arbeitsplatz erstreckt sich unternehmensweit, d. h. sie macht nicht an den Grenzen der (Filial-)Apotheke halt. Die betriebsbedingte Kündigung eines Mitarbeiters einer Filialapotheke ist daher unwirksam, wenn in einer anderen Filialapotheke oder in der Hauptapotheke ein zur Weiterbeschäftigung in Betracht kommender freier Arbeitsplatz vorhanden ist.

cc) Betriebsverfassungsrecht

Auch im Hinblick auf das Betriebsverfassungsrecht ist die Frage von Bedeutung, ob es sich bei den Filialapotheken um Betriebsteile oder eigene betriebsratsfähige Betriebe handelt. Da die Filialapotheken nur innerhalb desselben Kreises oder derselben kreisfreien Stadt oder in einander benachbarten Kreisen oder kreisfreien Städten errichtet werden dürfen, ist die Filialapotheke nie räumlich weit vom Hauptbetrieb entfernt. Räumlich nahe Betriebsteile werden nach § 4 Abs. 1 S. 1 Nr. 1 BetrVG dem Hauptbetrieb zugeordnet und sind nicht selbst betriebsratsfähig.

Die theoretisch denkbare Alternative des § 4 Abs. 1 S. 1 Nr. 2 BetrVG, dass ein Betriebsteil durch Aufgabenbereich und Organisation eigenständig ist, scheidet bei Filialapotheken aus. Ein eigenständiger Aufgabenbereich ist nämlich nur dann anzunehmen, wenn der mit dem Betriebsteil verfolgte Zweck sich fachlich von dem Zweck des Gesamtbetriebs abhebt, er im Verhältnis zu diesem also fachfremd ist.[176] Filialapotheken verfolgen aber denselben Zweck wie die Hauptapotheke und sind nicht fachfremd. Betriebsratsfähig ist ein Betriebsteil nur dann, wenn er räumlich und organisatorisch abgrenzbar ist.[177] Eine Filialapotheke wird immer räumlich von der Hauptapotheke abgegrenzt sein. Ausschlaggebend ist daher die organisatorische Selbständigkeit. Entscheidend ist dafür, ob ein einheitlicher Leitungsapparat besteht, wobei auf die betriebsverfassungsrechtlich bedeutsamen Leitungsbefugnisse abzustellen ist. Ein eigenständiger Betrieb liegt nur dann vor, wenn die Entscheidungen in personellen und sozialen Angelegenheiten im Wesentlichen der Leitung der einzelnen (Filial-) Apotheke überlassen wurden.[178] Das dürfte nur ausnahmsweise der Fall sein.

Regelmäßig bilden daher die Filialapotheken zusammen mit der Hauptapotheke einen einzigen Betrieb verbunden mit der Konsequenz, dass – sofern überhaupt ein Betriebsrat errichtet wird – dieser einheitlich für den Hauptbetrieb und die nahegelegenen Betriebsteile gebildet werden muss.

dd) Tarifvertragsrecht

Tarifverträge sind auf Arbeitsverhältnisse nur anzuwenden, wenn eine beiderseitige Tarifgebundenheit besteht, eine vertragliche Bezugnahme erfolgt oder der entsprechende Tarifvertrag allgemeinverbindlich erklärt ist. Letzteres trifft für den Bundesrahmentarif für Apothekenmitarbeiter nicht zu. Eine Tarifbindung des Arbeitgebers setzt dessen Mitgliedschaft im Arbeitgeberverband Deutscher Apotheken bzw. der diesem Verband angehörenden Landesapothekerverbände voraus. Die Tarifgebundenheit knüpft also an das Unternehmen und nicht den Betrieb an. Der tarifgebundene Betreiber mehrerer Apotheken kann daher nicht zwischen der Hauptapotheke und einzelnen Filialapotheken im Hinblick auf den Tarifvertrag unterscheiden. Die Inhaltsnormen eines Tarifvertrages wirken vielmehr unmittelbar und zwingend auf alle Arbeitsverhältnisse ein, deren Arbeitnehmer Mitglied im Bundesverband der Angestellten in Apotheken sind, ohne Rücksicht darauf, ob es sich um Angestellte in einer Hauptapotheke oder einer Filialapotheke handelt. Tarifgebundene Apotheker vereinbaren üblicherweise in den Arbeitsverträgen mit allen Mitarbei-

---

176   Vgl. Richardi, Betriebsverfassungsgesetz, Kommentar, 8. Aufl. 2002, § 4 BetrVG Rn. 25; Fitting, BetrVG, Kommentar, 21. Aufl. 2002, § 4 BetrVG Rn. 9.

177   Vgl. etwa BAG v. 29.01.1992 AP Nr. 7 zu § 1 BetrVG 1972; Richardi, Betriebsverfassungsgesetz, § 4 BetrVG Rn. 10.

178   BAG v. 23.09.1982 AP Nr. 3 zu § 4 BetrVG 1972.

tern ohne Rücksicht auf deren Tarifbindung vertraglich die Geltung des Bundesrahmentarifvertrags. Das muss dann unter Berücksichtigung des Gleichbehandlungsgrundsatzes für die in der Hauptapotheke eingestellten Mitarbeiter in gleicher Weise wie für die für Filialapotheken eingestellten Mitarbeiter gelten.

c)   Wettbewerbsrecht

aa)   Allgemeine Grundlagen

Apothekenketten unterliegen grundsätzlich denselben wettbewerbsrechtlichen Anforderungen wie die bisherige Einzelapotheke. Die verschiedenen zulässigen, unzulässigen oder problematischen Werbemaßnahmen darzustellen, ist im Rahmen dieser Abhandlung nicht möglich.[179] Das Apothekenunternehmen bestehend aus der Hauptapotheke und bis zu drei Filialapotheken kann grundsätzlich gemeinsam Werbung betreiben oder ein gemeinsames Bonussystem etablieren. Bei einer Gemeinschaftswerbung ist darauf zu achten, dass getroffene Werbeaussagen für alle Teilbetriebe des Apothekenunternehmens zutreffen.

Besondere Vorsicht ist daher bei Superlativwerbung oder Altersangaben geboten. Wird das Apothekenunternehmen allgemein als größte oder älteste Apotheke beworben, sollte dies für sämtliche Teilbetriebe zutreffen. Andernfalls besteht die Gefahr, dass eine solche Werbung als irreführend und Verstoß gegen § 3 UWG beanstandet wird. Werden in einem Werbeflyer oder einer Zeitungsanzeige Produkte angepriesen, sind diese in allen Teilbetrieben in ausreichender Menge vorzuhalten, da ansonsten unzulässige Lockvogelangebote vorlägen.[180] Einer Irreführung könnte man nur dann entgehen, wenn für den informierten Verbraucher aus der Werbung durch deutliche Zusätze klar hervorgeht, dass bestimmte Produkte nur in einem Teil des Apothekenunternehmens, also etwa nur in einer bestimmten Filialapotheke erhältlich sind. Schon um eine Verärgerung der Kunden zu vermeiden, sollte aber eine splittende Gemeinschaftswerbung vermieden werden.

Besondere Sorgfalt erfordert die Werbung mit beruflichen Qualifikationen. Diese ist zwar prinzipiell zulässig, aus einer Gemeinschaftswerbung muss sich aber für den Leser klar ergeben, in welcher Apotheke beispielsweise eine Mitarbeiterin mit einer kosmetischen Zusatzausbildung oder eine bestimmte

---

[179]   Vgl. zu verschiedenen zulässigen und unzulässigen Werbemaßnahmen auch Kieser, ABC der Apotheken-Werbung.

[180]   Vgl. etwa BGH GRUR 1999, 1011, 1012; Köhler/Piper, UWG, Kommentar, 3. Auflage 2002, § 3 UWG Rn. 404 m.w.N.

Fachapothekerin tätig ist. Gleiches gilt für das Angebot spezieller Dienstleistungen. Sofern Filialapotheken und Hauptapotheke unterschiedliche Angebote haben, empfiehlt es sich zur Vermeidung von Missverständnissen, von einer allgemeinen Gemeinschaftswerbung Abstand zu nehmen.

bb)   OTC-Arzneimittel

Sowohl Hauptapotheke als auch Filialapotheke haben eine besondere wettbewerbsrechtliche Sorgfalt walten zu lassen, wenn sie beabsichtigen, für OTC-Arzneimittel zu werben. Mit dem Wegfall der Preisbindung zum 01.01.2004 durch Einführung von § 1 Abs. 4 AMPreisV kann die Werbung für OTC-Arzneimittel Sinn machen. In einigen Kammerbezirken ist die Werbung für apothekenpflichtige Arzneimittel außerhalb der Apothekenbetriebsräume nach wie vor nicht gestattet.[181]

Auch bei vorläufiger Ausblendung des berufsrechtlichen Aspekts unterscheidet sich die Werbung für OTC-Arzneimittel maßgeblich von der Bewerbung des sonstigen Randsortiments. Die Notwendigkeit des Abdrucks von Pflichtangaben dürfte den Apothekern bekannt sein, wenn sie schon zuvor Werbung für frei verkäufliche Arzneimittel gemacht haben. Auch der notwendige Hinweise – sofern es sich nicht um eine Erinnerungswerbung handelt – „Zu Risiken und Nebenwirkungen fragen Sie bitte Ihren Arzt oder Apotheker" wird nicht neu sein. Allerdings verbietet das Heilmittelwerbegesetz (HWG) beispielsweise die Werbung für Arzneimittel, wenn der Apotheker in Berufskleidung beim Arzneimittelhandel abgebildet wird. Auch Preisausschreiben oder Verlosungen sind im Zusammenhang mit der Werbung für Arzneimittel unzulässig. Zudem darf für eine Vielzahl von OTC-Arzneimitteln außerhalb der Fachkreise gar nicht geworben werden, da sie sich auf die Erkennung, Verhütung oder Beseitigung bestimmter Krankheiten oder Leiden beziehen, die in der Anlage zum Heilmittelwerbegesetz genannt sind. Vielen Apothekern wird nicht bewusst sein, dass schon der Abdruck des Arzneimittelnamens ein Verstoß gegen § 12 HWG sein kann, wenn dieser Rückschlüsse auf die unter § 12 Abs. 1 HWG fallenden Anwendungsgebiete zulässt.[182] Auch die Abbildung einer Arzneimittelverpackung, auf der sich neben dem Namen noch ein Hinweis auf ein unter § 12 Abs. 1 HWG fallendes Anwendungsgebiet bezieht, ist unzulässig. Da Verstöße gegen das Heilmittelwerbegesetz regelmäßig wettbewerbswidrig

---

[181]   Zu der berufsrechtlichen Problematik vgl. S. 158 ff.

[182]   Vgl. BGH GRUR 1996, 806, 807; vgl. auch Bülow/Ring, HWG, Kommentar, 2. Auflage 2001, § 12 HWG Rn. 60.

im Sinne des § 1 UWG sind[183], können wettbewerbsrechtliche Unterlassungsansprüche geltend gemacht werden. Die Missachtung wettbewerbsrechtlicher
oder heilmittelwerberechtlicher Vorschriften stellen daneben regelmäßig einen
Verstoß gegen die Berufsordnung dar. Außerdem droht ein Ordnungswidrig-
keitenverfahren nach § 15 HWG.

cc) Wettbewerbsrechtliche Verantwortlichkeit

Bei Wettbewerbsverstößen kann der sogenannte Störer auf Unterlassung in
Anspruch genommen werden.

(1) Betreiber

Der Betreiber der Apothekenkette haftet wettbewerbsrechtlich für alle von ihm
betriebenen Apotheken, also auch für die wettbewerbliche Betätigung der
Filialapotheken. Hat der Betreiber der Hauptapotheke, dessen Verpflichtungen
nach § 7 Satz 2 ApoG auch bei Einsetzung der Apothekenleiter für die Filialapotheken unberührt bleiben, eine Werbemaßnahme, die sich als wettbewerbswidrig herausstellt, selbst beauftragt, ist dies von vornherein klar. Aber
auch dann, wenn ein Filialleiter oder nur eine einfache Angestellte ohne
Kenntnis und Duldung, eventuell sogar gegen den ausdrücklichen Willen des
Apothekenbetreibers eine Werbemaßnahme veranlasst hat, haftet der Betreiber
nach § 13 Abs. 4 UWG. Es handelt sich dabei um eine Erfolgshaftung ohne
Entlastungsmöglichkeit.[184] Es ist unerheblich, ob der Apothekenbetreiber
schuldhaft gehandelt hat oder nicht. Alleine das rechtswidrige Handeln eines
Angestellten begründet seine wettbewerbsrechtliche Haftung.[185]
Im Übrigen kann sich der Betreiber des Apothekenunternehmens auch nicht
darauf zurückziehen, dass eine Werbeagentur oder Druckerei entgegen seiner
Beauftragung oder ohne sein Wissen gehandelt habe und es deshalb zu einer
wettbewerbswidrigen Werbung gekommen sei. Auch hier greift § 13 Abs. 4

---

[183] Vgl. BGH GRUR 2001, 176, 177; GRUR 1999, 1128, 1129; GRUR
1991, 860, 862; Köhler/Piper, UWG, § 1 UWG Rn. 769; Bülow/Ring,
HWG, Einführung, Rn. 24 ff.

[184] Vgl. BGH GRUR 2000, 907, 909; Köhler/Piper, UWG, § 13 UWG
Rn. 38.

[185] Vgl. hierzu auch Köhler/Piper, UWG, § 13 UWG Rn. 38; Baum-
bach/Hefermehl, Wettbewerbsrecht, 22. Auflage 2001, § 13 UWG
Rn. 60.

UWG, der die wettbewerbswidrige Handlung ohne Rücksicht auf ein vorhandenes Verschulden zurechnet.

(2) Haftung von Angestellten

Wie dargestellt ist der Filialleiter nach §§ 2 Abs. 5 Nr. 2 ApoG, 2 Abs. 2 ApBetrO dafür verantwortlich, dass die Filialapotheke unter Beachtung der geltenden Vorschriften betrieben wird. Hierzu gehört grundsätzlich auch die Einhaltung des Wettbewerbsrechts und des Heilmittelwerberechts.[186] Diese apothekenrechtliche Verantwortlichkeit führt aber nicht dazu, dass der Filialapothekenleiter auch wettbewerbsrechtlich für alles, was in der Filialapotheke geschieht, haftet. § 13 Abs. 4 UWG dehnt die wettbewerbsrechtliche Haftung für Dritte nur auf Betriebsinhaber aus. Eine Übertragung auf den Filialleiter, der als solcher auch nicht mit einem Geschäftsführer vergleichbar ist, ist demgegenüber nicht vorgesehen. Hat dieser eine wettbewerbswidrige Handlung nicht selbst veranlasst oder zumindest geduldet, scheidet eine wettbewerbsrechtliche Verantwortlichkeit des Filialapothekenleiters aus. Wird der Filialleiter gleichwohl mit auf Unterlassung in Anspruch genommen und gelingt es dem Kläger, der die Beweislast hat, nicht darzulegen, dass sich der Filialapothekenleiter selbst schuldhaft wettbewerbswidrig verhalten hat, droht in diesem Fall eine teilweise Klageabweisung.

Neben dem Betriebsinhaber haftet deshalb grundsätzlich nur der oder die unmittelbar Handelnde wettbewerbsrechtlich auf Unterlassung. Verzichtet etwa eine Angestellte auf die Bezahlung der „Rezeptgebühr" nach §§ 31, 61 SGB V, handelt sie selbst wettbewerbswidrig und ist zur Unterlassung verpflichtet. Dies gilt unabhängig davon, ob sie aus eigenen Stücken oder auf verbindliche Anweisung des Filialapothekenleiters oder des Betreibers gehandelt hat. In der Praxis ist die persönliche wettbewerbsrechtliche Inanspruchnahme von Angestellten jedoch unüblich.

d) Berufsrecht

Apothekenunternehmen sind zukünftig nicht auf einen Kammerbezirk beschränkt. Es ist vielmehr möglich, dass sich beispielsweise die Hauptapotheke in Baden-Württemberg, eine Filialapotheke aber in Bayern befindet. Es stellt sich die Frage, wie sich eine solche Verteilung auf das Berufsrecht auswirkt.

---

[186] Vgl. Cyran/Rotta, Apothekenbetriebsordnung, § 2 Rn. 16; siehe auch S. 130 und S. 134.

aa) Kammermitgliedschaft bei kammerbezirksübergreifenden Apothekenunternehmen

Die Heilberufe-Kammergesetze der Länder und die hierauf basierenden Satzungen der Apothekerkammern knüpfen für ihre Mitgliedschaft regelmäßig an den Ort der Berufsausübung und/oder an den Wohnsitz des Apothekers an. Mitglieder der bayerischen Landesapothekerkammer sind alle zur Berufsausübung berechtigten Apotheker, die in Bayern als Apotheker tätig sind, oder ohne als Apotheker tätig zu sein, in Bayern ihre Hauptwohnung haben.[187] In Baden-Württemberg gilt Ähnliches.[188] Da es schon bisher durch die unterschiedlichen Anknüpfungspunkte (Wohnort und Berufsausübungsort) zu einer doppelten Mitgliedschaft kommen konnte, sehen die meisten Kammergesetze oder Satzungen der Apothekerkammern Öffnungsklauseln vor. So kann der Vorstand der Apothekerkammer Baden-Württemberg nach § 2 Abs. 3 des baden-württembergischen Heilberufe-Kammergesetzes ein Kammermitglied auf Antrag aus der Mitgliedschaft der Landesapothekerkammer Baden-Württemberg entlassen, wenn das Kammermitglied auch Mitglied einer anderen Apothekerkammer ist. § 3 Abs. 2 der Hauptsatzung der Landesapothekerkammer Baden-Württemberg enthält eine korrespondierende Regelung. Nach Art. 4 Abs. 3 Satz 2 i.V.m. Art. 59 Abs. 1 des bayerischen Heilberufe-Kammergesetzes können Apotheker, die Mitglied einer vergleichbaren Berufsvereinigung außerhalb Bayerns sind, ebenfalls auf Antrag von ihrer Mitgliedschaft entbunden werden. Allerdings sehen nicht alle Kammergesetze solche Öffnungsklauseln vor.[189]

Da die Mitgliedschaft in einer Kammer mit der Verpflichtung zur Beitragszahlung verbunden ist, sollte, wenn die Kammersatzungen bzw. die Heilberu-

---

187 Vgl. § 3 Abs. 1 Hauptsatzung der Bayerischen Landesapothekerkammer; Art. 4 i.V.m. Art. 59 Abs. 1 Heilberufe-Kammergesetz Bayern.

188 Vgl. § 2 Abs. 1 Ziff. 4 Heilberufe-Kammergesetz Baden-Württemberg; § 3 Abs. 1 Hauptsatzung der Landesapothekerkammer Baden-Württemberg.

189 So das Heilberufegesetz Thüringen, § 2, vgl. dazu auch Weppler, Thüringer Heilberufegesetz und Standesordnungen, 1995, § 2 Rn. 2, wobei § 3 Abs. 2 der Kammersatzung vorsieht, dass die Mitgliedschaft durch den Vorstand ausgesetzt wird, wenn eine Mitgliedschaft in einer anderen Kammer besteht. Demgegenüber sehen weder das Heilberufegesetz des Landes Nordrhein-Westfalen noch die Hauptsatzung der Apothekerkammer Nordrhein solche Aussetzungsmöglichkeiten oder Befreiungen vor.

fe-Kammergesetze dies vorsehen, bei einem kammerbezirksübergreifenden Apothekenunternehmen ein Antrag auf Entlassung aus einer Kammermitgliedschaft gestellt werden. Der Vorstand hat bei der Entscheidung jedoch grundsätzlich ein Ermessen.

Sehen Satzungen und Heilberufe-Kammergesetz eine solche Möglichkeit nicht vor, lehnt der Vorstand eine Entlassung ab oder wählt der Apotheker bewusst die Doppelmitgliedschaft, ist bei der Beitragsbemessung diese Doppelmitgliedschaft des Apothekenbetreibers zu berücksichtigen. Es wäre unangemessen, ihn bei mehreren Kammern zur Zahlung des vollen Kammerbeitrages heranzuziehen.[190]

Neben der Mehrfachmitgliedschaft in verschiedenen Apothekerkammern kommt es, da der Apothekenbetreiber jetzt verschiedene Betriebsstätten hat, auch zu einer mehrfachen Pflichtmitgliedschaft bei den Industrie- und Handelskammern.[191] Die Rechtsprechung hat bisher gebilligt, dass der Apotheker von der IHK zur Zahlung des Grundbeitrages von einem Viertel der Umlage herangezogen wird.[192] Wird der Apotheker nun durch die Eröffnung einer Filialapotheke in mehreren Kammerbezirken Pflichtmitglied auch bei der IHK, wird sich die Frage der Angemessenheit der Beitragsbemessung neu stellen.

bb)   Berufsrechtliche Probleme bei kammerbezirksüberschreitender Werbung

Die Berufsordnungen der Apothekerkammern enthalten teilweise sehr unterschiedliche Werbeverbote. Besonders deutlich tritt dies bei der Werbung für apothekenpflichtige Arzneimittel außerhalb der Apothekenbetriebsräume zutage. Die Berufsordnung in Bayern verbietet diese strikt, die Berufsordnung in Baden-Württemberg lässt eine solche Werbung hingegen zu. Zwar bestehen, nachdem der Gesetzgeber die Preisbindung für OTC-Arzneimittel bewusst aufgehoben hat, um den Wettbewerb zuzulassen[193], erhebliche Zweifel, ob solche restriktiven Werberegelungen Bestand haben werden. Gleichwohl droht

---

190   Vgl. zur Problematik bei IHK-Beiträgen Tettinger, Kammerrecht, 1997, S. 111 mit Verweis auf BVerfG, UPR 1996, 303.

191   Vgl. zur Problematik des Betriebs verschiedener gewerblicher Betriebsstätten in unterschiedlichen Kammerbezirken schon bisher BVerwG, DVBl 1995, 39 ff.; Tettinger, Kammerrecht, S. 110.

192   Vgl. BVerwG, DVBl 2002, 206 f.

193   Vgl. BT-Drs. 15/1525 vom 08.09.2003, S. 166.

einem Apotheker, der diese Werberegelungen missachtet, ein berufsrechtliches Verfahren.

Betreibt ein Apotheker ein Apothekenunternehmen, bei dem sich die Hauptapotheke in Ulm (Baden-Württemberg) und eine Filialapotheke in Neu-Ulm (Bayern) befindet, hat die Werbung für OTC-Arzneimittel außerhalb der Apothekenbetriebsräume unterschiedliche berufsrechtliche Konsequenzen. In Baden-Württemberg wird sie, sofern keine Verstöße gegen das Heilmittelwerbegesetz vorliegen, nicht beanstandet werden. Wird hingegen die Filialapotheke in Neu-Ulm im Wege einer Gemeinschaftswerbung mit einbezogen, erscheint es nicht ausgeschlossen, dass die Landesapothekerkammer Bayern beanstandend tätig wird. Gegenüber dem Apothekenbetreiber ist dies jedoch nur möglich, wenn er (noch) Mitglied der bayerischen Landesapothekerkammer ist. Denn regelmäßig haben sich nur Mitglieder einer Kammer wegen berufswidriger Handlungen in einem Berufsgerichtsverfahren zu verantworten und an die Berufsordnung zu halten.[194] Ist der Betreiber des Apothekenunternehmens nicht mehr Mitglied der bayerischen Landesapothekerkammer, kann diese berufsrechtlich nicht gegen den Betreiber vorgehen.

Es stellt sich dann aber die Frage, inwieweit der Leiter der bayerischen Filialapotheke berufsrechtlich in Anspruch genommen werden kann. Er ist als Berufsausübender ebenfalls Pflichtmitglied der Apothekerkammer und der Berufsordnung unterworfen. Hat er eine Gemeinschaftswerbung jedoch nicht veranlasst oder geduldet, sondern ist diese zentral vom Apothekenbetreiber in Auftrag gegeben worden, wie dies regelmäßig der Fall sein wird, scheidet eine berufsrechtliche Verantwortung des Filialapothekenleiters mangels Verschulden richtigerweise aus. Insbesondere ist dabei zu berücksichtigen, dass der Filialapothekenleiter letztlich ein Angestellter ist, der, falls er sich den Weisungen des Apothekenbetreibers widersetzt, damit rechnen muss, dass er seine Tätigkeit als Filialapothekenleiter nicht allzu lange ausüben wird.

Sofern der Apothekenbetreiber in zwei Kammerbezirken Mitglied ist, muss er damit rechnen, für eine Werbemaßnahme, die in einem Kammerbezirk mit der Berufsordnung kollidiert, berufsrechtlich zur Verantwortung gezogen werden. Die Apothekerkammer ist aber darauf beschränkt, Werbemaßnahmen zu sanktionieren, die zum einen auf die Apotheke im Kammerbezirk bezogen ist und zum anderen mit der Berufsordnung kollidiert. Im obigen Beispielsfall wäre es deshalb unzulässig, wenn der Apothekenbetreiber für eine Werbung für OTC-Arzneimittel außerhalb der Apothekenbetriebsräume, die sich ausschließlich auf die in Baden-Württemberg ansässige Hauptapotheke bezog, von der bayerischen Landesapothekerkammer berufsrechtlich zur Verantwortung gezogen

---

[194] Vgl. etwa § 55 Abs. 1 Heilberufe-Kammergesetz Baden-Württemberg.

würde, auch wenn er (zusätzlich) Mitglied der bayerischen Landesapotheker-kammer ist. Dies gilt auch dann, wenn Werbeflyer für die in Ulm ansässige Hauptapotheke auch in Neu-Ulm gestreut werden.

Unzulässig wäre es auch, wenn der Apothekenbetreiber infolge der Doppel-mitgliedschaft bei eventuellen Berufsordnungsverstößen berufsrechtlich dop-pelt in Anspruch genommen würde. Zwar findet Art. 103 Abs. 2 GG auf be-rufsrechtliche Verfahren keine Anwendung, da das Berufsstrafrecht nicht zu den allgemeinen Strafgesetzen gehört.[195] Allerdings ist allgemein anerkannt, dass ein in derselben Angelegenheit schon ergangenes Strafurteil (bzw. ein Strafbefehl) oder auch nur ein Bußgeldbescheid im Hinblick auf den verfas-sungsrechtlichen Grundsatz der Verhältnismäßigkeit zu berücksichtigen sind und eine weitere Ahndung nur dann zulässig ist, wenn nach der strafgerichtli-chen Verurteilung oder der Verhängung der Geldbuße noch ein besonderer, sog. „berufsrechtlicher Überhang" verbleibt, der durch die strafgerichtliche Verurteilung nicht erschöpfend geahndet worden ist, und davon ausgegangen werden muss, dass die in der strafrechtlichen Verurteilung liegende Pflichten-mahnung nicht ausreicht, um den Beschuldigten zukünftig zu einem pflicht-gemäßen Verhalten anzuhalten.[196] Für die Annahme eines berufsrechtlichen Überhangs ist aber jedenfalls dann kein Raum mehr, wenn ein bestimmtes Verhalten schon von einem anderen Berufsgericht geahndet wurde. Denn das Berufsgericht hat in jedem Falle den spezifisch berufsrechtlichen Sanktionsbe-darf erschöpft. Verstößt eine Gemeinschaftswerbung sowohl gegen die Be-rufsordnung der Landesapothekerkammer Bayern als auch gegen die Berufs-ordnung der Landesapothekerkammer Baden-Württemberg, steht somit der Grundsatz der Verhältnismäßigkeit einem zusätzlichen berufsrechtlichen Ver-fahren in Bayern entgegen, wenn der betreffende Sachverhalt Gegenstand eines berufsgerichtlichen Verfahrens in Baden-Württemberg war oder ist und umgekehrt.

---

[195] Vgl. BVerfGE 27, 180, 184 ff.; 66, 337, 357; Jarass/Pieroth, Grund-gesetz, 6. Aufl. 2002, Art. 103 GG Rn. 59.

[196] Vgl. dazu etwa BVerfGE 27, 180, 188; BVerwGE 15, 282 ff., 288; Landesberufsgericht für Heilberufe beim OVG Münster, Urteil vom 26.02.1986, MedR 1987, 50 f.; Landesberufsgericht für Apotheker in Karlsruhe, Urteil vom 06.03.1997, Az. LBG 4/95, S. 7 f.; Landesbe-rufsgericht für Heilberufe beim Hessischen VGH, Urteil vom 29.06.1994, MedR 1995, 250 ff., 251; Berufsgericht für die Heilberu-fe beim Oberlandesgericht München, Urteil vom 14.05.1997, Az. BG Ap 4/95, S. 8.

e) Kartellrecht - Missbrauchs-, Diskriminierungs- und Behinderungsverbote nach §§ 19, 20 GWB

aa) Zuständigkeit des Bundeskartellamtes

§§ 19, 20 GWB enthalten bestimmte Missbrauchs-, Diskriminierungs- und Behinderungsverbote gegenüber marktbeherrschenden oder marktstarken Unternehmen. Zivilrechtlich sind Vereinbarungen, welche jenen Verboten zuwider laufen, nach § 134 BGB nichtig. Außerdem ist nach § 32 GWB die zuständige Kartellbehörde ermächtigt, den betroffenen Unternehmen das verbotswidrige Verhalten zu untersagen. Nach § 48 Abs. 2 S. 1 GWB ist das Bundeskartellamt dann zuständig, wenn die Wirkung des verbotswidrigen Verhaltens über das Gebiet eines Bundeslandes hinausreicht. Dies kann der Fall sein, wenn zwischen den Standorten der nach den Vorgaben des ApoG betriebenen Filialapotheken die Grenze zweier Bundesländer verläuft oder eine oder mehrere Apotheken eines Verbundes gemäß § 11a ApoG Arzneimittel über die Grenzen eines Bundeslandes hinaus versenden.[197] In allen übrigen Fällen ist die Landeskartellbehörde zuständig.[198]

bb) Marktbeherrschung und Marktabgrenzung

Die §§ 19, 20 GWB wenden sich insbesondere gegen marktbeherrschende Unternehmen. Nach § 19 Abs. 1 GWB ist die missbräuchliche Ausnutzung einer marktbeherrschenden Stellung durch ein oder mehrere Unternehmen verboten. Marktbeherrschenden Unternehmen ist nach § 20 Abs. 1 GWB die unbillige Behinderung und die Diskriminierung anderer Unternehmen untersagt. Der Frage nach der Marktbeherrschung kommt im Anwendungsbereich der §§ 19, 20 GWB daher eine besondere Bedeutung zu.[199]

Nach der Legaldefinition des § 19 Abs. 2 GWB ist ein Unternehmen marktbeherrschend, soweit es als Anbieter oder Nachfrager einer bestimmten Art von

---

[197] Diese Konstellation ist etwa in den Städten Ulm (Baden-Württemberg) und Neu-Ulm (Freistaat Bayern) ohne weiteres vorstellbar.

[198] Vgl. zur Zuständigkeit des Bundeskartellamtes bei Sachverhalten mit Auswirkungen im Gebiet mehrerer Bundesländer aus jüngster Zeit das Beschwerdeverfahren der Stadtwerke Mainz AG vor dem OLG Düsseldorf, Kart. 18/03 (V).

[199] Während sich § 19 GWB allein auf marktbeherrschende Unternehmen konzentriert, wendet sich § 20 GWB überdies gegen Unternehmen, die aufgrund bestimmter Umstände besonders marktstark sind.

Waren oder gewerblichen Leistungen ohne Wettbewerber ist, keinem wesentlichen Wettbewerb ausgesetzt ist oder eine im Verhältnis zu seinen Wettbewerbern überragende Marktstellung hat.

(1)   Relevanter Markt

Für die Bewertung der Marktstellung eines Unternehmens ist zunächst die Abgrenzung des sachlich und örtlich relevanten Marktes erforderlich. Für die Abgrenzung des sachlich relevanten Marktes hat sich in der Praxis das Bedarfsmarktkonzept oder das Konzept der funktionellen Austauschbarkeit durchgesetzt. Danach gehören zum sachlich relevanten Markt sämtliche Erzeugnisse, die sich nach ihren Eigenschaften, ihrem wirtschaftlichen Verwendungszweck und ihrer Preislage so nahe stehen, dass der verständige Verbraucher sie als für die Deckung eines bestimmten Bedarfs geeignet in berechtigter Weise abwägend miteinander vergleicht und als gegeneinander austauschbar ansieht.[200] Die Marktabgrenzung richtet sich nach den Ausweichmöglichkeiten der Marktgegenseite.[201]

Wendet man die genannten Marktabgrenzungskriterien auf Apotheken an, so ist zunächst zwischen der Versorgung mit gemäß §§ 43 ff. AMG apothekenpflichtigen Arzneimitteln einerseits und freiverkäuflichen Arzneimitteln und apothekenüblichen Waren andererseits zu differenzieren. Bei den „nur" apothekenüblichen Waren des Randsortiments stehen dem Verbraucher weitergehende Ausweichmöglichkeiten zur Verfügung als bei apothekenpflichtigen Arzneimitteln. Alternative Bezugsmöglichkeiten bieten z.B. Drogerien oder Facheinzelhändler an. Weiter sind §§ 1, 10 ApoG zu beachten, die den Apotheker grundsätzlich dazu verpflichten, alle zugelassenen und verfügbaren Arzneimittel anzubieten und abzugeben. Deshalb wird es anders als bei der Marktabgrenzung auf Herstellerebene regelmäßig nicht entscheidungserheb-

---

[200]   Ständige Rechtsprechung, vgl. z.B. BGH, WuW/E BGH 1447; aus neuerer Zeit: BGH, WuW/E 3026, 3028; WuW/E 3058, 3062; vgl. Möschel, in: Immenga/Mestmäcker, GWB, 3. Aufl. 2001, § 19 GWB Rn. 24.

[201]   Vgl. Ruppelt, in: Langen/Bunte, Kommentar zum deutschen und europäischen Kartellrecht, Band 1, 9. Aufl. 2001, § 19 Rn. 9. Zur Ermittlung der hier vorrangig interessierenden Angebotsmacht eines Apothekenverbundes gegenüber dem Verbraucher ist auf die Sicht des Verbrauchers abzustellen.

lich werden, ob eine sachliche Marktabgrenzung nach einzelnen Medikamentengruppen stattzufinden hat.[202]

Noch offen ist, ob der Vertrieb apothekenpflichtiger Waren über die neu zugelassenen Versandhandelsapotheken demselben sachlich relevanten Markt zuzurechnen ist. Voraussetzung wäre, dass Versandhandelsapotheken den Apothekenkunden als sinnvolle Bezugsalternative zur Verfügung stehen.[203] Dafür könnte § 11a Nr. 3 lit. b) ApoG sprechen, nach dem Versandhandelsapotheken sicherzustellen haben, dass alle bestellten Arzneimittel geliefert werden, soweit sie im Geltungsbereich des Arzneimittelgesetzes in Verkehr gebracht werden dürfen und verfügbar sind. Für die Einbeziehung in denselben Markt spricht auch, dass Versandhandelsapotheken an die Arzneimittelpreisverordnung gebunden sind, auch wenn sie aus dem Ausland beliefern.

Zweifelhaft erscheint die Einbeziehung von Versandapotheken in denselben Markt andererseits, weil durch § 11a Nr. 3 lit. a) ApoG zwar die Versendung innerhalb von zwei Arbeitstagen nach Eingang der Bestellung sicherzustellen ist. Aufgrund der zusätzlichen Lieferdauer kann aber aus der Sicht des Patienten die Wartezeit insgesamt bis zu vier Tagen oder länger dauern. Für die Nachfrage nach Arzneimitteln zur Behandlung akuter Krankheiten scheiden Versandhandelsapotheken damit als Ausweichmöglichkeit aus. Im Ergebnis wird deshalb jeweils im Einzelfall bezogen auf das konkrete Arzneimittel und seinen Anwendungsbereich zu entscheiden sein, ob Versandapotheken demselben Markt zuzurechnen sind.

Die Abgrenzung des räumlich relevanten Marktes vollzieht sich nach Maßgabe der räumlich gegebenen Ausweichmöglichkeiten aus der Sicht der Abnehmerdisponenten.[204] Die Grenzen des räumlich relevanten Marktes werden durch die Ortsgebundenheit des Angebotes der Präsenzapotheken und die Mobilität der Nachfrager bzw. deren Bereitschaft zur Überwindung größerer Entfernungen gezogen. Bei höherwertigen und für den längerfristigen Gebrauch bestimmten Gütern wie etwa Möbelstücken ist das Bundeskartellamt von einem Umkreis von 30-40 km oder einer Wegdauer von 30-40 Autominuten um den

---

[202]   Für die Marktabgrenzung auf Herstellerebene sind grundsätzlich nur solche pharmazeutischen Produkte austauschbar, die aus der Sicht eines verständigen Arztes bei gleicher medizinischer Indikation verordnet werden können, vgl. Möschel, in: Immenga/Mestmäcker, § 19 GWB Rn. 34; BGH, WuW/E BGH 1445, 1447; WuW/E BGH 1678, 1681; Bundeskartellamt, WuW/E BKartA 2591, 2593 ff.

[203]   Vgl. zu diesem Kriterium KG, WuW/E OLG 3917, 3919.

[204]   Möschel, in: Immenga/Mestmäcker, § 19 GWB Rn. 35; Ruppelt, in: Langen/Bunte, § 19 GWB Rn. 25.

jeweiligen Standort ausgegangen.[205] Bei apothekenpflichtigen Arzneimitteln wird man ähnlich wie im Lebensmitteleinzelhandel tendenziell von dem etwas niedrigeren Richtwert von rund 20 Minuten Wegdauer zum Standort der Apotheke ausgehen können.[206] Dies steht auch im Einklang mit der apotheken-rechtlichen Rechtsprechung, nach der eine Versorgung nur dann ordnungsge-mäß ist, wenn Arzneimittel innerhalb einer Stunde - gerechnet für den Hin- und Rückweg mit öffentlichen Verkehrsmitteln - erreichbar sind.[207] Im kon-kreten Einzelfall sind allerdings die Verkehrsanbindungen sowie die tatsächli-chen Verbrauchergewohnheiten zu berücksichtigen. Sie können eine erheblich weitere örtliche Marktabgrenzung erforderlich machen.

(2)   Marktbeherrschung

§ 19 Abs. 3 S. 1 GWB stellt für den Anwendungsbereich des GWB die gesetz-liche Vermutung auf, dass ein Unternehmen marktbeherrschend ist, wenn es einen Marktanteil von mindestens einem Drittel hat. § 19 Abs. 3 S. 1 GWB stellt allerdings keine starre materielle Schranke dar. Vielmehr steht seit der Leitentscheidung des BGH „Klöckner-Becorit" für die Rechtsanwendungspra-xis zu § 19 Abs. 3 S. 1 GWB fest, dass die gesetzliche Vermutung ihre bin-dende Wirkung erst entfaltet, wenn das zur Entscheidung berufene Gericht nach der ihm obliegenden freien Würdigung des gesamten Verfahrensergeb-nisses eine Markt beherrschende Stellung des Unternehmens weder auszu-schließen noch zu bejahen vermag.[208]

---

205   BKartA, WuW/E DE-V 163.

206   Zum Lebensmitteleinzelhandel vgl. Möschel, in: Immen-ga/Mestmäcker, § 19 GWB Rn. 38; BKartA, WuW/E BKartA 2441,2442.

207   Vgl. BVerwGE 45, 331, 339 f.; VGH Baden-Württemberg, NJW 1995, 1631 f.

208   BGH, WuW/E BGB 1749, 1754; vgl. Möschel, in: Immen-ga/Mestmäcker, § 19 GWB Rn. 93.

cc)   Verbotswidrige Verhaltensweisen

Lässt sich im Einzelfall das Vorliegen einer marktbeherrschenden oder zumindest marktstarken Stellung eines Apothekenverbundes begründen, sind ihm bestimmte Verhaltensweisen nach den §§ 19, 20 GWB untersagt. Eine umfassende Darstellung sämtlicher in §§ 19, 20 GWB geregelter verbotswidriger Verhaltensweisen würde den Rahmen dieser Darstellung überschreiten. Dazu kommt, dass zahlreiche Verhaltensweisen, die das GWB als missbräuchlich bzw. diskriminierend beurteilt, dem Apotheker bereits aus berufsrechtlichen Gründen verwehrt sind.

Gleichwohl ergibt sich für einen marktbeherrschenden Apothekenverbund neben dem Risiko berufsrechtlicher Sanktionen nunmehr das zusätzliche Risiko, Adressat einer kartellbehördlichen Untersagungsverfügung oder gar eines kartellbehördlichen Bußgeldbescheids (§§ 32 ff., 81 ff. GWB) zu werden. Insbesondere die Wahrnehmung neuer wettbewerblicher Freiheiten, die sich etwa aus der grundsätzlichen Freigabe der Preise für nicht verschreibungspflichtige Arzneimittel (OTC-Arzneimittel) gemäß § 1 Abs. 4 AMPreisVO ergeben, kann nunmehr auch mit kartellrechtlichen Risiken verbunden sein.

So können übertriebene Niedrigpreis- und Rabattpolitiken nach § 19 Abs. 4 Nr. 1 GWB unter dem Gesichtspunkt der Beeinträchtigung der Wettbewerbsmöglichkeiten anderer Apotheken eine missbräuchliche Verhaltensweise darstellen. Als Missbrauch i.S.d. § 19 Abs. 4 Nr. 1 GWB anerkannt ist insbesondere die Fallgruppe der „gezielten Kampfpreisunterbietung". Diese setzt als subjektives Merkmal eine Verdrängungsabsicht sowie objektiv eine nachhaltige Beeinträchtigung des Wettbewerbs voraus.[209] Geringere Anforderungen an die Verbotswidrigkeit von Niedrigpreispolitiken stellt der im Zuge der 6. GWB-Novelle eingeführte Tatbestand des Verkaufs unter Einstandspreis aus § 20 Abs. 4 GWB. Danach dürfen Unternehmen mit gegenüber kleinen oder mittleren Wettbewerbern überlegener Marktmacht ihre Marktstellung nicht zur unbilligen Behinderung solcher Wettbewerber ausnutzen. Eine unbillige Behinderung liegt nach § 20 Abs. 4 S. 2 GWB insbesondere bei einem nicht nur gelegentlichen Angebot unter Einstandspreis vor. Aufgrund des Tatbestandmerkmals des „nicht nur gelegentlich" muss eine systematische Vorgehensweise vorliegen. Inwieweit eine Niedrigpreisstrategie mit §§ 19 Abs. 1, Abs. 4 Nr. 1, 20 Abs. 4 S. 2 GWB vereinbar ist, muss im Einzelfall geklärt werden.

Missbräuchlich wäre schließlich nach § 19 Abs. 4 Nr. 2 GWB auch das Fordern überhöhter Entgelte in dem Bereich, der nicht von der Arzneimittelpreisverordnung erfasst ist. Der zur Erfassung eines Preisüberhöhungsmissbrauchs

---

[209]   BGH, WuW/E BGH 2977, 2982; Möschel, in: Immenga/Mestmäcker, § 19 Rn. GB 124 m.w.N.

im Gesetz angelegte Maßstab des „Als-ob-Wettbewerbspreises", also desjenigen Preises, der sich auf dem beherrschten Markt bei wirksamem Wettbewerb bilden würde, birgt allerdings erhebliche Anwendungsschwierigkeiten.[210] Auch insoweit sind die Umstände des Einzelfalles maßgeblich.

---

[210] Vgl. nur das viel diskutierte Verfahren des Bundeskartellamtes gegen die Stadtwerke Mainz AG wegen angeblich überhöhter Netznutzungsentgelte, Kart 18/03 (V), das gegenwärtig vor dem OLG Düsseldorf anhängig ist.

2.4 Literatur

Ammon, in: Röhricht, Volker; von Westphalen, Friedrich Graf, HGB, 2. Aufl. 2001

Ascheid, Reiner; Preis, Ulrich; Schmidt, Ingrid, Großkommentar zum Kündigungs-recht, 2000

Bauer, Eckart, Pharma-Länder-Dossiers – Die Arzneimittelversorgung in Europa, 2001

Baumbach, Adolf; Hefermehl, Wolfgang, Wettbewerbsrecht, 22. Auflage 2001

Baumbach, Adolf; Hopt, Klaus J., Handelsgesetzbuch, 31. Aufl. 2003

Bericht der Bundesregierung über die Lage der Freien Berufe, BT-Drs. 14/9499 vom 19.06.2002

Berichtsreihe der DAZ:
„Was Apotheker tagtäglich für die Arzneimittelsicherheit leisten", DAZ 2003, 2172 ff.;
„Verordnung falscher Arzneimittel - ein Problem mit vielen Gesichtern", DAZ 2003, 2408 ff.;
„Falsche und skurrile Angaben auf Rezepten", DAZ 2003, 2657 ff.

Bokelmann, in: Schmidt, Karsten/Bokelmann, Gunther, Münchener Kommentar zum HGB, Band 1, 1996

Bonk/Schmitz, in: Stelkens, Paul/Bonk, Heinz-Joachim/Sachs, Michael, Verwaltungs-verfahrensgesetz, 6. Aufl. 2001

Brohm, Winfried, Öffentliches Baurecht, 3. Auflage 2002

Bülow, Peter; Ring, Gerhard, HWG, 2. Aufl. 2001

Cyran, Walter; Rotta, Christian, Apothekenbetriebsordnung, Loseblattsammlung, Stand 2003

Däinghaus, Ralf, Wir tricksen die Apotheker aus, Interview, Frankfurter Allgemeine Sonntagszeitung vom 20.04.2003

Dettling, Heinz-Uwe, Abschied von der Präsenzapotheke, DAZ 2003, 2528 ff.

Dettling, Heinz-Uwe, Die Betriebserlaubnis des Pächters beim Tod des Verpächters und Erwerb der gepachteten Apotheke durch den Pächter, ApoR 2002, 66 ff.

Dettling, Heinz-Uwe, Mündliches Statement zur Stellungnahme an den Gesundheits-ausschuss des Deutschen Bundestages zum Fraktions-Entwurf des Gesundheitssystemmodernisierungsgesetzes aus Sicht des Apotheken- und Verfassungsrechts, Drucksache des Ausschusses für Gesundheit und Soziale Sicherung 0248(87 A) vom 30.06.2003, veröffentlicht unter http://www.bundestag.de/gremien15/a13/a13a_anhoerungen/-27__Sitzung__29_-31__Sitzung/Stellungnahmen/Dettling2.pdf;

Dettling, Heinz-Uwe, Schlussanträge in Sachen DocMorris - Generalanwältin contra EuGH, Handelsware contra Heilmittel, PharmR 2003, 194 ff.

Dettling, Heinz-Uwe, Stellungnahme an den Gesundheitsausschuss des Deutschen Bundestages zum Fraktions-Entwurf des Gesundheitssystemmodernisierungsgesetzes aus Sicht des Apotheken- und Verfassungsrechts, Drucksache des Ausschusses für Gesundheit und Soziale Sicherung 0248(87) vom 25.06.2003, S. 50 ff., veröffentlicht unter http://www.bundestag.de/gremien15/a13/a13a_anhoerungen/27_Sitzung_29_-31_Sitzung/Stellungnahmen/Dettling.pdf

Dettling, Heinz-Uwe, Zur Anwendung des apothekenrechtlichen Fremd- und Mehrbesitzverbots bei Vertragsgeflechten, ApoR 2001, 4 ff.

Dettling, Heinz-Uwe; Lenz, Christofer, Der Arzneimittelvertrieb in der Gesundheitsreform, 2003

Deutsch, Erwin; Lippert, Hans-Dieter, Kommentar zum Arzneimittelgesetz (AMG), 2000

Diener, Frank; Sitzius-Zehender, Hannelore, Apotheken in Europa – ein Überblick, PZ 1991, 9 ff.

Dieterich, Thomas; Hanau, Peter; Schaub, Günter; Müller-Glöge, Rudi, Erfurter Kommentar zum Arbeitsrecht, 3. Aufl. 2003

Dietz, Ulrich, Vortrag auf dem Apothekertag Mecklenburg-Vorpommern vom 07. bis 09.11.2003 „Pharmazie in der Krise", DAZ 2003, 5808 f.

Dreier, Horst (Hrsg.), Grundgesetz, Kommentar, 1996

Dünisch, Friedrich, Das Recht des Heilpraktikerberufs und der nichtärztlichen Heilkundeausübung, Loseblattsammlung, Stand 01.11.2000

Ebenroth, Carsten-Thomas; Boujong, Karlheinz; Joost, Dettlev, Handelsgesetzbuch, Kommentar, 2001

Emmerich, in: Heymann, Ernst, Handelsgesetzbuch, Kommentar, Band 1, 2. Aufl. 1995
Erbs, Georg; Kohlhaas, Max, Strafrechtliche Nebengesetze, Loseblattsammlung, Stand 2004

Fitting, Karl, Betriebsverfassungsgesetz, 21. Aufl. 2002

Gemmer, Henrik; Helios, Marcus, Apothekenrechtliches Mehr- und Fremdbesitzverbot, Apotheke und Recht 2002, 140

Gruber, in: von Schultz, Detlef, Markenrecht, 2002

Herrmann, Harald, Recht der Kammern und Verbände Freier Berufe – Europäischer Ländervergleich und USA, 1996

Heymann, Ernst, Handelsgesetzbuch, Kommentar, Band 1, 2. Aufl. 1995

Hopt, in: Baumbach, Adolf; Hopt, Klaus J., Handelsgesetzbuch, 31. Aufl. 2003

Hübschle, Wolfgang, Die kartellrechtliche Missbrauchsaufsicht über Strompreisdifferenzierungen nach der Energiewirtschaftsrechtnovelle, WuW 1998, 146, 147

Hüffer, Uwe, Aktiengesetz, 5. Aufl. 2002

Hüffer, in: Staub, Hermann, Handelsgesetzbuch, Großkommentar, Band 1, 4. Aufl. 1995

Hufen, Friedhelm, Verwaltungsprozessrecht, 5. Aufl. 2003

Immenga, Ulrich; Mestmäcker, Ernst-Joachim, GWB, 2. Aufl. 1992

Immenga, Ulrich; Mestmäcker, Ernst-Jochaim, GWB, 3. Aufl. 2001

Ingerl, Reinhard; Rohnke, Christian, Markengesetz, 2. Aufl. 2003

Jaeger, Renate, Die freien Berufe und die verfassungsrechtliche Berufsfreiheit, Anwaltsblatt 2000, 475 ff.

Jarass, Hans D.; Pieroth, Bodo, Grundgesetz, 6. Aufl. 2002

Kieser, Timo, ABC der Apothekenwerbung, 2002

Kieser, Timo; Leinekugel, Rolf, Die firmen- und kennzeichenrechtliche Behandlung von Filialapotheken und Versandapotheken, ApoR 2004, 33 ff.

Kieser, Timo/Leinekugel, Rolf, Firma und Unternehmenskennzeichen von Filial- und Versandapotheken, DAZ 2004, 737 ff.

Klaue, in: Immenga, Ulrich; Mestmäcker, Ernst-Joachim, GWB, 2. Aufl. 1992

Kloesel, Arno; Cyran, Walter, Arzneimittelrecht, Kommentar, Loseblattsammlung, Stand: 01.06.2003

Köhler, Helmut; Piper, Henning, UWG, 3. Aufl. 2002

Körner, Harald Hans, Betäubungsmittelgesetz, Arzneimittelgesetz, Kommentar, 5. Aufl. 2001

Kopp, Ferdinand; Ramsauer, Ulrich, VwVfG, 8. Aufl. 2003

Kuhla, Wolfgang; Hüttenbrink, Jost, Der Verwaltungsprozess, 3. Aufl. 2002

Landmann, Robert von; Rohmer, Gustav, Gewerbeordnung und Ergänzende Vorschriften, Kommentar, Stand 01.05.2003

Langen, Eugen; Bunte,Hermann-Josef, Kommentar zum deutschen und europäischen Kartellrecht, Band 1, 9. Aufl. 2001

Laufs, in: Laufs, Adolf; Uhlenbruck, Wilhelm, Handbuch des Arztrechts, 3.Aufl. 2002

Lieb, in: Schmidt, Karsten; Bokelmann, Gunther, Münchener Kommentar zum HGB, Band 1, 1996

Lutter, Marcus; Welp, Marcus, Das neue Firmenrecht der Kapitalgesellschaft, ZIP 1999, 1073 ff.

Manssen, in: v. Mangoldt, Hermann; Klein, Friedrich; Strack, Christian, Grundgesetz, Kommentar, Band I, 1999

Marcks, in: Landmann, Robert von; Rohmer, Gustav, Gewerbeordnung und Ergänzende Vorschriften, Kommentar, Stand 01.05.2003

Maurer, Hartmut, Allgemeines Verwaltungsrecht, 14. Aufl. 2002

Maunz, Theodor; Dürig, Günter, Grundgesetz, Kommentar, Loseblattsammlung, Stand: 2003

Mecking, Bettina, Neuregelungen beim Mehrbesitz und beim Versandhandel, AWA 01.01.2004, 8 ff.

Mecking, Bettina, Apotheken-Mehrbesitz – Rechtliche Grenzen der neuen Möglichkeiten, AWA 16.02.2004, 1 ff.

Meyer, Hilko J., Die Freigabe des begrenzten Mehrbesitzes, DAZ 2004, 865 ff.

Michalski, Lutz; Römermann, Volker, PartGG, Kommentar zum Partnerschaftsgesellschaftsgesetz, 2. Aufl. 1999

Micklitz, in: Rebmann, Kurt; Säcker, Franz Jürgen; Rixecker, Roland, Münchener Kommentar zum Bürgerlichen Gesetzbuch, Band 1, 4. Auflage 2001

Möschel, in: Immenga, Ulrich; Mestmäcker, Ernst-Jochaim, GWB, 3. Aufl. 2001

Moll, in: Ascheid, Reiner; Preis, Ulrich; Schmidt, Ingrid, Großkommentar zum Kündigungsrecht, 2000

Obernolte, Wolfgang; Danner, Wolfgang, Energiewirtschaftsrecht, Loseblattsammlung Stand Oktober 2003

Pallenbach, Ernst, Ecstacy und Poppers mit Viagra, DAZ 2003, 3069

Pelchen, in: Erbs, Georg; Kohlhaas, Max, Strafrechtliche Nebengesetze, Loseblattsammlung, Stand 2004

Pentz, in: Ebenroth, Carsten-Thomas; Boujong, Karlheinz; Joost, Dettlev, Handelsgesetzbuch, Kommentar, 2001

Pfeil, Dieter; Pieck, Johannes; Blume, Henning, Apothekenbetriebsordnung, Loseblattsammlung, Stand 1999

Preis, Ulrich, Der Arbeitsvertrag, 2002

Preis, Ulrich, Der Kündigungsschutz nach dem „Korrekturgesetz", RdA 1999, 311, 314

Preis, in: Dieterich; Müller-Glöge; Preis; Schaub, Erfurter Kommentar zum Arbeitsrecht, 4. Aufl. 2004

Rebmann, Kurt; Säcker, Franz Jürgen; Rixecker, Roland, Münchener Kommentar zum Bürgerlichen Gesetzbuch, Band 1, 4. Aufl. 2001

Richardi, Reinhard, Betriebsverfassungsgesetz, 8. Aufl. 2002

Richardi, in: Richardi, Reinhard; Wlotzke, Ottfried, Münchener Handbuch zum Arbeitsrecht, Band 1 Individualarbeitsrecht I, 2. Aufl. 2000

Röhricht, Volker; von Westphalen, Friedrich Graf, HGB, 2. Aufl. 2001

Ruppelt, in: Langen, Eugen; Bunte,Hermann-Josef, Kommentar zum deutschen und europäischen Kartellrecht, Band 1, 9. Aufl. 2001

Sander, Axel, Arzneimittelrecht, Kommentar, Loseblattsammlung, Stand 2003

Schiedermair, Rudolf, Handelsrechtliche Besonderheiten der Gesellschaftsapotheken, in: Ius et Commercium, Festschrift für Franz Laufke 1971

Schiedermair, Rudolf; Pieck, Johannes, Apothekengesetz, 3. Aufl. 1981

Schiedermair, Rudolf; Pohl, Hans-Uwe, Gesetzeskunde für Apotheker, 15. Aufl. 2004

Schmidt, Karsten, Gesellschaftsrecht, 4. Aufl. 2002

Schmidt, Karsten, Handelsrecht, 5. Aufl. 1999

Schmidt, Karsten, in: Schmidt, Karsten; Bokelmann, Gunther, Münchener Kommentar zum HGB, Band 1, 1996

Schneider, Uwe H., in: Scholz, Franz, Kommentar zum GmbH-Gesetz, Band 1, 9. Aufl. 2000

Scholz, Franz, Kommentar zum GmbH-Gesetz, Band 1, 9. Aufl. 2000

Scholz, in: Maunz, Theodor; Dürig, Günter, Grundgesetz, Kommentar, Loseblattsammlung, Stand: 2003

Sonnenschein; Weitermeyer, in: Heymann, Ernst, Handelsgesetzbuch, Kommentar, Band 1, 2. Aufl. 1995

Starck, Christian, Die Vereinbarkeit des apothekenrechtlichen Fremd- und Mehrbesitzverbotes mit den verfassungsrechtlichen Grundrechten und dem gemeinschaftsrechtlichen Niederlassungsrecht, 1999

Staub, Hermann, Handelsgesetzbuch, Großkommentar, Band 1, 4. Aufl. 1995

Stelkens, Paul; Bonk, Heinz-Joachim; Sachs, Michael, Verwaltungsverfahrensgesetz, 6. Aufl. 2001

Stettner, in: Dreier, Horst (Hrsg.), Grundgesetz, Kommentar, 1996

Ströbele, Paul; Hacker, Franz, Markengesetz, 7. Aufl. 2003

Taupitz, Jochen, Das apothekenrechtliche Verbot des „Fremd- und Mehrbesitzes" aus verfassungs- und europarechtlicher Sicht, Heidelberg 1998

Taupitz, Jochen, Die Standesordnungen der freien Berufe, 1991

Taupitz, Jochen; Schelling, Holger, Das apothekenrechtliche Verbot des „Mehrbesitzes" – auf ewig verfassungsfest? NJW 1999, 1751 ff.

Tettinger, Peter J., Kammerrecht, 1997

Tettinger, in: Tettinger, Peter J.; Wank, Rolf, Gewerbeordnung, Kommentar, 6. Aufl. 1999

Tisch, Lutz, Das Verbot von Fremd- und Mehrbesitz, PZ 1995, 103 ff.

Tisch, Lutz, Filialbetrieb – Die neue Rechtslage, PZ 2003, 4508 ff.

Ulmer, Eugen, Gesellschaft bürgerlichen Rechts und Partnerschaftsgesellschaft, 4. Aufl. 2004

Ulshöfer, Matthias, Kontrollerwerb in der Fusionskontrolle – Eine Untersuchung im europäischen, deutschen und US-amerikanischen Fusionskontrollrecht, 2003

von Mangoldt, Hermann; Klein, Friedrich; Strack, Christian, Grundgesetz, Kommentar, Band I, 1999

von Schultz, Detlef, Markenrecht, 2002

Weigt, in: Obernolte, Wolfgang; Danner, Wolfgang, Energiewirtschaftsrecht, Loseblattsammlung Stand Oktober 2003

Weppler, Eva-Maria, Thüringer Heilberufegesetz und Standesordnungen, 1995

Wieland, in: Dreier, Horst (Hrsg.), Grundgesetz, Kommentar, 1996

Wolff, Hans J.; Bachof, Otto; Stober, Rolf, Verwaltungsrecht, Band 1, 11. Aufl. 1999

Zetler, Gerhard, So wirken Medikamente, 2. Aufl. 2002

Zimmer, in: Ebenroth, Carsten-Thomas; Boujong, Karlheinz; Joost, Dettlev, Handelsgesetzbuch, Kommentar, 2001

Zuck, Rüdiger; Lenz, Christofer, Der Apotheker in seiner Apotheke, 1999

3 Die Zukunft der Filialapotheke
(Dr. Spielvogel, Wunsiedel)

„Ich verkaufe meine Apotheke". Dieser knappe Satz ist in Gesprächen der letzten Jahre mit Berufskollegen immer öfter zu hören gewesen. Doch trotz eines deutlich gestiegenen Angebots an frei werdenden Apotheken scheinen immer weniger junge Kollegen bereit zu sein, den Schritt der Übernahme einer öffentlichen Apotheke zu wagen. Auch die Anzahl der Neugründungen stagniert. Als Novum wurden im Jahr 2001 erstmals mehr Schließungen als Neueröffnungen von Apotheken registriert. Logische Konsequenz einer Politik, die öffentliche Apotheken und deren Vertriebsware Arzneimittel als einen Hauptkostentreiber im Gesundheitswesen brandmarkt. Letzter trauriger Höhepunkt einer von Konzeptlosigkeit geprägten Serie von Gesetzesänderungen war das Inkrafttreten des Gesundheitssystem-Modernisierungsgesetzes (GMG) zum 01.01.2004. Und die Apothekerschaft rieb sich verblüfft die Augen. Wie konnte von einem Tag zum anderen plötzlich rechtens sein, was jahrzehntelang unter Androhung behördlicher Sanktionen bis hin zum Entzug der Betriebserlaubnis als eines der Paradebeispiele für apothekerliches Fehlverhalten gehandelt wurde?

Die Rede ist hier vom seit Jahresbeginn offiziell zulässigen Betrieb von bis zu weiteren drei Vollapotheken durch eine Person, die bereits die Erlaubnis zur Leitung einer öffentlichen Apotheke in Deutschland besitzt. Die neuen Betriebsstätten bezeichnet der Gesetzestext einschränkend als „Filialapotheken" (§ 1 Abs. 2 Gesetz über das Apothekenwesen - Apothekengesetz [ApoG] in der seit 01.01.2004 geltenden Fassung), was im Zuge des Gesetzgebungsverfahrens sogar Anlass zu Vermutungen gab, dass diesen Zweigbetrieben ein auf reine Verkaufstätigkeiten verkürztes Dienstleistungsspektrum erlaubt sei. Tatsächlich handelt es sich bei Filialapotheken aber um vollwertige öffentliche Apotheken, die die Bestimmungen der Apothekenbetriebsordnung (ApBetrO) vollumfänglich zu erfüllen haben. Da das objektive Erfordernis zur Abschaffung des Verbotes von Mehrbesitz durch den Gesetzgeber bis heute dem Verständnis eines Großteils der Kollegenschaft entzogen ist, wird verständlich, dass der politische Coup die Apothekerschaft nicht zu Beifall hinreißen konnte. Zumal die Möglichkeit, nun Filialen sein eigen zu nennen, nicht die Gesetze des Marktes außer Kraft setzen kann. Die nach wie vor ungelösten Probleme einer leeren Staatskasse, sozialer Verschiebebahnhöfe, Abwanderungsbestrebungen von Großbetrieben, verbunden mit Jobangst und steigender Arbeitslosigkeit laden die Deutschen nicht eben zum privaten Konsum ein. Von einem schlechten Konjunkturklima sind natürlich auch Filialapotheken wirtschaftlich betroffen. Und bereits schon jetzt wird wieder – noch hinter vorgehaltener politischer Hand, mit Blick auf das Jahr 2005 - über die Unzulänglichkeiten des GMG diskutiert. In der Krise ist nur eines gewiss: die nächste „Reform" kommt bestimmt. Die gesundheitspolitischen Rahmenbedingungen werden sich erneut verändern. Es ist zu erwarten, dass die öffentlichen Apotheken erneut Opfer erbringen müssen, sollte nicht noch ein Wirtschaftswunder geschehen. Eine seriöse Garantie, dass ein Mehrbesitz von maximal vier Apotheken dauerhaft die Obergrenze darstellen wird, will kein Politiker abgeben. Auch der Fall des Fremdbesitzverbotes steht auf dem Wunschzettel des einen oder anderen Funktionärs. Berücksichtigt man diese Planungsunsicherheiten, so wird Verständnis für diejenigen Kollegen aufkommen, die ihr – sofern noch ausreichend vorhandenes - Eigenkapital momentan nicht in Filialbetriebe investieren möchten. Denn der Gedanke ist nicht von der Hand zu weisen, dass eine regional begrenzte Agglomeration von maximal vier Apotheken (eine Hauptapotheke und bis zu drei Dependancen) bei Legalisierung des Fremdbesitzes keinen wirksamen Schutz mehr vor dem Expansionsstreben professioneller Einzelhandelsketten in der Tradition von Aldi, Schlecker und Co. bieten dürfte. Der Drogerieartikelanbieter Schlecker beispielsweise setzt in seiner Geschäftspolitik auf eine „Nähe zum Kunden". Laut Unternehmensmitteilung finden Kunden in Deutschland heute durchschnittlich alle drei Kilometer „ihren" Schlecker-Markt (circa 10.550 Filialen in Deutschland; Stand Ende 2003).

In diesem Zusammenhang verweist die Handelsmarke auf ihre Strategie einer „Nahversorgungsfunktion", eine Wortwahl, die Anklänge an den in § 1 Abs. 1 ApoG verankerten Versorgungsauftrag öffentlicher Apotheken vermittelt. Großunternehmen wie Schlecker sind auf der permanenten Suche nach den noch idealeren Geschäftslagen, wobei zwei der wesentlichen Standortkriterien „Exponiertheit" und „hohe Kundenfrequenz" lauten. Die Handelskette kauft konkurrierende Mitbewerber nicht etwa zu einem reellen Firmenwert auf, sondern setzt auf kostengünstige Neugründungen, gegebenenfalls auch unter dem Aspekt der Konkurrenznähe. Die großen Handelsunternehmen verfügen über so ausgedehnte finanzielle Ressourcen zur Sicherstellung ihrer expansionistischen Bestrebungen, dass ein Minifilialist im Ernstfall wohl wenig Möglichkeiten zur Gegenwehr hätte. Dieser neuen Qualität des Verdrängungswettbewerbs würde er nicht lange standhalten können. Die von manch zweifelhaftem Berater in den Rang einer Doktrin erhobene Behauptung, dass die Eingliederung von Filialapotheken zu einer wirksamen Abschottung vor konkurrierenden Mitbewerbern führen könnte, ist vor diesem Hintergrund nicht haltbar. Für all diejenigen Apotheker, die sich trotz der geschilderten wirtschaftlichen Risiken und politischen Unabwägbarkeiten mit dem Gedanken einer Filialkettengründung tragen, sind die folgenden Überlegungen bestimmt. Sie beschäftigen sich mit praxisbezogenen Aspekten einer Übernahme oder eines Zukaufs von Filialbetrieben.

Was tun, wenn nach sorgsamer Abwägung persönlicher, beruflicher und wirtschaftlicher Aspekte die Entscheidung gefallen ist, eine „Erweiterung" zu betreiben? Zunächst stehen strategische Überlegungen an, die zur Etablierung eines Gründungskonzepts führen sollten. Im Vorfeld wird sich der Apotheker bereits mit der Frage beschäftigt haben, ob er eine oder mehrere Filialen gründen will. Wo sollten die Filialen lokalisiert sein, um größtmögliche synergistische Effekte zu promovieren? In manchen Fällen wird das Schicksal für den Expansionswilligen schon ein oder mehrere existente Objekte bereithalten. Der Vorbesitzer ist aus den unterschiedlichsten Gründen bereit, sich von seiner Apotheke zu trennen. Eine Apothekenübergabe wird vereinbart. Alternativ bieten sich Neugründungen an. Diese Form der Existenzgründung gilt von allen Übernahmeformen als risikoreichste, zumal sie einerseits sehr kapitalintensiv ist, der Erwerber aber nicht von bereits bekannten Umsatzerwartungen ausgehen kann. Andererseits kann die Wahl eines noch nicht fremdbelegten Standortes Garant für überdurchschnittliches Unternehmenswachstum und hohe Rentabilität sein. Auf die bei Durchführung einer Standortanalyse zu berücksichtigenden Kriterien nimmt Kapitel 1 ausführlich Bezug. Ergänzend sei auf das „Wirtschaftshandbuch für die Apotheke" von Leetsch (1994) hingewiesen.

3.1 Aufstellung eines Filialgründungskonzeptes

Das Gründungskonzept sollte sich vor allem mit folgenden Aspekten auseinandersetzen:

- Beschreibung aktueller (überregionaler) Marktbedingungen,
- Aufzeigen absehbarer Entwicklungen im Apotheken- und Gesundheitswesen,
- Standortanalyse,
- Kundenpotenzialanalyse,
- Produkt- und Dienstleistungsanalyse (Leistungspalette),
- Beschreibung der Konkurrenzsituation,
- Betriebskostenanalyse (v.a. Personalkosten),
- (persönliche, aber sachlich begründete) Einschätzung der Erfolgsaussichten der Unternehmung,
- gegebenenfalls Darlegung weiterer Expansionsbestrebungen.

Welche Gegebenheiten müssen vorliegen, damit es zur Fortführung einer bestehenden öffentlichen Apotheke als Filialbetrieb kommen kann? Ohne Gewähr auf Vollständigkeit seien typische Fallbeispiele angeführt:

3.1.1 Zusammenführung von Ehepartnerapotheken

Zwei von den Ehepartnern bislang getrennt zu leitende Apotheken werden unter dem Namen eines Inhabers zusammengefasst, sofern sich beide Unternehmen innerhalb desselben Kreises oder derselben kreisfreien Stadt oder in einander benachbarten Kreisen oder kreisfreien Städte befinden. Die „freiwerdende" Approbation kann für den Betrieb von bis zu vier weiteren öffentlichen Apotheken genutzt werden. Dem Apothekerehepaar steht somit der Zugriff auf insgesamt acht Apotheken offen.

3.1.2 Übernahme aus elterlichem Eigentum

Im Zuge der vorweggenommenen Erbfolge (Variante A: voll unentgeltliche Übertragung. Variante B: unentgeltliche Übertragung gegen Zahlung einer Versorgungsrente), per Testament für den Todesfall (qualifizierte Erbfolge) oder durch entgeltliche Überlassung zu Lebzeiten können Eltern ihrer Tochter oder ihrem Sohn, sofern diese ebenfalls Apothekeninhaber sind und die „Kreisregelung" gemäß § 2 Abs. 4 Nr. 2 ApoG Anwendung findet, Apotheken übereignen, die als Filialbetriebe fortgeführt werden können.

3.1.3 „Freundliche Übernahme"

Wo keine familiären Banden existieren, fehlt meist auch das Vertrauensverhältnis, welches Grundlage für eine Übergangsregelung ohne juristische Fallstricke darstellt. Ist der bisherige Inhaber aber aus eigenen Stücken dazu bereit, die Apotheke an einen fremden Nachfolger abzugeben, wird auch er im Regelfall ein großes Interesse an offenen und ehrlichen Verhandlungsgesprächen haben. Der abtretungswillige Apotheker trägt seine Absicht gerne befreundeten Kollegen oder interessierten Kreisen, wie beispielsweise Außendienstmitarbeitern des Pharmazeutischen Großhandels oder der Pharmaindustrie an, wohl wissend, dass diese Mitbewerber zeitnah über den Sachverhalt informieren werden. Oft sind auch Apothekenmakler oder Unternehmensberater mit der Vermittlung kompletter Apotheken betraut und treten an die Apothekerschaft im regionalen Umfeld heran. Wer jedoch nicht warten will oder warten kann, muss selbst tätig werden. Die zielgerichtete Suche bezieht „Agenten" (siehe weiter unten) mit ein und verspricht reichlich Aussicht auf Erfolg. Bei der „freundlichen Übernahme" sei dem Kaufinteressenten jedoch grundsätzlich ein gesundes Mißtrauen angeraten. Eine Trennung vom eigenen Unternehmen wird des öfteren nicht nur aus nachvollziehbaren Alters-, Krankheits- oder familiären Gründen vollzogen, sondern weil die Wirtschaftlichkeit des Apothekenbetriebes schlichtweg nicht mehr gegeben ist. Nicht zu vergessen ist auch, dass der neue Inhaber ab dem Zeitpunkt der Geschäftsübernahme gegenüber dem Finanzamt für alle vom Vorbesitzer nicht entrichteten betrieblichen Steuern, wie Umsatzsteuer, Gewerbesteuer oder Lohnsteuer, haftbar gemacht werden kann.

Welche Beteiligte kommen in Betracht?

Hier eine kurze Übersicht über mögliche „Agenten", mit denen Sie konfrontiert werden können bzw. deren Unterstützung Sie in Anspruch nehmen können:

- Unternehmensberater und Apothekenmakler,
- Außendienst des Pharmazeutischen Großhandels,
- Außendienstmitarbeiter der Pharmazeutischen Industrie,
- freie Handelsvertreter,
- Apothekeneinrichter,
- Kommunalpolitiker, die ein Interesse daran haben, dass in ihren Gemeinden eine Apotheke eröffnet wird beziehungsweise – bei bevorstehender Betriebsaufgabe durch den bisherigen Inhaber – die Apotheke erhalten bleibt,
- Industrie- und Handelskammern,
- Apothekenkooperationen,
- Bankinstitute, die sich auf die Betreuung von Apothekenkunden spezialisiert haben,
- Fachzeitschriften (z.B. PZ, DAZ),
- öffentliche Tageszeiten (Verkaufsanzeigen zumeist im Regionalteil),
- Steuerberater, Rechtsanwälte, Wirtschaftsförderer, Bankberater, Architekten. Als Vertrauenspersonen führen sie die Suche nach geeigneten Apotheken quasi inkognito durch. Im Idealfall verfügen diese Fachleute bereits über einen guten Einblick in die betrieblichen Verhältnisse von Übernahmekandidaten,
- Internetrecherche.

3.1.4 „Feindliche Übernahme"

Ist vom Mitbewerber im gleichen Stadtviertel oder am gleichen Ort keine Verkaufsabsicht bekannt, sind gesunder Realitätssinn, Einfühlungsvermögen und ein Mindestmaß an kollegialer Rücksichtnahme gefragt. Es wäre wohl bloßes Wunschdenken, die umsatzstarke Apotheke um die Ecke, erst vor kurzem von einem jungen und aktiven Kollegen übernommen, als Übernahmekandidaten einzustufen. Handelt es sich beim Eigentümer allerdings um einen Kollegen, der kurz vor dem Renteneintritt steht, lässt sich eine günstigere Prognose wagen. Die wenigsten Kaufinteressenten werden allerdings die Chuzpe aufbringen, direkt auf ihren Konkurrenten zuzugehen und diesen – mal mehr, mal weniger direkt – zu einer Aufgabe der Geschäftstätigkeiten aufzufordern. Die skizzierte Vorgehensweise birgt die Gefahr eskalatorischer Entwicklungen in sich, zumal der Betroffene die unverblümte Ansprache als persönliche Provokation bewerten dürfte. Eine den Grundsätzen moderner Verhandlungsstrategien mehr Beachtung schenkende Vorgehensweise besteht in der Beauftragung eines (neutralen) Moderators. Ein kompetenter Unternehmensberater, ein Steuerberater oder ein Rechtsanwalt werden mit der vertraulichen Kontaktaufnahme beauftragt. In einem gemeinsamen Gespräch mit dem Mitbewerber versucht der Moderator zunächst die Motive zu ergründen, die den Apotheker zum Verkauf seines Unternehmens veranlassen könnten. Wenn für den Kollegen klar ersichtlich wird, dass „sein" Vorteil im Mittelpunkt des Interesse steht, ist eine erste Verhandlungsbasis geschaffen. Speziell älteren Kollegen, die ihre Apotheke ursprünglich nur noch wenige Jahre führen wollten (oder wegen eines späten Renteneintrittsalters führen müssen), kann ein Übergabemodell angeboten werden, welches die vertragliche Zusicherung den Erhalt des gewohnten Lebensstandards gewährleistender Pensionszahlungen vorsieht. Für den Fall der Überlassung der Apotheke wird ferner ein marktüblicher Kaufpreis vereinbart, der sich auf Basis betriebswirtschaftlich relevanter Daten (v.a. Bilanzen der letzten drei bis fünf Jahre, Gewinn- und Verlustrechnungen, laufende Verbindlichkeiten, Rezept- und Ärztestatistiken) und weiterer, im folgenden Abschnitt detaillierter Aspekte ergibt.

3.1.5 Umwandlung der Erstapotheke in einen Filialbetrieb

Auf die Möglichkeit, die Erstapotheke in einen Filialbetrieb umzuwidmen, soll noch hingewiesen werden. Im gleichen Zug wird eine übernommene öffentliche Apotheke zur Hauptapotheke erklärt. Die Vorgehensweise könnte sich dann als strategisch sinnvoll erweisen, wenn ein vitales Interesse an einer Verlagerung des Hauptsitzes in einen benachbarten Kreis oder in eine benachbarte kreisfreie Stadt bestünde.

3.2 Der strategische Preis

Der folgende Abschnitt will keine (theoretischen) Modelle zur Bewertung des Unternehmenswertes diskutieren, sondern praxisbezogene Überlegungen zum strategischen Preis von Apotheken, die als Filialbetriebe fortgeführt werden sollen, anstellen. Der strategische Preis ist in der Regel nicht mit dem Ertragswert-Preis identisch. Während letzterer sich aus dem Barwert der Einnahmeüberschüsse errechnet, die bei wirtschaftlich sinnvoller Führung für die Zukunft zu erwarten sind, stellt der strategische Preis ein Mixtum compositum aus dem betriebswirtschaftlich nachvollziehbaren Unternehmenswert und einem dem rationalen Kalkül entzogenen, fiktiven Minder- oder Mehrwert dar. Faktoren, die für das Zustandekommen dieses Minder- oder Mehrwertes verantwortlich sind, werden nachfolgend dargestellt. In diesem Zusammenhang ergeht die Empfehlung, jeder Preisverhandlung eine akribisch durchgeführte Unternehmensbewertung voranzustellen. Witte und Zur Mühlen (2001) beschreiben in ihrem Werk „Apothekenbewertung" anerkannte Methoden, die zur Ermittlung des Unternehmenswertes öffentlicher Apotheken herangezogen werden können. Es sei jedoch angemerkt, dass diese Verfahren unter der Prämisse des Mehrbesitzverbotes etabliert wurden. Aus dieser Tatsache können methodische Schwierigkeiten erwachsen. Vor dem 01.01.2004 war die betriebswirtschaftliche und steuerliche Betrachtungsweise stets auf die Einzelapotheke ausgerichtet. Die nun zulässige Eingliederung von bis zu drei zusätzlichen Apotheken führt zur Bildung eines in der Regel durchrationalisierten Unternehmensverbundes. Es ist evident, dass die Fixkosten und das betriebswirtschaftliche Ergebnis dieses kleinen Verbundes nicht gleich der Summe der Fixkosten und der betriebswirtschaftlichen Ergebnisse einer gleichen Anzahl isoliert geführter Einzelapotheken sein werden. Gleiches gilt sinngemäß für die Besteuerungsfrage. Eingedenk dieser Ausführungen scheinen die bisherigen Bewertungsverfahren nicht uneingeschränkt auf die Firmenwertermittlung von Filialapotheken übertragbar zu sein. Möglicherweise werden nach einer gewissen Beobachtungsphase modifizierte Bewertungstechniken Einzug halten.

Welche Faktoren üben Einfluss auf die Höhe des strategischen Verkaufspreises aus? Betrachten wir hierzu zwei kurze Beispiele, die bewusst polarisierend ausgewählt wurden: In einer Großstadt mit bislang hundert öffentlichen Einzelapotheken wird eine dieser Apotheken in eine Filialapotheke umgewandelt. Eine Minikette, bestehend aus zwei öffentlichen Apotheken, resultiert. Hat sich erst einmal der die Fusion begleitende Pulverdampf in der Kollegenschaft verzogen, wird rasch ersichtlich, dass sich die Wettbewerbssituation nicht wesentlich zu Ungunsten der verbleibenden 98 Individualapotheken verändert hat. Wird hingegen in einer Kleinstadt mit bislang zwei unabhängig geführten öffentlichen Apotheken eine der beiden Apotheken als Filialbetrieb übernommen, ist die Wettbewerbssituation gänzlich auf den Kopf gestellt. Eine örtliche „Alleinstellung" resultiert. Als weiterer angenehmen Nebeneffekt bieten sich bislang ungeahnte Möglichkeiten der Rationalisierung an – mit der Folge reduzierter Betriebskosten bei gleichbleibend hohen Umsätzen. Im letztgenannten Fall dürfte es allen an der Transaktion beteiligten Geschäftspartnern bewusst sein, dass das Eigentum an der zweiten Apotheke weit mehr wert ist als es eine rein auf betriebswirtschaftlichen Fakten basierende Unternehmensbewertung zunächst vermuten lässt.

Weitere, auch psychologisch begründete Faktoren werden zukünftig das Kaufverhalten und damit den Preis von Filialapotheken maßgeblich beeinflussen. „Erwerbe ich heute nicht, so wird mein Konkurrent es morgen tun", wird mancher Apotheker hinsichtlich der sich rasch ausbreitenden Kunde einer im nahen Umfeld zum Verkauf angebotenen Apotheke sagen. Nicht auszuschließen ist, dass Überlegungen dieser Art, zumal auch noch oft mit Zukunftsängsten verknüpft, manchen Kollegen zur überhasteten Übernahme einer wirtschaftlich eher unattraktiven Apotheke verführen werden, die dieser als „erstes Standbein" wohl kaum erworben hätte.

Grundsätzlich ist bei einem höheren Kaufpreis, der gegebenenfalls sogar einen nicht unbeträchtlichen Fremdmittelanteil erforderlich machen könnte, Vorsicht geboten, auch wenn er dem Wert des Objektes angemessen erscheint. Vor vielen Jahren galten öffentliche Apotheken noch als Inbegriff eines Kleinunternehmens mit hoher Betriebsrendite (Apothekenpreise!), höchster Zukunftssicherheit (trotz meist betriebswirtschaftlich desinteressierter Inhaber) und noch höherem Wiederverkaufswert. Konsequenterweise gewährten Kreditinstitute und Banken deren Inhabern höchste Bonität. Die vermeintlichen „Goldenen Jahre" sind heute längst vorbei, es weht ein schneidend kalter Wind durch das morsch gewordenen Gebälk des gemeinsamen Hauses „Gesundheitswesen". Spricht man aktuell mit potenziellen Kreditgebern, wird gebetsmühlenartig immer wieder auf das Risiko eines raschen Verfalls der Unternehmenswerte öffentlicher Apotheken hingewiesen. Allein zwischen 2001 und 2002 sank der durchschnittliche Firmenwert bei kleineren Apotheken um 20 bis 40 Prozent vom Nettoumsatz. Das neue Sicherheitsdenken der Kreditbranche ist nur zu verständlich, lassen doch politische Entscheidungen im Gesundheitswesen seit längerem das Kalkül des Berechenbaren vermissen. Deshalb ist anzuraten, in den Investitionsplan auch eine Umsatz- und Ertragsvorschau unter der Annahme, dass sich die Rahmenbedingungen kurz- bis mittelfristig noch weiter verschlechtern, aufzunehmen. Ein solcher Investitionsplan (auch Investitionskonzept genannt) baut auf dem Gründungskonzept auf und untersucht die dort spezifizierten Themen hinsichtlich ihrer vorausschaubaren Kosten-, Umsatz- und Ertragsstrukturen. Ziel der Vorgehensweise ist der Nachweis der Wirtschaftlichkeit des Vorhabens.

Gemeinsam mit dem die Kaufverhandlungen begleitenden Steuer- oder Unternehmensberater werden mehrere plausible „worst case"-Szenarien aufgestellt. In einem Fallbeispiel sollte beispielsweise rechnerisch ermittelt werden, ob die Filialapotheke auch unter der Annahme eines um 10 bis 20 Prozent abgesenkten Dienstleistungshonorars („Kombimodell-Honorierung" der verschreibungspflichtigen Arzneimittel) und eines vergleichbar hohen Preisverfalls (aufgrund intensivierten Verdrängungswettbewerbs) im freikalkulierbaren apothekenpflichtigen Produktsegment noch schwarze Zahlen schreiben kann. Es bleibt abzuwarten, inwiefern eine fortschreitende Verschlechterung der wirtschaftlichen Situation der (gesetzlichen) Krankenkassen die Politik zukünftig zu reduzierten Dienstleistungshonoraren oder höheren Kassenrabatten veranlassen wird. Erste Signale in Richtung eines erhöhten Kassenrabattes sind bereits, wenige Wochen nachdem die neuen Honorierungsmodelle in Kraft traten, zu vernehmen. Stein des Anstoßes sind die Rabatte der Generikahersteller, die von interessierten Kreisen als überhöht wahrgenommen werden.

Wer heute ein neues Auto kauft, muss bei der Wahl bestimmter Typen und Fabrikate damit rechnen, dass der PKW nach knapp 4 Jahren nur noch die Hälfte wert ist. Trotz des Wissens um den hohen Wertverlust und der daraus resultierenden Unwirtschaftlichkeit des Geschäfts halten viele Käufer an ihrer Entscheidung für ein bestimmtes Objekt fest. Nun möchte man meinen, dass kein Apotheker - sofern man ihm nicht eine gewissen Realitätsnähe abspricht – auf die Idee kommen würde, eine Apotheke zu erwerben, wenn vermutet werden darf, dass deren Unternehmenswert in den nächsten Jahren um 50 Prozent verfallen wird. Doch leider bietet sich eben dieser Vergleich an; die Parallelen vom Kauf von Autos zum Erwerb von Apotheken sind unübersehbar. Die wirtschaftlichen Risiken formieren sich, wenn der Kaufinteressent die Geschwindigkeit der Erosion gesundheitspolitischer Rahmenbedingungen unter schätzt und sich in der Erwartung respektive der Hoffnung, es werde schon noch ein Weilchen „gut gehen", für eine „Schnäppchen"-Apotheke entscheidet, die aufgrund ihrer Lage, ihrer räumlichen Gegebenheiten, ihres Umsatzvolumens und weiterer Faktoren jedoch objektiv keine ausreichende Zukunftssicherheit gewährleistet.

Und tatsächlich mahnen zahlreiche Vorkommnisse und Beobachtungen zur Vorsicht an. Der Versuch, das „uneingeschränkte Mehrbesitzverbot" politisch zu Fall zu bringen, ist momentan nur aufgeschoben, jedoch nicht aufhoben. Die Erfahrungen der Vergangenheit haben gezeigt, wie behende Spitzenpolitiker von Links bis Rechts ihren angeblich so ehernen Standpunkten abhanden kommen können. „Private Versicherung des Zahnersatzes" gegen „Apotheken-Mehrbesitz, Arzneimittel-Versandhandel und Änderung der Arzneimittelpreisverordnung (AMPreisV)" lautet der jüngste Tauschhandel, der die Apothekerschaft in eine ungewisse Zukunft blicken lässt.

Aber auch aus der eigenen Kollegenschaft droht Ungemach. Bisherige Spitze des Eisbergs waren die Rechtsstreitigkeiten um den Mindener Apotheker Günter Stange aus den Jahren 2000 (Verfahren vor dem Landgericht Bielefeld) und 2002 (Verfahren vor dem Bundesgerichtshof - BGH). Zwar ging es in den bezeichneten Verfahren nicht um die Frage der Verfassungskonformität des Mehrbesitzverbotes, doch nahm der BGH die Affäre mit zum Anlass, das zum Zeitpunkt der Urteilsverkündung herrschende strenge Mehr- und Fremdbesitzverbot in Deutschland einer knappen, aber kritischen Würdigung zu unterziehen. Auf EU-Ebene wird schon seit längerem für eine Liberalisierung des Apothekenrechts geworben. Die EU-Kommission sah insbesondere den Ausschluss eines grenzüberschreitenden Mehrbesitzes als europarechtswidrig an. Diese und weitere Anzeichen sprechen dafür, dass das in § 2 Abs. 4 Nr. 2 ApoG verankerte Gebot der regionalen Begrenztheit von Kleinketten in absehbarer Zukunft erneut Gerichte beschäftigen wird.

Hinzu gesellt sich die immer wieder aufgeworfene Forderung nach einer Legalisierung von Apotheken-Fremdbesitz. Nicht wenige Politiker und deren Berater, Krankenkassen- und Gewerkschaftsfunktionäre betrachten das Fremdbesitzverbot als einen gesetzlichen Anachronismus. Ohne das Erfordernis von öffentlichen Apotheken generell zu bestreiten, setzen sie auf Unternehmenszusammenschlüsse und Großketten, um vermutete Synergieeffekte zu Gunsten der Beitragsstabilität wirksam werden zu lassen. BMGS-Berater Prof. Gerd Glaeske, selbst Apotheker, kommt zu dem Schluss: „Fremdbesitz folgt Mehrbesitz". Sowohl die Begrenzung der Filialzahl als auch der Ausschluss des Fremdbesitzes sind seiner Meinung nach nicht mit unserem Rechtssystem vereinbar. Welchen Einfluss die Zulassung von Fremdbesitz auf die Unternehmenswerte bestehender öffentlicher Apotheken und Kleinketten haben dürfte, lässt sich nach dem Gesagten erahnen. Dies und weitere sich abzeichnende gesundheitspolitische Neuerungen von großer Tragweite werden in vielen Fällen die Entscheidung „pro colonia apothecae" erschweren, sofern dieser das Prädikat „zukunftssicher" verliehen werden soll.

Zahlreiche ältere Kollegen, durch die handstreichartigen Veränderungen im Gesundheitswesen der vergangenen Jahre vermeintlich ihrer Altersversorgung beraubt, werden durch die Expansionsbestrebungen jüngerer Apotheker nun doch noch eine (möglicherweise letzte) Chance auf die Erzielung eines für nicht mehr möglich gehaltenen Firmenwertes erhalten. Der Übernahmewillige sollte jedoch sorgfältig kalkulieren: der vermeintliche "Glücksfall" eines Kaufes kann sehr schnell zum wirtschaftlichen Albtraum mutieren. Summiert man alle Überlegungen, bleibt zu erwarten, dass der Erwerb von Filialbetrieben unter der Schar der Erwerber nicht nur Gewinner hervorbringen wird.

3.3   Projektplan

Im Zuge von Kauf- und Übernahmevorbereitungen fallen erfahrungsgemäß eine beträchtliche Anzahl von Problemen und Schwierigkeiten an, die einen zügigen Projektablauf zu behindern drohen. Schnittstellen zwischen der Hauptapotheke und dem neu hinzukommenden Betrieb sind zu definieren, Personal ist bedarfsgerecht einzuplanen, der Warenfluss ist neu zu organisieren, eine gemeinsame Kommunikationsplattform ist zu etablieren, behördliche Formalitäten sind zu erledigen. Zur Vermeidung unnötiger Reibungsverluste empfiehlt sich die Aufstellung eines detaillierten Projektplans. Der Plan legt zeitliche Meilensteine für die Umsetzung aller wichtigen Arbeiten und Tätigkeiten fest, die für eine fristgerechte und vollumfängliche Inbetriebnahme des Filialbetriebes erforderlich sind. Um rasch zu einer Festlegung dieser Tätigkeiten zu gelangen und dabei gleichzeitig Kriterien an der Hand zu haben, die eine Bewertung zugrundeliegender Arbeitsprozesse nach Relevanz und Dringlichkeit ermöglichen, hat sich beispielsweise die Technik des morphologischen Kastens bewährt.

Der morphologische Kasten
Dies ist eine der bekanntesten Problemlösungstechniken. Das Verfahren wurde 1956 von Schweizer Astrophysiker Fritz Zwicky entwickelt. Hierbei wird ein Problem in Teilaspekte (sog. Parameter) zerlegt. Die möglichen Erscheinungsformen eines Parameters, sog. Komponenten, werden in einer morphologischen Matrix tabellenartig aufgeführt. Die systematische Kombination je einer Komponente pro Parameter über alle Matrixparameter ergibt eine mögliche Lösung. Unter Anwendung dieser Technik lassen sich auch komplexe Problemstrukturen in kurzer Zeit erkennen und analysieren und einer gezielten Lösung zuführen.

Das Verfahren erlaubt es, alle Teilaspekte, die mit den zur Verfügung stehenden zeitlichen, finanziellen, personellen und sonstigen betrieblichen Ressourcen interagieren, strukturiert darzustellen und in die Form eines Ablaufschemas zu überführen. Den resultierenden Prozessschritten werden im Projektplan nun Verantwortlichkeiten und Fristen zugeordnet: „Was wird wann von wem erledigt?" (Ggf. muss auch das „wie" festgelegt sein.) Durch die Verteilung der Aufgaben auf mehrere Schultern werden Schnelligkeit und Effizienz der Projektumsetzung gesteigert. Die in der Agenda festgelegten Meilensteine bilden Entscheidungspunkte für den Apothekenleiter, an denen das Gründungsprojekt in der vorgesehenen Weise weiterverfolgt wird oder nicht kalkulierbare Abweichungen Änderungen in der Planung, gegebenenfalls sogar in der Höhe der Mittelbereitstellung erforderlich machen. Alle Modifikationen und Änderungen sollten ebenfalls schriftlich erfasst werden, um für alle Beteiligten (Personal, Steuer- oder Unternehmensberater, Kreditgeber u.v.a.) größtmögliche Transparenz zu erzielen.

3.4   Die Infrastruktur einer Filialapotheke

Ausgangspunkt war die Überlegung, in welchen Punkten sich die Infrastruktur einer Filialapotheke sinnvollerweise vom wirtschaftlichen und organisatorischen Unterbau der „klassischen" Einzelapotheke unterscheiden sollte, ohne dabei rechtliche oder ethische Grenzen zu tangieren. Die Ausführungen werden um Themen und Sachverhalte ergänzt, die im Zuge von Kauf und Betriebsführung einer modernen, auf wirtschaftlichen Erfolg ausgelegten öffentlichen Vollapotheke aktuell bedacht werden sollten. Im Mittelpunkt der Betrachtungen stehen somit Erscheinungsbild, Raumaufteilung und Einrichtung von Filialapotheken, Apothekenwarenwirtschaftssysteme (Apotheken-EDV-Systeme) und deren Vernetzungsmöglichkeiten, eine Diskussion um die Vor- und Nachteile von automatisierten Lagersystemen (Kommissionierautomaten), Anmerkungen zum Warenlager und zu dessen Bevorratung, Personalplanungsstrategien und Empfehlungen zur Dienstleistungsqualität sowie der verbundsinternen Implementierung eines Qualitätsmanagementsystems. Die Übersicht erhebt keinerlei Anspruch auf Repräsentativität oder Vollständigkeit, zumal jede Filialgründung von einer Vielzahl regional unterschiedlicher Besonderheiten begleitet und geprägt ist. Hinsichtlich überwiegend betriebswirtschaftlich, steuer- oder apothekenrechtlich veranlasster Fragestellungen wird auf die beiden vorangegangenen Kapitel verwiesen.

Wie eingangs bereits erwähnt, kann eine bestehende öffentliche Einzelapotheke als Filialbetrieb fortgeführt werden („Übernahme als Filialbetrieb"). Alternativ kann eine Filialneugründung an einem geeigneten Standort durchgeführt werden. Die folgenden Ausführungen beziehen sich auf das Szenario der Übernahme einer bereits existierenden Apotheke. Ist im Text nichts weiter vermerkt, sind Vorschläge und Empfehlungen auf das Beispiel einer Filialneugründung sinngemäß übertragbar.

3.4.1 Außenbereich der Apotheke

Erfahrungsgemäß schenken viele Käufer der Innenausgestaltung einer Apotheke mehr Beachtung als dem Außenbereich. Dabei wird übersehen, dass ein verkehrstechnisch günstig gelegener, attraktiver Außenbereich signifikanten Einfluss auf die tägliche Kundenanzahl hat.

Öffentliche Verkehrsflächen und Parkplätze

Auf die Bestimmung der Apothekenbetriebsordnung nach einem Zugang der Apothekenoffizin zu öffentlichen Verkehrsflächen soll an dieser Stelle nicht weiter eingegangen werden (§ 4 Abs. 2 ApBetrO). Häufig weisen die unmittelbar vor dem Eingangsportal befindlichen Verkehrsflächen (v.a. Gehsteige) ein recht unansehnliches Erscheinungsbild oder eingeschränkte Zugangsmöglichkeiten auf. Diese Zustände lassen es angeraten erscheinen, mit dem zuständigen Stadt- oder Gemeindeoberhaupt ein Gespräch über mögliche Sofortmaßnahmen zur optischen und funktionellen Aufwertung zu führen. Vor allem kleinere Gemeinden haben ein vitales Interesse an der Fortführung des einzigen Apothekenbetriebes vor Ort, zumal dessen Existenz die Attraktivität einer Kommune deutlich aufwertet. Die Abgabe einer Standortgarantie durch den zukünftigen Filialinhaber kann zu weitreichenden Zugeständnissen durch die Gemeinde führen, sofern deren Finanzierbarkeit gesichert ist. Das Gespräch sollte auch den Wunsch nach Schaffung einer ausreichenden Anzahl von Parkplätzen einbeziehen, die als Kurzparkzonen ausgewiesen für die erforderliche Fluktuation parkender Fahrzeuge vor dem Ladengeschäft sorgen. Kommt es zwischen Kommune und Kaufinteressenten bedauerlicherweise zu keiner Einigung, sollte die Außenbereichsproblematik im Zuge der Kaufentscheidung und Preisfindung einer kritischen Würdigung unterzogen werden.

Fassadenbild

Das Sprichwort „Der erste Eindruck entscheidet" trifft natürlich auch für Apotheken zu. Deshalb sollte kritisch geprüft werden, ob das äußere Erscheinungsbild noch die Erwartungen an ein modernes Marketingkonzept erfüllt. Oft bedarf die Herstellung eines optisch attraktiven Fassadenbildes keiner großen bautechnischen Änderungen. Gezielt eingesetzt, können bereits kleine, kostengünstige Maßnahmen ein Aha-Erlebnis auslösen. Beispielsweise kann durch das Reinigen der Fassade mit Hochdruckreinigern oder mittels eines frischen Farbanstrichs (Farbmarketing) ein verstaubtes Image korrigiert und die frohe Botschaft einer kundenorientierten „Wohlfühl-Apotheke" verbreitet werden. Eine optische Akzentuierung prägender Fassadenelemente durch eine optimierte Außenbeleuchtung (z.B. elektrische Wandfluter) wird den positiven Eindruck noch verstärken.

Die Wirkung von Farben (Farbmarketing)

Farben üben einen starken Einfluss auf den Menschen und dessen Verhalten aus. Dies verwundert nicht, erfolgen doch knapp 85 Prozent unserer Wahrnehmungen, die in Teilen des menschlichen Gehirns mit Gefühlen assoziiert werden, über das Auge. Das sog. Farbmarketing beschäftigt sich mit Fragen der Interaktion von Farbgestaltung und Konsumentenverhalten. So lässt sich der „Mehrwert" einer Apotheke beispielsweise mittels einer dezidierten Farbwahl im Außen- und Innenbereich visualisieren. Auf die von spezialisierten Malerfachbetrieben und Apothekeneinrichtern angebotene Dienstleistung, eine Fotografie der Apothekenfassade per EDV entsprechend den Kundenwünschen einzufärben, sei ergänzend hingewiesen.

Die Frage bleibt zu stellen, inwiefern es empfehlenswert sei, allen der Filialkette zugehörigen Apotheken ein vergleichbares äußeres Erscheinungsbild („McDonald's-Philosophie") oder – in abgeschwächter Form – bestimmte übereinstimmende Gestaltungsmerkmale, abgesehen vom großen gotischen „Apotheken-A" auf weißem Grund, zu verordnen. Auch wenn es „den" Branchenstandard im Apothekendesign nicht gibt und regionale Besonderheiten im Baustil um so mehr zu berücksichtigen sind, so sei doch immerhin ein Hinweis erlaubt. Der Kunde, der eines der zahlreichen Fast-Food-Restaurants von McDonald's betritt (in Deutschland knapp 1.100 Filialen mit 54.000 Mitarbeitern, nach Schlosser [2002]), erwartet keine alternierenden Speiseempfehlungen und individualisierten Dienstleistungen, sondern standardisierte Produkte (weitestgehend identischer optischer und geschmacklicher Ausprägung), stets gleichen Service sowie eine einheitliche Infrastruktur. Diese vom Kunden antizipierte Uniformität spiegelt sich im äußeren Erscheinungsbild eines Großteils der McDonald's-Filialen bewusst wider. Der McDonald's Werbeslogan „Ein Geschmack für die ganze Welt" erhebt die Einförmigkeit zum Maßstab.

Öffentliche Apotheken hingegen profitieren von ihrer Individualität und Unverwechselbarkeit. Hinzu kommt, dass sie – anders als McDonald's Filialen – im kompetitiven Wettbewerb zueinander stehen, was die Diversifikation unerlässlich macht. Die Unterschiede in der Sortimentsvielfalt, in der Ansprache durch das Personal, im Dienstleistungsumfang, im Design und Ambiente werden vom Besucher sehr sorgfältig registriert und führen dazu, dass der Kunde sich an eine bestimmte Stammapotheke bindet, mit der er sympathisiert. Es

spricht folglich nichts dagegen, wenn Filialapotheken auch in die Unterschied-
lichkeit ihres Außendesigns investieren. Das dieser Diversifikationsstrategie
zugrundeliegende Marketingkonzept zielt auf die Bindung unterschiedlicher
Käuferschichten an das Gesamtunternehmen ab. Abwanderungen von Kunden
zu benachbarten Mitbewerbern werden minimiert, gegebenenfalls sogar unterbunden. Als Faustformel mag gelten: je näher die Verbundapotheken benachbart sind, desto mehr Wert sollte auf ein unterscheidbares Äußeres gelegt werden, welches den Filialcharakter „unterbetont".

Werbeanlagen

Möglicherweise wird sich der zukünftige Inhaber mit dem Gedanken tragen,
den Filialbetrieb mit einer neuen Außenwerbeanlage fortzuführen. Dies macht
den Austausch bestehender Hinweisschilder, Werbeschriften, Werbetafeln und
Leuchtreklamen erforderlich. Es sei daran erinnert, dass größere Veränderungen an der Außenfassade – darunter fällt in der Regel auch das Anbringen von
Werbeanlagen – meist einer Genehmigung durch die zuständigen Bauord-
nungsämter bedürfen.

Die Gründe, die den Apotheker zum Austausch bewegen könnten, sollen im
Folgenden näher untersucht werden. Zunächst könnte der Wunsch nach einer
vereinheitlichten Apothekennamensgebung den Anlass darstellen. Alle Filialapotheken können mit demselben Namen wie die Hauptapotheke firmieren,
sofern keine Verwechslungsgefahr besteht. Eine Verwechslungsgefahr wäre
dann gegeben, wenn zwei Verbundapotheken mit identischer Namensgebung
am gleichen Ort residieren würden. An dieser Stelle sei aus Sicht der Kunden
festzustellen, dass der Firmenname unzertrennbar mit dem guten oder
schlechten Image des Betriebes verbunden ist. Die Apotheke bezieht einen Teil
ihrer Identität aus dem Namen. Die Tatsache, dass ein Unternehmen, welches
möglicherweise schon seit Jahrzehnten erfolgreich am Markt existiert, neuer-
dings Filialstatus erlangt, wird nun nicht unbedingt auch eine Umbenennung
erforderlich machen. Man sollte sich vergegenwärtigen, dass es üblicherweise
sehr lange dauert, bis sich ein neuer Firmenname im Bewusstsein der Bevölkerung manifestiert hat. Andererseits kann ein frischer Name Aufbruch und Neu-
anfang signalisieren. Eine Namensänderung wird dann in Erwägung zu ziehen
sein, wenn die Kundenakzeptanz der Apotheke im Verlauf der letzten Jahre
aufgrund verschiedener Umstände merklich gelitten hat.

Welche Gründe kommen für einen Austausch der Werbeanlagen noch in Frage? Die Anlagen weisen ein wenig attraktives oder unzeitgemäßes Erscheinungsbild auf. Ein Handlungsbedarf könnte auch aus der Beobachtung abge-

leitet werden, dass die Außenwerbung von Passanten kaum noch wahrgenommen wird. Technische Defekte, Überalterung der Leuchtmittel, auch ein subjektiver Gewöhnungseffekt können für die stark eingeschränkte Erkennbarkeit verantwortlich sein. Auch kann der Wunsch des Inhabers ausschlaggebend sein, die Corporate Identity (CI) des Apothekenverbundes durch eine individuelle Ausgestaltung der Werbeanlagen zu betonen. Wo möglich, sollten nicht ein kompletter Austausch, sondern lediglich gezielte Modifikationen der Werbeanlagen in Erwägung gezogen werden. Zumal für einen umfassenden Austausch der Anlagen im Außenbereich je nach Auftragsumfang und realisiertem Design mehrere tausend bis zehntausend Euro zu kalkulieren sind. In allen Fällen empfiehlt sich die Einbeziehung eines versierten Werbefachmanns, Unternehmensberaters oder Apothekeneinrichters, die alle ein ansprechendes Design, gepaart mit hoher Funktionalität und Werbewirksamkeit realisieren können. Abschließend gilt es zu bedenken, dass Modifikationen an den Außenwerbeanlagen oft auch kostenintensive Veränderungen im Inneren der Apotheke nach sich ziehen, um die wünschenswerte Harmonie zwischen Fassaden- und Offizindesign aufrechtzuerhalten.

Eingangsbereich

Dem Apothekeneingang ist besondere Bedeutung zuzumessen. Nicht nur Mütter mit Kinderwägen, ältere Menschen oder Personen mit körperlicher Behinderung werden der Apotheke den Vortritt geben, die ihren Besuch mit einem besonders einfachen Eintritt belohnt. Trotz dieses bekannten Sachverhalts wird der Eingangsbereich von manchem Inhaber noch immer recht stiefmütterlich behandelt. Die Übernahme einer bestehenden Apotheke als Filiale bietet die Möglichkeit, die Tür zur Offizin dem aktuellen Stand der Technik anzupassen und – als angenehmer Zusatznutzen – Stamm- und Neukunden die Hinwendung zu einer noch kundenorientierteren Unternehmensphilosophie zu demonstrieren. Stufen im Eingangsbereich sind zu beseitigen und erforderlichenfalls durch eine Rampe mit Handlauf zu ersetzen. Eine moderne Automatiktür sollte ebenfalls eingeplant werden. Sie ist ab einem Preis von ca. 7.500€ inklusive Einbau erhältlich und kann, keine architektonischen Besonderheiten vorausgesetzt, innerhalb von zwei Werktagen installiert werden. Gebräuchliche Ausführungen sind Schiebe-, Bogenschiebe- und Drehflügeltüranlagen.

3.4.2 Innenbereich der Apotheke

Allgemeines

In den folgenden Ausführungen werden der Verkaufs- und Kundenaufenthaltsbereich (Offizin) und der Backofficebereich (zuweilen auch als der „hintere, dem Kunden nicht zugängliche Teil" der Apotheke bezeichnet, die mit den Funktionsräumen Laboratorium, Nachtdienstzimmer und Pausenraum sowie ausreichendem Lagerraum und Sanitärräumlichkeiten ausgestattet sein muss) getrennt behandelt.

Nebenbei: Die Verpflichtung zur Vorhaltung eines Pausenraums ergibt sich gemäß § 29 Arbeitsstättenverordnung immer dann, wenn der Arbeitgeber mehr als zehn Arbeitnehmer in einer Arbeitsumgebung beschäftigt, die nicht als Büroraum klassifizierbar ist. Beim Vorliegen bestimmter betrieblicher Umstände kann ein Pausenraum jedoch bereits bei weniger als 10 Angestellten erforderlich werden. Die Grundfläche eines Pausenraumes muss mindestens 6,0 Quadratmeter betragen. In der Apothekenpraxis werden Nachtdienstzimmer und Pausenraum oft räumlich zusammengelegt.

Dem übernahmewilligen Apotheker wird die sorgfältige und kritische Evaluierung beider Teilbereiche vor und hinter dem HV-Tisch angeraten. Häufig werden vor allem bei älteren Übernahmeobjekten Schwächen im organisatorischen Ablaufschema des Backofficebereiches auffällig. Ursachen hierfür könnten beispielsweise unergonomische oder ungünstig positionierte Arbeitsplätze, unzureichende Be- und Ausleuchtung, Schwächen im Transportfluss, unnötig lange Wege und nur über Treppen erreichbare Lagerräume sein. Meist hat Betriebsblindheit oder die Scheu, den laufenden Apothekenbetrieb durch Renovierungsarbeiten zu beeinträchtigen, die Beseitigung dieser Schwachstellen verhindert. In einigen wenigen Fällen können „kosmetische Korrekturen" für eine Verbesserung der Rahmenbedingungen sorgen. Die meisten Improvisationsmaßnahmen wirken jedoch nicht auf Dauer. Spätestens dann stellt sich die Erkenntnis ein, dass die ermittelten Defizite nur durch mehr oder minder große Renovierungs- oder Sanierungsaktionen eliminiert werden können.

Ist ein Modernisierungsbedarf evident geworden, bieten sich zwei sinnvolle Vorgehensweisen an, die maßgeblich von der finanziellen Ausstattung des Filialinhabers und dem kalkulierten Übernahmerisiko abhängen. Sagen Filialstandort und wirtschaftliche Rahmenbedingungen eine günstige Zukunftsperspektive voraus, stehen einer sofortigen Renovierung oder Sanierung nichts im Wege. Der Apothekenbetrieb startet in einem neuen Outfit durch, welches bei entsprechender Attraktivität sicherlich auch viele potenzielle Neukunden an-

locken dürfte. Für eine komplette Renovierung sind ein bis zwei Wochen einzuplanen. Zahlreiche Apothekeneinrichter geben hierbei die Zusage, dass der Apothekenbetrieb in diesem Zeitraum in eingeschränkter Form fortgeführt werden kann (sog. Notbetrieb). Offenbaren Standort und (wirtschaftliche) Rahmenbedingungen hingegen ein nicht unerhebliches Risikopotenzial für den Betreiber, sollte die Renovierung tunlichst auf einen Zeitpunkt verschoben werden, an dem die Rentabilität des Betriebes auf Basis „harter" betriebswirtschaftlicher Kennzahlen erwiesen ist. Als weiteres Argument für eine aufgeschobene Renovierung wird zuweilen angeführt, dass ein späterer Umbau die öffentliche Neugierde aufs Neue erweckt und so Fremdkundschaft dazu verleiten könnte, die frisch renovierte Apotheke zu inspizieren. Mögliche Modernisierungsmaßnahmen werden in den folgenden Abschnitten beschrieben.
Eine Checkliste zur Erstellung des Zustandsberichts einer in Betrieb befindlichen Apotheke findet sich in der Anlage.

Die empfohlene Analyse der Apotheke kann im ungünstigsten Fall zu dem Ergebnis führen, dass die Grundfläche der Betriebsräume 110 m^2 unterschreitet und folglich nicht mehr den Bestimmungen des § 4 Abs. 2 ApBetrO entspricht. Das beschriebene Szenario erscheint bei alten Apotheken, die über Jahrzehnte hinweg im Eigentum eines einzigen Apothekers waren, nicht gänzlich ausgeschlossen. Nach Bekanntwerden dieses Sachverhaltes sollte zunächst Kaufzurückhaltung ausgeübt werden. Eine Fortführung des Betriebes ist nur dann möglich, wenn die zuständige Überwachungsbehörde eine Bestandsschutzgarantie erlässt oder eine in der Regel umgehend einzuleitende Baumaßnahme zur Vergrößerung der Betriebsfläche führt. Die Renovierungslösung dürfte jedoch mit erheblichen Kosten verbunden sein, welche die Rentabilität des Vorhabens insgesamt in Frage stellen könnte. Dem Autor liegen Informationen zu Fällen vor, in denen die Überwachungsbehörden bestimmter Bundesländer eine Übertragung des Bestandschutzes verweigert haben.

Die Offizin

Die Offizin ist das Aushängeschild der Apotheke. An diesem Ort entscheidet sich, ob der Kunde wieder kommt. Unbestreitbar tragen kompetentes und höfliches Auftreten von Chef und Mitarbeitern, die Qualität der individuellen Beratung, ein attraktives Waren- und Dienstleistungsangebot sowie eine hohe Produktverfügbarkeit einen enormen Anteil zur Kundenbindung bei. Der verkaufsfördernde Effekt, den ein heller und freundlich eingerichteter Verkaufsraum auf den Konsumenten ausübt, wird jedoch selbst von erfahrenen Kaufleuten oft unterschätzt. Einerseits wird die Erwartungshaltung der Kunden hinsichtlich der Ausgestaltung von Ladengeschäften heute mehr und mehr vom

Standard der nach modernsten verhaltenspsychologischen Erkenntnissen konstruierten Einkaufszentren in bester Citylage geprägt. Die Apotheke sollte sich vor diesen Erkenntnissen nicht verschließen. Andererseits muss eine Offizineinrichtung auch bestimmte ausschließlich für Apotheken typische Merkmale aufweisen, damit der Kunde eine Apotheke zweifelsfrei als solche wiedererkennt.

In vielen älteren Apotheken, die aktuell als Übernahmeobjekte anstehen, kam der Größe und Ausgestaltung der Offizin nicht die Bedeutung zu, die ihr heute von marketingaktiven Kollegen zugemessen wird. Oft beträgt der Anteil des Verkaufsraumes an der Gesamtfläche deutlicher weniger als 20 Prozent, bezogen auf eine 120 m²-Apotheke. Für moderne Apotheken mag diese Offizinfläche tatsächlich nicht mehr zeitgemäß sein, auch wenn oft und gerne eingewendet wird, dass die größten Flächenanteile der Präsentation der kleinsten Ertragsbringer, nämlich der freiverkäuflichen Arzneimittel und des freiverkäuflichen Nebensortimentes (sog. apothekenübliche Waren gemäß § 25 ApBetrO) vorbehalten sind. Der Umsatzanteil an freiverkäuflichen Arzneimitteln liegt in Apotheken durchschnittlich bei 1 bis 2 Prozent, an medizintechnischen Produkten bei 3 bis 5 Prozent und am apothekenüblichen Ergänzungssortiment (v.a. Körperpflegemittel, Nahrungsergänzungsmittel und Diätetika, Verbandmittel) bei ca. 3 Prozent.

Für Filialapotheken, die als Neugründungen geplant sind oder die aus der Sanierung bestehender Altbestände hervorgehen, legen moderne Konzepte von Apothekeneinrichtern den Anteil der Offizinfläche an der Gesamtfläche auf circa 50 Prozent fest. Cyran und Rotta (2003) weisen in ihrem Kommentar allerdings auf eine Verwaltungsanordnung des Ministeriums für Arbeit, Gesundheit und Soziales Nordrhein-Westfalen hin. Demnach darf die Größe einer Offizin 30 % der Gesamtfläche der Apothekenbetriebsräume nicht überschreiten. Apothekenübliche Waren im Sinn von § 25 ApBetrO dürfen danach auf höchstens 50 % der Fläche der Offizin angeboten werden. Inwiefern diese Anordnung auch in anderen Bundesländern sinngemäß Anwendung findet sei dahingestellt. Neue Entwicklungen dürfen nicht allein unter Hinweis auf das traditionelle Erscheinungsbild der deutschen Apotheke blockiert werden. Im Diskussionsfall wird der Apothekeninhaber in der Nachweispflicht stehen, dass die Betriebsräume einen ordnungsgemäßen Apothekenbetrieb i.S.v. § 4 Abs. 1 ApBetrO erlauben.

Abbildung 3.1 zeigt das Beispiel eines Einrichtungsgrundrisses für eine Filialapotheke in Lauflage, die ein aktuelles und zeitgemäßes Raumaufteilungskonzept zur Grundlage hat.

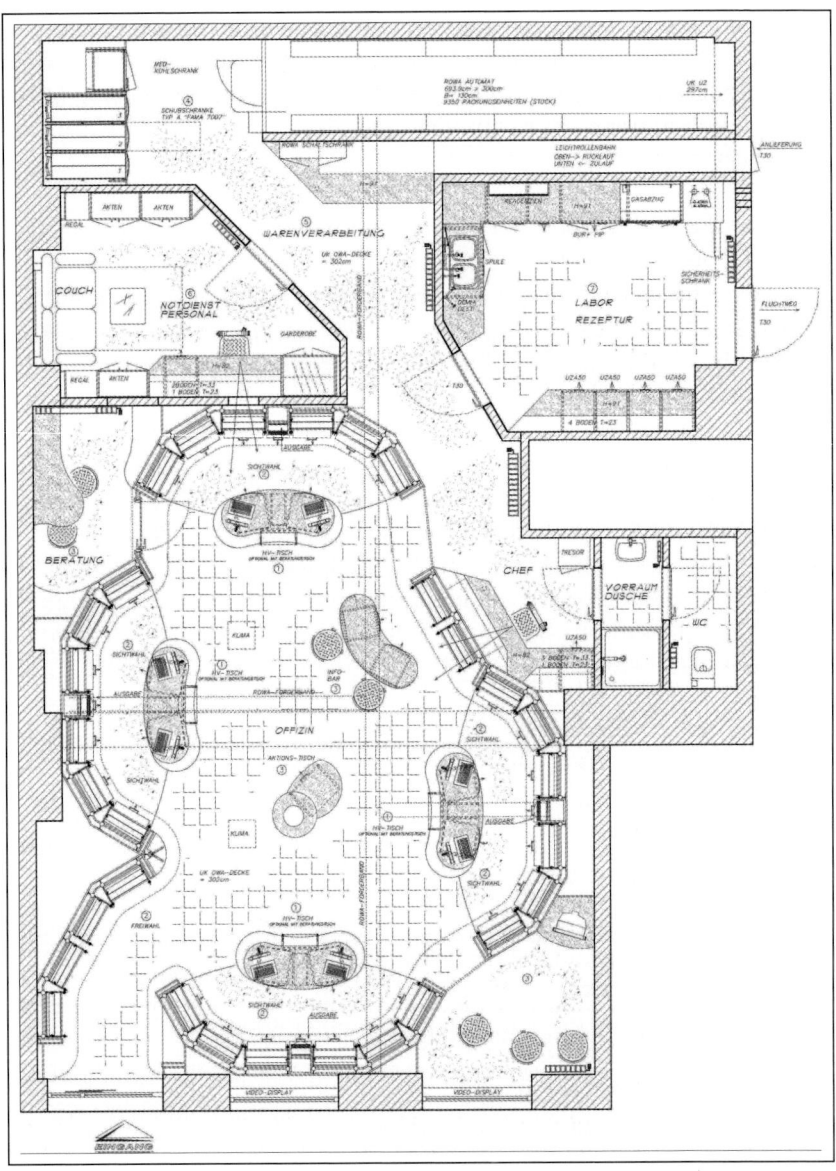

Abb. 3.1 Einrichtungsgrundriss (Hülsebeck Geschäftseinrichtungen GmbH 2004); Weiteres im Text.

Trotz einer relativ kleinen Gesamtbetriebsfläche von nur circa 120 m^2 konnte eine Offizinfläche von fast 60 m^2 realisiert werden.

Durch die annähernd ovale Form des Verkaufsraumes lassen sich vier HV-Tische positionieren, die alle über eine eigene Sichtwahl verfügen. Die Offizin ist um eine Infobar (mit Sitzgelegenheit) und um einen zentralen Aktionstisch ergänzt. Sie sollte zudem über ein Kindereck verfügen. Ein origineller Lösungsansatz sieht in einem abgetrennten Bereich sogar ein kleines Kinderkino vor. Für angenehme Raumtemperaturen sorgt eine zugfreie Klimaanlage.

Dem Offizinbereich zugehörig, aber durch eine blickdichte Tür beziehungsweise durch einen Vorhang abgetrennt, finden sich Intensivberatungsplätze mit einer Fläche von ca. 4 bis 6 m^2. Darin ist auch die „Vertraulichkeit der Beratung" i.S.v. § 4 Abs. 2 ApBetrO gewahrt. Von der Blutzuckermessung über die Vorführung eines Schulungs- oder Informationsvideos bis hin zur Kompressionsstrumpfanmessung erfüllen diese Kabinen einen Multifunktionsanspruch. Sie sind in der Basisversion mit einem Tisch, mehreren Sitzgelegenheiten und einem verschließbaren Musterschrank ausgestattet. Ein PC-Anschluss, Videoabspielgerät mit Bildschirm und ein Waschbecken können die Ausstattung ergänzen. Die Schaufenster wurden im betreffenden Beispiel durch großformatige Video-Displays ersetzt.

Der Backofficebereich

Zugunsten eines ausgedehnten Verkaufsbereiches werden die Funktionsräume Laboratorium und Nachtdienstzimmer auf die zulässige Mindestfläche reduziert. Das Nachtdienstzimmer dient in der Abbildung 3.1 gleichzeitig als Pausenraum (Personalaufenthaltsraum), auf dessen mögliche Erfordernis bereits hingewiesen wurde. Ein eigener Geschäftsraum (Büro) für den Filialleiter entfällt. Dessen Arbeitsplatz wird an zentraler Stelle installiert, was die sofortige Verfügbarkeit des Filialleiters für Beratungs- und Verkaufsleistungen erhöht und ihm gleichzeitig guten Einblick sowohl in den Offizin- als auch in den Backofficebereich gewährt. Ein abgetrennter Lagerraum oder ein Archiv entfallen, die Schubschrankanlage ist einem Kommissionierautomaten gewichen, der die HV-Tische über ein Förderband direkt mit Produkten versorgt. Der warenverarbeitende Bereich (zuweilen auch Beschaffungsbereich genannt) ist auf das Nötigste verkleinert. Eine Konzentrierung auf den Verkaufsbereich, kurze Wege und klar strukturierte, übersichtliche Betriebsabläufe mit dem Hintergedanken, Personal nicht in einem ausufernden Backofficebereich zu binden, sondern sie für Beratung und Verkauf verfügbar zu halten, sind die erklärten Ziele der neuen Konzepte.

Das Grundkonzept könnte bei entsprechendem Flächenangebot um weitere Funktionsräume ergänzt werden, die beispielsweise der Produktzwischenlagerung, der Zytostatikaherstellung, der Kosmetikproduktion, der Medikamentenverblisterung bei Heimbelieferung, dem Medikamentenversand oder der Personalschulung dienen. Für Vortragstätigkeiten, die sich an Kunden oder Kollegen aus den Heilberufen wenden, können Seminarräume mit eigenem Zugang zu öffentlichen Verkehrsflächen geschaffen werden.

3.4.3 Tipps zur Apothekeneinrichtung

Dem Käufer wird sich die Frage stellen, ob er die bestehende Offizineinrichtung belässt, teilweise renoviert oder gar eine vollständige Sanierung des Verkaufsraumes durchführt. Zwingen die beengten Räumlichkeiten der Offizin zu baulichen Maßnahmen, werden üblicherweise auch große Teile der bestehenden Einrichtung der Modernisierungsmaßnahme zum Opfer fallen. Neues Mobiliar kann nun entsprechend aktuellen Trends gewählt werden. Entspricht der Verkaufsbereich jedoch in etwa den Größenvorstellungen des Betreibers und handelt es womöglich noch um eine neuwertige oder zumindest gut erhaltene, funktionelle Einrichtung, wäre es wirtschaftlich unklug, die Einrichtung ohne triftigen Grund zu entfernen. Zumal sich nur in seltenen Fällen Abnehmer für gebrauchtes Apothekenmobiliar finden lassen. Ausnahmen stellen Schubladenschränke, Laboreinrichtungen und Einrichtungen aus Notdienstzimmern dar, die von Apothekeneinrichtern zum Zwecke des Weiterverkaufs erworben werden. Auch wenn die zu übernehmende Einrichtung hinsichtlich des Designs und der Farben partout nicht den Geschmack des Erwerbers treffen sollte, so ist doch zu bedenken, dass gezielte Retuschen den Gesamteindruck rasch zum Positiven verändern können. Apothekeneinrichter, Innenarchitekten oder Raumausstatter werden hinsichtlich der Umsetzung beratend zur Seite stehen können.

Unter dem Mobiliar im Bereich der Offizin besitzen die Beratungs-, Verkaufs- und Kassenplätze (HV-Tische) herausragende Bedeutung. Einerseits sollten sie multifunktional sein, da sie Teile der Apotheken-EDV einschließlich der Kassen aufnehmen und der Platzierung von Verkaufswaren dienen. Andererseits sollten sie ein einladendes, ja wohnliches Image aufweisen, stellen sie nichts weniger als den Hauptschauplatz der Kontakte zwischen Kunden und Mitarbeitern dar. Neben den gebräuchlichen Einzelplatz- und Mehrplatz-Handverkaufstischen, die eine stehende Bedienung vorsehen, gewinnt eine neue Form an Bedeutung, die beidseitig Sitzgelegenheiten bietet. Dieser sogenannte Sitzhandverkaufstisch zollt dem gestiegenen Beratungsbedarf Rech-

nung und symbolisiert gleichzeitig, dass man den Kunden „nicht außen vor stehen lassen will". Soll die Offizin mit relativ geringem Aufwand ein neues Aussehen erhalten, ist an erster Stelle an einen Austausch der Handverkaufstische zu denken. Ein moderner Doppel-HV-Tisch ist mit Einstandskosten ab circa 3.000 bis 4.000 € zu veranschlagen. Möglicherweise wird auch über eine Erneuerung von Teilen der Sicht- und Freiwahl zu diskutieren sein. Kosten von durchschnittlich 1.000 € per laufendem Meter Regalfläche sind zu kalkulieren. Auch die Allgemeinbeleuchtung und die Akzentbeleuchtung verdienen besondere Aufmerksamkeit. Beleuchtungsstärke, Lichtfarbe und Farbwiedergabe sowie die Auswahl und Stärke der Lichtakzente sind sorgsam zu planen. Die Wahl der richtigen Kombination aus beiden Beleuchtungsarten stellt eine der Grundlagen für eine Wohlfühlatmosphäre in der Offizin dar. Aktuelle Lichtkonzepte sehen für die Grundbeleuchtung eine neutralweiße Lichtfarbe (Typ „nw") vor, während sich für die Akzentbeleuchtung der Produkte die Hochwertigkeit signalisierenden warmweißen Lichtfarben („ww") empfehlen. Abschließend sei noch angemerkt, dass die Lichtqualität nicht nur einen merklichen Einfluss auf die Verweildauer der Kunden in der Apotheke ausübt, sondern auch das Wohlbefinden und die Produktivität der in der Apotheke beschäftigten Personen beeinflusst. Eine Modernisierung der Beleuchtung schlägt mit circa 150 bis 200 € pro Quadratmeter Deckenfläche zu Buche.
Sollte die Offizin der Filialapotheke die „Vertraulichkeit der Beratung" noch nicht im erforderlichen Umfang gewährleisten, kann mit relativ geringem Aufwand, zum Beispiel durch Einziehen einer Trennwand, ein kleines Séparée (Kabine) vom Rest der Fläche abgetrennt und mittels einer Tür oder einem Vorhang dem Einblick neugieriger Kunden entzogen werden.

Schaufenster, Boden- und Wandbereich

Während die Bereiche Schaufenster, Boden und Wandbereich seitens Apotheker und Personal traditionell eher mäßige Wertschätzung erfahren, zählen sie aus Sicht der Kunden mit zu den bedeutsamsten (negativen) Imagefaktoren. Bei Beachtung folgender Empfehlungen kann der Filialinhaber mit vergleichsweise minimalem Aufwand Pluspunkte im Ansehen seiner neuen Kundschaft sammeln.

Das „ideale Schaufenster" will dem Kunden einen ersten visuellen Kontakt zu einem Ausschnitt aus dem Sortiment der Apotheke vermitteln und ihm gleichzeitig Einblick in den Verkaufsbereich gewähren. Es übt auch eine psychologische „Magnetwirkung" aus: Sind die vermittelten Eindrücke stimmig und positiv, sieht sich der Betrachter spontan zum Betreten der Apotheke veranlasst. In modernen Marketingkonzepten zeichnet sich ein Trend zu großzügigen Sichtbereichen ab (sog. Durchsichtanlagen), die dem Passanten das Gefühl vermitteln, bereits mitten im Laden zu stehen. Doch auch bei kleinen Schaufenstern kann eine angepasste Warenpräsentation zur gewünschten Transparenz führen.

Ein komplettes Verstellen der Schaufenster mit Waren, Dekorationen oder Blicksperren sollte vermieden werden. Viele Kunden zeigen Hemmungen, ein Ladengeschäft zu betreten, wenn der freie Einblick auf Personen und Aktivitäten im Inneren versperrt ist (Schwellenangst). Eine Blicksperre ist jedoch nur dann zwingend erforderlich, wenn sich hinter dem Schaufenster Räumlichkeiten befinden, in denen Tätigkeiten durchgeführt werden, die dem Blick der Öffentlichkeit entzogen sein sollten, wie z.B. das Anpassen von Kompressionsstrümpfen. In diesen Fällen ist dem Einzug einer Trennwand oder der Opakisierung der Schaufensterverglasung der Einbau einer Multimediawand oder eines großflächigen Video-Displays vorzuziehen.

Bei kleinförmigen Dekorationen und Auslagen empfiehlt es sich, die Präsentationen immer in Augenhöhe durchzuführen. Eine hochwertige Beleuchtung verstärkt die Signalwirkung des Fensters und rückt die ausgestellten Waren ins richtige Licht. Die Warenbewerbung ist auch unter dem Gesichtspunkt des Corporate Designs zu sehen. Der Stil der Präsentation im Schaufensterbereich sollte möglichst nahtlos von der Regaleinrichtung und der dort gewählten Produktauslage fortgesetzt werden.

Saubere Böden und Wandflächen sind gleichfalls in höchstem Maße imagebildend. „Vorne hui, hinten pfui" ist der Eindruck, den Kunden mancherorts über den Fußbodenbelag einer Apotheke gewinnen. Ist der harte Oberboden (Steinzeug, Fliesen, Granit, Naturstein) im Offizinbereich durch die tatkräftige Mithilfe der Putzfrau meist blitzblank, versagen ihre Fähigkeiten angesichts eines über Jahre hinweg porentief verdreckten textilen Bodenbelags im Backofficebereich. Solche wohl nur mit Betriebsblindheit zu erklärenden Verstöße gegen Grundregeln der Hygiene vereinbaren sich nicht mit dem Bild einer auf Servicequalität bedachten Apotheke. Ähnlich verhält es sich mit den von Kunden meist unauffällig gemusterten Wandflächen im Bereich der Offizin und des einsehbaren Backofficebereichs, die in vielen Fällen seit über 10 Jahren keinen frischen Anstrich mehr gesehen haben. Mit nur wenig Geld- und Zeitaufwand lassen sich diese ins Auge fallenden Problemzonen entschärfen. Ein „Tapetenwechsel" dürfte auch bei den Mitarbeitern, für die der Apothekenbetrieb ein zweites Zuhause darstellt, für Zufriedenheit und „frischen Wind" sorgen.

3.4.4   Kommissionierautomat, Schubladenschranksystem

Im Bereich der Warenverarbeitung werden Verrichtungen wie Warenannahme, Lieferschein- und Rechnungskontrolle, Kalkulation, Warenverteilung und -einlagerung, Pflege des Warenlagers, Warenrücksendung sowie weitere Tätigkeiten unter Zuhilfenahme einer EDV-Ausrüstung (sog. Apothekenwarenwirtschaftssystem) durchgeführt. Diese immer wiederkehrenden Tätigkeiten sind arbeits- und zeitintensiv und binden Personal. Die möglicherweise recht hohen Gründungs- und Anlaufkosten werden viele neuen Filialinhaber in die Versuchung führen, insbesondere beim nichtpharmazeutischen Personal den Rotstift anzusetzen. Die Arbeiten im Backofficebereich werden dadurch jedoch nicht weniger. Diese Erkenntnis führt unweigerlich zu der Fragestellung, inwieweit bestimmte Kernprozesse, die dem Beschaffungsbereich zuzuordnen sind, automatisiert werden können.

Ein nicht unbeträchtlicher Anteil der täglichen Arbeitszeiten ist auf Tätigkeiten zurückzuführen, die im direkten Zusammenhang mit der Ein- und Auslagerung von Packungen stehen. Die traditionell übliche Form der Warenlagerung umfasst den Gebrauch von Schubladenschränken (Schranksäulen). Diese Anlagen (wie auch vergleichbare Roll- und Ziehschränke) vereinen ein effizient nutzbares Raumangebot mit einer bedienerfreundlichen und übersichtlichen Handhabung, der Möglichkeit zur (fast) unbegrenzten Erweiterbarkeit und einer hohen Robustheit, die einen wartungs- und reparaturfreien Einsatz über Jahre hinweg möglich erscheinen lässt. Die Einstandskosten für ein Markenfabrikat mit einer Stellfläche von circa 12 m^2 (Höhe ca. 2,20 m) betragen einmalig rund 25.000 €. Darin finden bis zu 12.000 Packungen Platz. Bei geschickter räumlicher Platzierung der Anlage können mehrere Mitarbeiter gleichzeitig mit Einräum- und Entnahmetätigkeiten beschäftigt sein. Wartezeiten bis zur Abgabe der Arzneimittel an den Kunden bleiben somit vernachlässigbar gering.

Die Fakten und benannten Vorteile haben es alternativen Konzepten außerordentlich schwer gemacht, in Apotheken Fuß zu fassen. Seit circa 10 Jahren werden von verschiedenen Herstellern auch für den öffentlichen Apothekenbereich Lagerautomatisierungssysteme angeboten. Auch unter dem Begriff Kommissionierroboter bekannt, dienen sie der manuellem Eingriff fast gänzlich entzogenen Einlagerung und Ausgabe kommissionierfähiger Arzneimitteln und apothekenüblicher Waren i.S.v. § 25 ApBetrO. Bei Anforderung werden die im Automaten gelagerten Packungen über geeignete Fördertechniksysteme wie beispielsweise Laufbänder, Lifte, Gurtförderer, Rutschen oder auch Rohrpostsysteme bis hin zum Bestimmungsort in der Offizin transportiert (sog. dynamische Warenbereitstellung). Trotz eines hohen Innovationsfaktors haben sich Kommissionierroboter bislang nicht auf breiter Front durchsetzen können.

Die verlautbarten Abverkaufszahlen der Anbieter sprechen in summa von weniger als 400 öffentlichen Vollapotheken in Deutschland, die sich automatisierter Lagersysteme bedienen. Die Kaufzurückhaltung dürfte in erster Linie auf die vergleichsweise hohen Einstandskosten von Kommissionierrobotern und den zusätzlich benötigten Fördersystemen zurückzuführen sein, die die Preise für Schubladenschränke bei annähernd identischer Lagerkapazität schnell um das Vier- bis Fünffache übersteigen können. In diesem Vergleich sind die Aufwendungen für erforderliche Vor- und Nacharbeiten noch nicht enthalten, die sich aus Fundamentierungsarbeiten (Verstärkung des Estrichs), elektrotechnischen Arbeiten, Wanddurchbrüchen oder umfassenden Veränderungen bestehender räumlicher Strukturen ergeben können. Rasch gesellen sich dann mehrere tausend Euro zu den reinen Anschaffungskosten des Automaten hinzu. Vor einem Erwerb ist ferner zu prüfen, ob die apothekeneigene EDV für den Betrieb eines High-Tech-Lagersystems ausgelegt ist. Erlauben die Hard- oder Softwarekomponenten keine Anbindung, werden zusätzliche Investitionen in eine neue Apotheken-EDV-Anlage erforderlich.

Anbieter von Lagerautomatisierungssystemen für die öffentliche Apotheke in alphabetischer Reihenfolge:
Apostore GmbH, Gelsenkirchen; Gebr. Willach GmbH, Ruppichteroth; Kunesa Scherer GmbH & Co. KG, Weiskirchen; MediTech Deutschland, Dernbach; Rowa Automatisierungssysteme GmbH & Co. KG, Kelberg; Swisslog AG, Buchs (Schweiz); Tecnilab Italia, Cuneo (Italien); Vertrieb in Deutschland durch apoforma Apothekenformate GmbH, Saarmund; Westfalia WST Systemtechnik GmbH & Co. KG, Borgholzhausen.

Das den Lagerautomatisierungssystemen im Apothekenbereich zugrundeliegende Technologiekonzept ist anderen Branchenlösungen angelehnt; auf die „großen Brüder" in Form hallenfüllender automatisierter Kommissioniersysteme in den Vertriebsniederlassungen des Pharmazeutischen Großhandels wird verwiesen. Auf dem Markt der Apothekenautomaten kämpfen aktuell drei unterschiedliche Systemkonzepte um die Gunst der Kunden:

1. Regallagersysteme

Die Abmessungen von Regallagersystemen betragen 7 bis 11 m in der Breite und 1,4 m bis 1,6 m in der Tiefe. Zwei parallel angeordnete, deckenhohe Regalreihen werden von einem oder zwei mittig auf Laufschienen fahrenden Robotern (sog. Handhabungsgeräten) bedient. Die Lagerorganisation erfolgt nach dem sogenannten „chaotischen System", welches laut Herstellerangaben Lagerkapazitäten von deutlich mehr als zehntausend Packungen verspricht. Bei der chaotischen Lagerhaltung wird den einzulagernden Produkten ein beliebig freier Standplatz innerhalb des Systems zugewiesen. Ein EDV-System registriert hierbei den individuellen Standort jeder einzelnen Packung. Der Vorteil des Konzeptes liegt in der Ausnutzung der gesamten Lagerkapazität ohne Rücksicht auf eine Ordnung der Packungen nach Artikelbezeichnung oder PZN und ohne Notwendigkeit zur Reservierung einer Pufferzone. Ein- und Auslagerungen erfolgen über einen Greifarm oder einen kombinierten Saug-Greifarm-Mechanismus. Regallagersysteme sind die stückzahlmäßig am häufigsten verkauften Lagerautomaten. Ihr Einstandspreis liegt bei durchschnittlich 100.000 €. Konzeptionsbedingt weisen die Systeme einige Besonderheiten auf. Die Anlage muss über Nacht eine umfangreiche Reorganisation des Bestandes durchführen, um zu Tagesbeginn wieder größtmögliche Lagerflächen zur Verfügung stellen zu können. Der ununterbrochene Betrieb führt das Risiko erhöhter Betriebskosten, vor allem für Wartung, Service und Reparatur mit sich. Ein Störfall (z.B. Stromausfall) kann zu Einschränkungen im betrieblichen Ablauf der Apotheke führen, da die „willkürlich" abgelegten Packungen nur noch über ein EDV-Verzeichnis, das deren Regalpositionen ausweist, wiedergefunden werden können.

2. Einzelplatzlagersysteme

Einzelplatzlagersysteme weisen eine annähernd quadratische Bodenfläche auf, wobei bewegliche Lagermodule (vergleichbar mit motorisierten Ziehschränken) von einem zentral positionierten, beweglichen Roboter mit Greifarmen bedient werden. Die Anlagen belaufen sich auf circa 4 m in der Länge und circa 3,5 m in der Tiefe (Höhe = deckenhoch). Mit diesen Abmessungen lassen sich laut Hersteller Lagerkapazitäten von durchschnittlich 10.000 Packungen realisieren. Einzelplatzlagersysteme weisen den Packungen einen vorab definierten Lagerplatz zu. Dies erlaubt einen deutlich komfortableren Notbetrieb per Hand als bei chaotischen Systemen. Ferner können nächtliche Reorganisationsprozesse zur Optimierung der Lagerkapazität entfallen. Allerdings bedarf die Herstellung von Einzelplatzlagersystemen eines erhöhten technischen Aufwandes, was seinen Niederschlag im Kaufpreis findet. In Einzelfällen kann die Systemkomplexität auch zu einem gesteigerten Wartungs- und Reparaturaufwand beitragen.

3. Schrägfachlagersysteme

Schrägfachlagersysteme weisen eine längliche, deckenhohe Bauform auf (Länge ca. 6 m, Tiefe ca. 2,5 m). Das zugrunde liegende Lagerprinzip hat sich vor allem im Großhandelsbereich etabliert. Durch die Schräge des Faches rutschen freigegebene Packungen auf ein Förderband, welches sie zur Ausgabestelle weitertransportiert. Die Systeme sind, verglichen mit Regallager- und Einzelplatzlagersystemen, technisch recht einfach konstruiert. Dies trägt zu einem günstigeren Preis bei. Schrägfachlagersysteme weisen jedoch einen systemimmanenten Nachteil auf. Pro Fachboden (Kanal) kann stets nur eine Anzahl identischer Packungen eingelagert werden. Für die überwiegende Anzahl öffentlicher Apotheken erweist sich diese Gegebenheit als unpraktikabel. Da von den meisten Arzneimitteln jeweils nur ein Stück im Bestand geführt wird, ergäbe sich die Situation, dass beträchtliche Teile der Lagerflächen ungenutzt blieben und folglich nur sehr geringe Lagermengen realisiert werden könnten.

Zusammenfassend lässt sich sagen, dass alle am Markt angebotenen Kommissioniersysteme im Direktvergleich sowohl Vor- als auch Nachteile zeigen. Gleichzeitig wäre es vermessen zu behaupten, dass automatisierte Lagersysteme grundsätzlich jeder anderen konventionellen Methode der Warenverarbeitung und -lagerung weit überlegen seien. Eine Antwort auf die Frage, welches Konzept nun das idealere sei, lässt sich erst nach einer die individuelle Situation der Filialapotheke berücksichtigenden Wirtschaftlichkeitsprüfung treffen. Diese Prüfung wird die Frage, welche Kostenvorteile durch den potenziellen Erwerb eines bestimmten Automatentypen mittel- und langfristig realisiert werden können, in den Mittelpunkt der Betrachtungen stellen. In die Analyse gehen eine Vielzahl von Prognosen, Daten und Fakten ein:

- geschätzte Kundenfrequenz- und Umsatzsteigerung durch Vergrößerung der Offizinfläche,
- geschätzte Einsparungen im Personalkostenblock,
- Kaufpreis der Anlage zuzüglich benötigter Fördertechniken,
- Höhe der Umbau-, Installations- und Einrichtungskosten,
- Summe der Betriebs- und Folgekosten (z.B. Hard- und Softwarewartung, Upgrades),
- Sortimentsstruktur, Lagerumsatzgeschwindigkeit und Kommissionierungsgrad (letzterer bezeichnet den Anteil der vom Automaten bereitgestellten Packungen im Verhältnis zur Gesamtzahl aller von der Apotheke abgegebenen Verkaufspackungen),
- maximal erforderliche Lagerkapazität,
- Anzahl und Positionierung der HV-Tische,
- Produktbereitstellungsgeschwindigkeit (speziell zu Stoß- und Spitzenzeiten),
- Betriebssicherheit und Notbetriebsmöglichkeiten,

- „Connectivity" mit einem vorhandenen Apotheken-EDV-System,
- Auswirkungen und Kosten einer eventuellen Betriebsunterbrechung wegen Einbaus,
- Rest- und Wiederverkaufswert der Anlage.

Abschließend sei vor einer vorschnellen, auf unzureichender Datenlage basierenden Investition gewarnt. Die technokratisch-naive Vorstellung, dass die ertragsorientierte Führung einer Präsenzapotheke zukünftig allein von den Segnungen der High-Tech-Industrie abhängig sei, kann sich rasch als Bumerang erweisen. Und hat sich ein Kommissionierautomat, anstatt (Personal-) Kosten einzusparen, gar als Kostentreiber oder – nicht weniger problematisch – als permanente Defektquelle entpuppt, dürfte es reichlich schwerfallen, das auf die Apotheke maßgeschneiderte automatisierte Lagersystem zu einem angemessenen Restwert wieder abzustoßen.

3.4.5 Apothekenwarenwirtschaftssysteme

Zahlreiche Fortentwicklungen auf dem Gebiet von Apotheken-EDV – den sogenannten Warenwirtschaftssystemen – haben in den letzten Jahren zu einer neuen Qualität der internen Betriebsabläufe beigetragen. Kaufmännische und statistische Auswertungsprogramme, Produkt-Datenbanken und Module zur Kunden- und Patientenbetreuung sind an die Seite der ursprünglich rein warenwirtschaftlich strukturierten Funktionsabläufe getreten. Seien es Interaktions-Checks oder Heimbelieferung, Hausapothekenmodell und Pharmazeutische Betreuung, Statistikauswertungen oder Steuerung von Kommissionierautomaten, wenig würde in Deutschlands Apotheken heute ohne die Unterstützung seitens hard- und softwaretechnischer Innovationen funktionieren. Nicht zu vergessen ist, dass Warenwirtschaftssysteme auch bei der Umsetzung der sich in immer kürzeren Zeitabständen verändernden gesetzlichen Regelungen hilfreich assistieren.

Mit der Fortentwicklung moderner Kommunikationstechnologien ist auch der Aspekt der Vernetzbarkeit von EDV-Systemen immer stärker in das Blickfeld der Apotheker und ihrer Geschäftspartner gerückt. Nicht mehr nur die Dialogfähigkeit betriebsinterner Clients, sondern die Fähigkeit zum Datenaustausch zwischen offiziell selbstständigen Apotheken stand im Pflichtenheft der Entwicklungsabteilungen von EDV-Anbietern. Natürlich wurde es den Apothekensoftwarehäusern bzw. ihren Aufkäufern aus der Branche der Apotheken-Rechenzentren auch immer deutlicher bewusst, dass ein Fall des Mehrbesitzverbotes nur noch eine Frage der Zeit darstellen würde. Einige Anbieter begannen sich früher, einige später auf diese Situation vorzubereiten. Heute sind verschiedenste Verfahren etabliert, die es erlauben, Warenwirtschaftssysteme von Einzelapotheken in einer Netzwerkstruktur zusammenzuführen.

Die früher gebräuchliche, aber kostspielige Methode der Datenübertragung per Standleitung ist mittlerweile durch den technischen Fortschritt überholt und von zwei neuen Übertragungsmethoden abgelöst worden. Das erste Verfahren besteht in der Nutzung der ISDN-Technologie (ISDN = Abkürzung für **I**ntegrated **S**ervices **D**igital **N**etwork). Hierbei werden digitalisierte Daten von einem ISDN-Anschluss des Versenders über eine herkömmliche 2-drähtige Amtsleitung zum ISDN-Port (NTBA) des Empfängers geschickt. Vorteile sind einerseits die einfache technische Umsetzung (als Standardanschluss genügt ein normaler S0-Anschluss mit zwei Datenkanälen und einem Steuerkanal), zügiger Verbindungsaufbau, Möglichkeit zur Nutzung von Anwenderdiensten und Kostengünstigkeit, da eine Verbindung nur bei Bedarf aufgebaut und damit bezahlt werden muss. Auch die dafür erforderliche Hardware (z.B. Hermes-Router) ist relativ preisgünstig zu erwerben. Andererseits gibt es auch Nachteile: ISDN erlaubt nur eine Punkt-zu-Punkt-Verbindung (point to point connection). Damit können im Regelfall nur zwei Rechner miteinander kommunizieren, vergleichbar der Situation beim Telefonieren, ein dritter oder vierter ist ohne aufwändige technische Tricks vom Datentransfer ausgeschlossen. Auch die Datenmengen, die in noch vertretbaren Zeiten transportiert werden können, sind bei der ISDN-Technik relativ eingeschränkt. Damit sind speziell der Bildübertragung deutliche Grenzen gesetzt.

Diese Einschränkungen relativieren sich bei Nutzung der DSL-Technologie (DSL = Abkürzung für **D**igital **S**ubscriber **L**ine). Das Verfahren ermöglicht die Hochgeschwindigkeitsübertragung von digitalen Daten über konventionelle Telefonleitungen und erlaubt somit die uneingeschränkte weltweite Kommunikation über das Internet. Verglichen mit Modem-Technik (Modem = Abkürzung für **Mo**dulator / **Dem**odulator) oder ISDN erlaubt DSL eine um ein Vielfaches schnellere Übertragungsgeschwindigkeit (Modem 56 Kilobit pro Sek., ISDN maximal 128 Kilobit pro Sek., DSL 1,5 – 6 Megabit pro Sek.). Allerdings sind die Daten, die im Internet versendet werden, ungeschützt und damit von Interessierten einsehbar. Die Notwendigkeit, Verfahren zu entwickeln, die einen sicheren Transfer wertvoller Datenbestände ermöglichen, ist erkannt worden und hat zu der Entwicklung verschiedenster Verschlüsselungsverfahren geführt. Als Standardtechnik zur Verschlüsselung digitaler Daten gilt heute die VPN-Technologie (VPN = Abkürzung für **V**irtual **P**rivate **N**etwork). Die zu einem VPN gehörenden Internet-Rechner bilden hierbei gewissermaßen ein privates Netz innerhalb des öffentlichen Internets aus.

Bei kombinierter Nutzung von DSL- und VPN-Technologie wäre der Wunsch eines Verbundinhabers, das Warenwirtschaftssystem seiner Filialapotheke komplett von seiner Hauptapotheke aus steuern zu können, mittlerweile technisch realisierbar. Allerdings würde eine solche autokratische Vorgehensweise wenig Sinn machen. Die Datenhoheit sollte tunlichst der datenführenden Apotheke überlassen bleiben. Was würde es denn für einen Sinn machen, die Warenbestände der Filialapotheke durch die Hauptapotheke ändern zu lassen? Zumal nur die Filialapotheke die zeitnahe Kenntnis über eigene Abverkäufe, Wareneingänge und Retouren besitzt.

Alle führenden Apothekensoftwarehäuser bieten heute Strategien zur Vernetzung mehrerer Einzelapotheken an, die unter der Bezeichnung „Mehrapothekenlösung", „CoApotheke" oder Ähnlichem firmieren. In der pragmatischen Umsetzung lassen sich Unterschiede in der Ausrichtung der Apothekensoftwarehäuser auf ihre Zielkundschaft erkennen: Während der eine Anbieter Systeme bewirbt, die die Netzwerkpartner bevorzugt als gleichberechtigte Teilnehmer betrachten (Beispiel: regionale Apothekenkooperationen als wirtschaftlich motivierte, freiwillige Zusammenschlüsse selbstständiger Apotheker), präsentiert der andere Hersteller Lösungsmodelle, die den Gedanken einer Konzernzentrale, umgeben von Satellitenbetrieben weitertragen. Aus Sicht des Filialgründers entscheidend wird freilich weniger die proklamierte Unternehmensphilosophie, sondern die Fähigkeit des EDV-Anbieters sein, relevante oder kritische Programmabläufe maßzuschneidern („customizing"), um sie dem Geschäftsmodell des Kunden anzupassen (anstatt wie früher üblich vom Kunden eine Anpassung an bestehende Produktlösungen zu verlangen).

Welche praktischen Konsequenzen ergeben sich aus dem Geschriebenen? Nun, der potenzielle Betreiber eines Apothekenverbundes wird sich den Erfordernissen einer Vernetzung seiner Hauptapotheke mit den Filialbetrieben nicht dauerhaft entziehen können, will er eine optimierte Prozessabfolge und größt mögliche Wirtschaftlichkeit innerhalb seines Unternehmensverbundes sicherstellen. Seien es Schnittstellen berührende Aspekte, wie gemeinsame Direkt- oder Sammelbestellungen, Bestandsoptimierung, zentrale Buchführung, gemeinsame Kundenkarte, wechselseitige Supplementierung mit Produkten und Dienstleistungen, koordinierte Personalplanung, einheitliches Pharmazeutisches Betreuungskonzept, Interaktionscheck, Aufbau und Pflege eines verbundsinternen Qualitätsmanagementsystems, dezentrale Herstellung von Rezepturen und Kosmetika, Botenservice, Versandhandelsaktivitäten, immer steht das Erfordernis eines zügigen und gleichzeitig sicheren bidirektionalen Austausches der Daten aller Netzwerkpartner im Mittelpunkt.

Rechtzeitig vor Übernahme der Filialapotheke sollte der Apotheker prüfen, ob das neu hinzukommende Warenwirtschaftssystem mit dem der Hauptapotheke (bzw. weiterer bereits existenter Filialbetriebe) kompatibel ist. In seltenen Fällen wird der Betreiber vom Glück begünstigt sein, dass die Apotheken-EDV vom gleichen Anbieter geliefert wurde und sogar noch einen übereinstimmenden Softwarestand aufweist. In allen anderen Fällen dürfte Frustration angesagt sein. Obwohl Prognosen davon ausgehen, dass mittlerweile über 80 Prozent der in deutschen Apotheken installierten Warenwirtschaftssysteme die technischen Voraussetzungen für eine „Vernetzbarkeit" erfüllen, scheitert ein Zusammenschluss letztlich an der Tatsache, dass die Softwareprodukte der einzelnen Anbieter nicht miteinander kommunizieren können. Hinter diesem generellen Manko scheinen auch handfeste marktstrategische Gründe zu stehen. Obwohl zumindest die größeren Apotheken-EDV-Anbieter in der „Arbeitsgemeinschaft Deutscher Apotheken-Softwarehäuser" (ADAS) vereint sind, besteht seitens der Partizipanten offenbar geringes Interesse, sich auf eine weitreichende Standardisierung von Datenbankstrukturen und Anwendungsprogrammen festzulegen. Jeder Anbieter bezeichnet sein Softwareprodukt als „das" Optimum und verweist im gleichen Atemzug auf die hohen Summen, die in den Softwarehäusern in Forschung und Entwicklung der zugrunde liegenden Basistechnologien investiert wurden. Die beschriebene Situation hat für den Kunden, der mehrere Apotheken sein eigen nennen will, zur Konsequenz, entweder alle EDV-Systeme von einem Anbieter zu beziehen oder – bei nicht gegebener Kompatibilität der Einzelsysteme - seine Filialen in einem Zustand der „relativen Isoliertheit" zu belassen.

Bei der Fülle der verschiedenen Angebote auf dem Apotheken-EDV-Markt ist es manchmal nicht ganz einfach, die Übersicht zu behalten. Welches Warenwirtschaftssystem ist für die eigenen Zwecke besser geeignet, welches weniger? Eine kleine Checkliste soll bei der Entscheidungsfindung helfen. Wichtige zu erfragende Aspekte finden sich im Folgenden aufgeführt:

- Betriebskosten (v.a. Hardware- und Softwarewartungsverträge, Medien zur Datensicherung, laufende Kosten einer Netzwerkanbindung),
- Datensicherheit (Sicherheit und Vertraulichkeit von Datenübertragungen),
- Einfachheit und Übersichtlichkeit der Bedienung (ease of use),
- Flexibilität (Parametrisierung von Anwendungsprogrammen möglich),
- Funktionsumfang der angebotenen Hard- und Software (unter Beachtung angekündigter Neuausbietungen),
- Innovationsfähigkeit (v.a. Softwarepflege, Entwicklung neuer Anwendungskonzepte),

- Investitions- und Zukunftssicherheit (bezieht sich auf Marktposition des Anbieters, Anzahl verkaufter Systeme, Anzahl der Unternehmensmitarbeiter, Zugehörigkeit zu einer Unternehmensgruppe oder „Einzelkämpfer"),
- Kauf-, Leasing- oder Mietpreis des Systems, aufgeschlüsselt nach Hardware-, Software- und Dienstleistungsumfang,
- Kompetenz und Freundlichkeit der Beratungshotline,
- Qualität und Umfang der Schulungsangebote für Chef und Mitarbeiter,
- Qualität des After-Sale-Services (v.a. Beratung, Austausch, Wartung, Reparatur, Kulanz, Zubehör),
- Skalierbarkeit (Grad der Erweiterbarkeit des Systems),
- Standzeit (Wie lange werden Systemarchitektur und Anwenderprogramme vom Hersteller gepflegt und unterstützt?),
- Umstellungskonzept (Prozessabläufe beim Wechsel des EDV-Systems),
- Zusatzkosten, die durch die anbietertypische Systemkonfiguration entstehen (z.B. elektrotechnische Arbeiten, Schalt- und Netzwerkschrank, USV, Netzwerklegung, DSL-Anschluss, Elektronikversicherung).

Der Blick in die Zukunft verheißt den Softwarehäusern gute Umsätze. Die für das Jahr 2006 angekündigte Einführung des Elektronischen Rezeptes (eRezept) wird die Infrastruktur des deutschen Gesundheitswesens grundlegend verändern. Apotheken, Arztpraxen und Krankenhäuser werden zukünftig eine den gesetzlichen Vorgaben entsprechende EDV-Systemarchitektur vorhalten müssen, wollen sie nicht frühzeitig aus dem Kreis der Leistungserbringer ausscheiden. Das im Jahre 1999 gegründete „Aktionsforum Telematik im Gesundheitswesen" (ATG) plädiert für eine Umwandlung des konventionellen Rezeptvordrucks „Muster 16" in ein elektronisch leitbares Datenprofil als erste Stufe eines von zukunftssicheren Kommunikationsstandards geprägten Informationsverbundes im Gesundheitswesen. Dann wird von den ratternden Rezeptdruckern Abschied zu nehmen sein, das „Multifunktions-Chipkartenterminal" lässt grüßen. Es bleibt allerdings zu befürchten, dass die Kosten für die „par ordre de mufti" verordnete Implementierung neuer IT-Technologien erneut komplett auf den Apotheker abgewälzt werden, zumal das ATG (2001) im Management-Papier „Elektronisches Rezept" lapidar von einer "wirtschaftlich selbsttragenden" Einführung spricht. Nach Einschätzung von Fachleuten werden sich die die Einführung begleitenden Kosten auf durchschnittlich 4.500 Euro pro Apotheke belaufen.

Dem eRezept folgen soll eine „flächendeckende Vernetzung von Ärzten, Apothekern und Kostenträgern im Online-Verbund", um weitere Rationalisierungspotenziale zu erschließen. Diese Potenziale resultieren nach Auffassung des ATG als Ergebnisse einer noch wirtschaftlicheren Verordnungsweise der Ärzteschaft, einer verbesserten Prävention im Bereich unerwünschter Arzneimittelwirkungen und dem Ausschluss falsch positiver Zuzahlungsbefreiungen. Auch wenn nicht öffentlich ausgesprochen, sollen natürlich auch „Arzt-Hopping" und der Missbrauch der Versichertenkarte wirksam eingedämmt werden.

Das funktionelle Zusammenspiel der unterschiedlichen EDV-Systeme von Ärzten, Apothekern, Krankenkassen und anderen Leistungserbringern dürfte für eine enorme Komplexität des zu schaffenden Netzwerkes sorgen und wird in den kommenden Jahren sicherlich noch zu zahlreichen kritischen Fragen Anlass geben. Abschreckendes Beispiel eines von Politik und Betreiberkonsortium als ultima ratio propagierten High-Tech-Verbundsystems ist das elektronische Mauterhebungsverfahren „Toll Collect". Sollte der Probebetrieb nach dem Willen der Bundesregierung ursprünglich bereits zum 31.08.2003 aufgenommen werden, wurde der Startzeitpunkt aufgrund ungelöster technischer Probleme und planerischer Unzulänglichkeiten immer wieder nach hinten verschoben. Schließlich wurde der Vertrag zwischen dem Betreiberkonsortium und der Bundesregierung zunächst gekündigt und nach nur wenigen Wochen mit einem geänderten Zeitplan wieder in Kraft gesetzt. Millionen Euro von Steuergeldern wurden durch politischen Dilettantismus in den Sand gesetzt. Es bleibt zu hoffen, dass das Großprojekt „Telematik im Gesundheitswesen", welches die sukzessive Einbindung von 110.000 Vertragsärzten, 53.000 Vertragszahnärzten, 21.500 Apotheken (Stand 01/2004), über 2000 Krankenhäusern, 1400 Reha- und Versorgungseinrichtungen, 9000 stationären Pflegeeinrichtungen und 120.000 weiteren Leistungserbringern vorsieht, mit mehr politischem Sachverstand angegangen wird (alle Zahlenwerte Circa-Angaben).

3.5   Arzneimittelversandhandel und Botendienst

Seit dem 01.01.2004 ist der Versand vom Medikamenten aus deutschen Apotheken offiziell zugelassen. Auf schriftlichen Antrag erteilt die zuständige Überwachungsbehörde der Apotheke eine Versanderlaubnis gemäß § 11a ApoG. Im Filialverbund bedarf jede einzelne Apotheke einer eigenen Erlaubnis. Allerdings haben sich die wirtschaftlichen Rahmenbedingungen für Versandapotheken durch die Neuordnung der AMPreisV für verschreibungspflichtige Arzneimittel massiv zum Schlechteren verändert. Viele Kollegen werden diese veränderte Situation nicht ohne Wohlgefallen registriert haben.

Stellte doch der Versand von Medikamenten nach Deutschland, wie seit Sommer 2000 von einer niederländischen Internet-Apotheke im großen Stil praktiziert, einen Zukunftsmarkt für nur wenige kapitalstarke Apotheken dar. Ein Großteil der deutschen Individualapotheken sah sich in ihrer Existenz bedroht, was verständlich wird, wenn man bedenkt, dass DOC MORRIS in 2003 allein bereits circa 60.000 deutsche Kunden belieferte. Vereinzelt hatten sich auch Vertreter der Ärzteschaft aus der Deckung hervorgewagt und vorsichtige Sympathien für einen freizügigen Versandhandel bekundet, wohl wissend, dass die ärztliche Handlungsweise, Patienten ohne hinreichenden Grund an bestimmte Apotheken zu verweisen, gegen die standeseigene Berufsordnung verstößt. In den ärztlichen Medien ist es angesichts mehr als nur marginaler Handelsspannen im verschreibungspflichtigen Hochpreissegment nun wieder still um das ehemals hochbrisante Thema „Medikamentenversand als Mittel zur Entlastung praxisbezogener Verordnungskosten" geworden.

Für die kleine oder durchschnittlich umsatzstarke Einzelapotheke besteht deshalb aktuell wenig wirtschaftlicher Anreiz für eine Erlaubniserteilung. Auch der Zugewinn einer oder mehrerer Filialapotheken dürfte an dieser generellen Einschätzung nichts ändern, zumal die Beweggründe für die Übernahme von zusätzlichen Betriebsstätten wohl kaum in der Ausweitung der Geschäftsaktivitäten auf einen überregionalen Markt zu suchen sein werden. Legt der Verbundinhaber dennoch auf eine Erlaubniserteilung gemäß § 11a ApoG Wert, wird es organisatorisch und wirtschaftlich von Vorteil sein, nur eine einzige Apotheke des Verbundes für den Versandhandel zu qualifizieren. Dies mag entweder die zentrale Hauptapotheke oder eine Filialapotheke sein, die über die räumlichen, personellen und technischen Kapazitäten für eine Versendung von Medikamenten im großen Stil verfügt. Eine EDV-technische Vernetzung vorausgesetzt, könnte jede Betriebseinheit so eingehende Versandbestellungen zeitnah an die berechtigte Apotheke weiterleiten. Ein verbundsinterner Online-Shop wird so ausgestaltet sein, das Produktbestellungen telefonisch, schriftlich oder im Internet unverzüglich an die Versandapotheke weitergeleitet werden.

Die Versandhandelsaktivitäten bedürfen sorgfältiger Vorplanungen, um nicht mit dem regulären Apothekenbetrieb zu kollidieren. Eine wirksame räumliche Entkopplung der warenverarbeitenden Bereiche von Präsenz- und Versandapotheke ist anzustreben. Die Versandabteilung sollte deshalb über eigene, ausreichend dimensionierte Räumlichkeiten verfügen, in denen die zur Versendung bestimmten Waren gelagert und nach Bestelleingang geprüft, verpackt, etikettiert und frankiert werden können. Das Apotheken-EDV-System sollte so flexibel parametrisierbar sein, dass es die getrennte und unabhängige Verwaltung beider Warenlager erlaubt. Für die Aufrechterhaltung einer Beratungs- und Reklamations-Hotline – vergleichbar mit einem professionellen Callcenter - sind zusätzliche Mitarbeiter, darunter auch pharmazeutisches Personal, einzuplanen. Neben guten Produktkenntnissen müssen diese Mitarbeiter weitere Kernkompetenzen mitbringen: gute PC-Kenntnisse, Internet-Erfahrung, selbstständige Arbeitsweise, Teamfähigkeit, ggf. Fremdsprachenkenntnisse (in Stadtteilen mit hohem Ausländeranteil), Ausgeglichenheit und Freundlichkeit selbst in Stresssituationen (Reklamationsmanagement). Fachkräfte, die diesen Qualifikationsmix aufweisen, sind rar und wissen um ihre marktübliche Vergütung.

Der Botendienst hingegen zielt auf einen regional begrenzten, überschaubaren Markt ab. § 17 Abs. 2 ApBetrO regelt die Zustellung von Arzneimittel durch Beauftragte der Apotheke. Die bisherige gesetzliche Praxis, die eine Zustellung nur „im begründeten Einzelfall" erlaubte, wurde entschärft. Seit dem 01.01.2004 ist die Zustellung durch Boten „im Einzelfall" zulässig, was als weiteres Beispiel für die zunehmende Liberalisierung des früher streng regulierten Apothekensektors gelten mag. Für Botendienste benötigt der Inhaber keine Versanderlaubnis gemäß § 11a ApoG. Da es zwischen Botendienst und Versandhandel etliche Schnittstellen gibt, ist zu erwarten, dass die Streitfrage, wo Botendienst endet und Versandhandel beginnt, bald die Rechtsprechung beschäftigen wird.

Für die einzelne Präsenzapotheke wird der Botendienst zukünftig einen immer wichtigeren Stellenwert einnehmen, um an einem gegebenen Standort gegen marktaktive Mitwerber bestehen zu können. Der Minifilialist kann zwar auf bis zu vier Verkaufs- und Abgabestellen zurückgreifen, was aber vor allem in ländlichen Gebieten das Erfordernis zur Aufrechterhaltung eines Bringdienstes nicht weniger essentiell machen dürfte. Allerdings wird nicht unbedingt jede einzelne Filialapotheke ihren eigenen Zustelldienst unterhalten müssen, der mit finanziellem Aufwand für Botenfahrzeug und qualifiziertes Botenpersonal verbunden ist. Eine verkehrstechnisch günstig gelegene Verbundapotheke kann die Dienstleistung nach Anforderung realisieren. Auch hier ist die EDV-technische Vernetzung der Filialkette als Grundvoraussetzung anzusehen.

3.6   Personal und Öffnungszeiten

Fragt man einen erfahrenen Wirtschaftsberater nach den Ursachen, die üblicherweise zur Nichtakzeptanz eines Unternehmens durch Kunden führen, wird er den Umstand „nicht ausreichend qualifiziertes, geschultes oder motiviertes Personal" mit an erster Stelle benennen. Dem Kaufinteressenten sei an dieser Stelle empfohlen, durch eine längere Betriebsbesichtigung, besser noch durch zeitweises aktives Mitarbeiten in dem zur Übernahme vorgesehenen Betrieb (v.a. im Verkaufs- und Warenwirtschaftsbereich) einen ersten persönlichen Eindruck von der gelebten Unternehmenskultur zu gewinnen. Diesem Erkenntnisgewinn sollten idealerweise Einzelgespräche folgen, in denen man die Mitarbeiter bezüglich ihrer Arbeitstätigkeiten, Erwartungen und Probleme offen zu Wort kommen lässt. Meist kennen Mitarbeiter betriebliche Schwachstellen aus eigener täglicher Erfahrung besser als ihr Chef, und dem zukünftigen Inhaber dürfte sehr daran gelegen sein, diese Schwachstellen noch vor Filialeröffnung zu ermitteln und abzustellen. Ganz entscheidend für die Akzeptanz des neuen Betreibers wird sein, inwiefern er den Mitarbeiterstamm über anstehende betriebliche Veränderungen offen, ehrlich und zeitnah informiert und dem verbleibenden Personal eine angemessene Beteiligung an betrieblichen Entscheidungen einräumt. In diesem Kontext sei noch auf ein höchst lehrreiches Buch von Karst, Segler und Gruber (2000) verwiesen, welches sich mit dem stets aktuellen Thema einer freiwilligen Selbstverpflichtung des Mitarbeiters seinem Unternehmen gegenüber beschäftigt.

3.6.1 Zeitplanung

Der Bedarf an Personal hängt ganz wesentlich von den geplanten Öffnungszeiten ab. Analysiert man die strategischen Vorgehensweisen im Wettbewerb befindlicher großer Einzelhandelsketten, bleibt festzuhalten, dass diese mit überdurchschnittlich langen Öffnungszeiten ihrer Filialbetriebe um die Gunst der Konsumenten werben. Bei flüchtigem Blick scheint diese Vorgehensweise dem betriebswirtschaftlich motivierten Ziel, Personalkosten zu minimieren, offen zuwiderzulaufen. Die ausgedehnten Öffnungszeiten entspringen jedoch nicht einer Rückbesinnung der Chefetagen an längst vergangene Tage der sozialen Marktwirtschaft, die einer möglichst großen Anzahl von Erwerbssuchenden Arbeit geben wollte. Die Geschäftszeiten basieren auf nüchterner Marktanalyse. Bei Konsumforschern in Auftrag gegebene Umfragen belegten bereits Ende der 80er Jahre, dass sich vor allem Verbraucher, die durchschnittlich jünger als 45 Jahre sind und über ein höheres Nettohaushaltseinkommen verfügen, für eine Verlängerung der Ladenöffnungszeiten mit zeitlicher Ausdehnung in die Abendstunden hinein aussprachen. Die Befragungen ergaben ferner, dass der Einkauf von Bedarfsgütern speziell von jungen Menschen nicht mehr nur zu Zwecken der reinen Beschaffung betrieben wird, sondern mehr und mehr zum Freizeitvergnügen avanciert, welches man idealerweise in einer Gruppe Gleichgesinnter erlebt. Für das Management war damit der Beweis erbracht, dass die Öffnungszeiten aus Sicht der Konsumenten ein überaus wichtiges Kriterium für den Besuch ihrer Unternehmen respektive deren Dependancen darstellen. Die neuen Erkenntnisse fanden ihre Umsetzung vor allem im Convenience-Markt-Segment. Ladenöffnungszeiten von Tankstellenshops, Bäckereien, Kiosken, Trinkhallen, Fast-Food-Restaurants und Ladengeschäften im Einzugsfeld von Bahnhöfen und Flughäfen, die an Werktagen mehr als 11 Stunden und an Samstagen mehr als 9 Stunden betragen können, sind schon längst keine Seltenheit mehr, sonn- und feiertägliche Shoppingzeiten noch gar nicht mitberücksichtigt.

Nun mag man einwenden, dass die Öffnungszeiten typischer Convenience- und Verbrauchermärkte nicht kritiklos auf die Situation deutscher Apotheken übertragen werden können. Diese Einschätzung erwächst aus der unbestreitbaren Tatsache, dass Arzneimittel eine Ware besonderer Art darstellen. Sie sind nicht zum unkritischen Abverkauf bestimmt, wie dies bei üblichen Konsumgütern volkswirtschaftliche Realität geworden ist. Die permanente Verfügbarkeit von Arzneimitteln (für den Notfall) wird in Deutschland über ein einzigartiges Netzwerk von Pharmazeutischen Großhändlern und notdiensthabenden Präsenzapotheken sichergestellt. Einerseits relativiert sich für die einzelne Apotheke damit das ethisch begründbare Erfordernis zur Aufrechterhaltung ausgedehnter Ladenöffnungszeiten, zumal im benachbarten regionalen Umfeld stets mindestens eine öffentliche Apotheke der Notdienstbereitschaft unterliegt.

Andererseits sollte die wirtschaftliche Relevanz einer ausreichend großen zeitlichen Verfügbarkeit von Haupt- oder Filialapotheken nicht unterschätzt werden. Eingedenk der relativen Abhängigkeit von ärztlichen Verordnern wird der Inhaber zunächst deren Präsenzzeiten bei der Festlegung der Geschäftszeiten zu berücksichtigen haben. In die Planungen sollten ferner die Öffnungszeiten der im Umfeld tätigen Einzelhandelsgeschäfte mit Magnetwirkung aufgenommen werden. So berichtet Brandes (2003) in seinem Buch „Die 11 Geheimnisse des ALDI-Erfolgs" über die Beobachtung, dass auch branchenfremde Anbieter von einer Ansiedlung von ALDI profitierten, sofern sie nur ihre Ladentüre geöffnet halten. Der Versuch, die Ladenöffnungszeiten festzulegen, wird stets einen Spagat zwischen optimierten Betriebskosten und optimiertem Kundenservice darstellen. Jede Herabsetzung der Geschäftszeiten trägt zur Minimierung des teuren Personalkostenblocks bei. Gleichzeitig wächst das Risiko einer Verschlechterung der Dienstleistungsqualität. In diesem Spannungsfeld sollte der Erwartungshaltung von Stamm- und Laufkundschaft, die Kürzungen der Ladenöffnungszeiten oft mit reduzierter Servicebereitschaft oder gar mangelndem Engagement gleichsetzen, mehr als nur höfliche Aufmerksamkeit entgegengebracht werden.

Wer bei der Filialfortführung auf Nummer sicher gehen will, wird die Öffnungszeiten des Vorbesitzers beibehalten, die sich den aktuellen Kundenfrequenzen, dem ärztlichen Präsenzverhalten sowie weiteren Standortfaktoren meist als sehr gut angepasst erweisen dürften. In vereinzelten Fällen wird aus Gründen eines schlagartig einsetzenden Verdrängungswettbewerbs sogar über eine Verlängerung bis in die späten Abendstunden hinein zu diskutieren sein. Hat die Filialapotheke erst einmal eine gute Kundenakzeptanz gefunden und ein positives Betriebsergebnis realisiert, steht eine Reduzierung der Öffnungs-zeiten auch nicht mehr oben auf der Prioritätenliste.

Sofern das realisierte Unternehmensergebnis jedoch die Notwendigkeit zu Einsparmaßnahmen aufzeigt, muss in aller Offenheit über eine Reduzierung der Geschäftszeiten diskutiert werden. Eine Einschränkung von Öffnungszei-ten wird vom Konsumenten prinzipiell nicht gern gesehen. Falls möglich, sollte dieser Nachteil durch einen anderen Vorteil für den Kunden – beispiels-weise durch die Ausweitung des Botendiensts – aufgewogen werden. Bei Neu-gründung ist eine der Ortsüblichkeit oder Konkurrenzsituation angepasste Öffnungssituation anzustreben.

3.6.2 Filialapothekenleiter

Die richtige Auswahl des verantwortlichen Mitarbeiters i.S.v. § 2 Abs. 5 Nr. 2 ApoG stellt einen ganz wesentlichen Erfolgsfaktor für den Filialbetrieb dar. Der Filialleiter sollte neben persönlicher und fachlicher Kompetenz und der Befähigung zur Personalführung Eigenschaften, wie Überzeugungskraft, stra-tegisches und unternehmerisches Denken, Eigeninitiative und Zielstrebigkeit mitbringen. Kurzum, der neue leitende Mitarbeiter sollte ein Mindestmaß an Managerqualitäten aufweisen. Gleichermaßen wird von ihm auch die Kunst-fertigkeit gefordert sein, sich in eine Aufbau- und Ablauforganisation einzu-ordnen, die den Filialinhaber als „letzten Entscheider" vorsieht. Möglicherwei-se wird der Unternehmenschef auf einen in seiner Hauptapotheke angestellten approbierten Mitarbeiter zurückgreifen können, der sich für eine verantwortli-che Tätigkeit empfiehlt. Sorge ist zu tragen, dass der Kollege sich nicht in der Rolle eines plötzlich auf sich allein gestellten Handlungsvollbemächtigten überfordert fühlt. Der Praktiker weiß, dass die Leitung eines quasi eigenstän-digen Betriebes mehr als nur ein gutes Staatsexamen und ein paar Jahre Be-rufserfahrung erfordert. Der angestrebte wirtschaftliche Erfolg des Filialbetrie-bes setzt eine bestimmte Einstellung zum Beruf voraus, die am folgenden Beispiel illustriert werden soll:
Drei approbierte Mitarbeiter werden gefragt, was denn der Kern Ihrer Tätig-keiten sei: Frau Müller betont: „Ich gebe Arzneimittel ab." Herr Huber ant-wortet: „Ich verdiene Geld." Frau Schneider ist überzeugt: „Ich arbeite mit am Erfolg des Apothekenunternehmens." Es steht außer Frage, dass ein Unter-nehmen Führungskräfte wie Frau Apothekerin Schneider benötigt, die Wert-

schöpfungsbeiträge im Gesamtkontext des Filialverbundes verstehen und sich mit ihren Mitarbeitern in der Erzielung von Kundenzufriedenheit als oberstem Geschäftsziel einig sind. Unnötig zu betonen, dass ein grober Fehlgriff in der Person des Filialleiters die Dependance in massive (wirtschaftliche) Probleme stürzen kann.

Die auf die Person des Filialleiters abzielenden konkreten Vorschriften der ApBetrO sollen an dieser Stelle nicht erörtert werden. Der Unternehmensleiter sollte jedoch in einem Gespräch überprüfen, ob der leitende Mitarbeiter über seine Pflichten und Verantwortlichkeiten, die aus der Führung eines Apothekenfilialbetriebes resultieren, tatsächlich ausreichend informiert ist. Der Unternehmensleiter wird ihm über den Verordnungstext hinaus Pflichten und Befugnisse benennen, die in Zusammenhang mit wichtigen organisatorischen und wirtschaftlichen Aspekten stehen. Als Pflichten kämen beispielsweise die Weisungen in Betracht, keine Direktbestellungen zu tätigen, Urlaubswünsche von Filialmitarbeitern nicht eigenständig zu bescheiden und dem Filialinhaber in regelmäßigen Abständen Bericht zu erstatten. Gegebenenfalls kann in den Arbeitsvertrag auch eine Beteiligungsklausel für den Fall wirtschaftlichen Erfolges aufgenommen werden. Im Zuge der Personalplanungen sollte stets berücksichtigt werden, dass der leitende Angestellte gesetzlichen Anspruch auf Urlaub und Freistellung im Krankheitsfall hat. In diesem Zusammenhang ist nicht auszuschließen, dass der Filialapotheker einem ärztlichen Attest, das ihn zu zwei Woche Bettruhe auffordert, mehr Gewicht beimisst als seinem schlechten Gewissen, welches aus der Kenntnis erwächst, dass der Verbundchef eine zeitweilige Schließung der Filialapotheke ins Auge fassen muss, da kein Vertretungsapotheker kurzfristig verfügbar ist.

3.6.3 Filialapothekenmitarbeiter

Für manch zukünftigen Filialinhaber wird sich die Frage stellen, ob und in welchem Ausmaß es sinnvoll sei, Apothekenpersonal nach einem bestimmten Modus zwischen den Betriebsstätten auszutauschen. Diesbezügliche Überlegungen erscheinen dann angebracht, wenn bekannt ist, dass der Personalbedarf in den einzelnen Dependancen aufgrund unterschiedlich verteilter Spitzenzeiten stark variiert. Allerdings dürfen die Apotheken hierfür nicht allzu weit auseinanderliegen, um den Personaltransfer stets noch rechtzeitig vor Beginn der Prime Time abzuschließen. Ein Jobrotationssystem, das einen alternierenden Wechsel von Teilen der Belegschaft vorsieht, dürfte für die meisten Filialketten wenig sinnvoll sein. Denn es läuft der Erkenntnis zuwider, dass vor allem Stammkunden eine vertrauensvolle Beziehung zu den im HV präsenten

Mitarbeitern entwickelt haben und das häufige Fehlen von bekannten Ansprechpartnern recht schnell als Mangel an Servicequalität gewertet wird.

Zum Personalstamm einer Filialkette, im Wesentlichen bestehend aus pharmazeutischem und nichtpharmazeutischem Personal, wird sich in Zukunft ein neuer Mitarbeitertyp hinzugesellen, den man wohl trefflichst als Projektmanager bezeichnen könnte. Seine Tätigkeit besteht in der gezielten Entlastung des Unternehmensleiters von betriebswirtschaftlichen und organisatorischen Aufgaben. Der Mitarbeiter wird vor allem mit komplexen Fragestellungen betraut sein, die nicht mehr nur für eine einzige Apotheke, sondern für den Verbund als Ganzes von großer Relevanz sind. Gleichzeitig sorgt er für das Einholen und die Aufbereitung von Informationen, die Grundlagen zukünftiger betrieblicher und marktstrategischer Entscheidungen des Inhabers darstellen. Durch die Implementierung des Projektmanagers erschließen sich sowohl große Wirtschaftlichkeits- als auch Effizienzreserven. Die Konzentrierung von Aktivitäten auf einen verbundinternen Ansprechpartner anstelle mehrerer über die Geschäftsstellen verteilter PKA oder PTA, die sich im Rahmen ihres üblichen Tagesgeschäftes komplexer betrieblicher Themen nur am Rande annehmen können, beschleunigt die betrieblichen Entscheidungsfindungsprozesse, verbessert deren Ergebnisqualität und trägt damit zu einem wesentlichen Wettbewerbsvorteil gegenüber „trägen" Mitbewerbern bei.

3.7 Warenlager

Der potenzielle Käufer muss die Ablösesumme für das Warenlager in seinem Investitionskonzept berücksichtigen. Da es sich beim Warenlager um ein bewegliches Gut mit ständig wechselndem Bestand, wechselnder Zusammensetzung, uneinheitlichen Verfalldaten (MHD) und divergierender Nachfragequote handelt, kann er nicht auf Bilanzwerte der vorangegangenen Jahre zurückgreifen. Einen ersten objektiven Anhaltspunkt wird eine Inventurliste geben, die von modernen Apothekenwarenwirtschaftssystemen „auf Knopfdruck" erzeugt werden kann. Bei sorgfältiger Pflege des Apothekensatzes sind auch die Verfalldaten eingetragen, womit die Bestandsliste die am Lager befindlichen Pakkungen nicht nur nach Art und Menge aufführen, sondern auch entsprechend ihrer Restlaufzeit klassifizieren kann. Kann keine Bestandsliste erzeugt werden oder deutet die erzeugte Liste auf nicht ordnungsgemäß gepflegte Bestände hin, empfiehlt es sich, einen auf Inventurwerterfassung spezialisierten Dienstleister mit der Anfertigung einer Bestandsliste zu beauftragen.

Trotz einer detaillierten Bestandsliste könnten einer raschen Einigung auf eine angemessene Ablösesumme gleich mehrere Hindernisse im Wege stehen. Der

AEK für apothekenpflichtige Medikamente wurde zu Jahresbeginn aus der Preisbindung entlassen. Je nach Interessenslage der Vertragsparteien könnte nun eine Diskussion darüber entbrennen, ob ein Zu- oder ein Abschlag auf den apothekenpflichtigen Anteil des Warenlagers angemessen sei. Seine Preisvorstellung für das Warenlager könnte der Verkäufer ferner mit einem Hinweis auf die seit 2004 deutlich verschlechterten Großhandelseinkaufskonditionen zu rechtfertigen versuchen, während der Übernahmewillige im gleichen Atemzuge auf die verbesserten Rabattangebote im Direktgeschäft verweist oder eine vermeintliche oder tatsächliche Überalterung der Warenbestände reklamiert und folglich auf eine Reduzierung der Ablösesumme dringt.

Für die aufgezeigten Probleme gibt es leider keine Patentlösung. Als gangbarer Weg bietet sich an, die von Pharmazeutischen Großhändlern üblicherweise angewandten Berechnungsweisen für den Fall der Rückgabe von Waren (Retourenregelung) als Grundlage der Wertermittlung zu vereinbaren. Kommt es bezüglich des Warenlagers noch immer zu keinem Konsens, verbliebe als letzte theoretische Möglichkeit, dass der Verkäufer sich vertraglich verpflichtet, das Warenlager auf eigenes Risiko an einen anderen Abnehmer zu veräußern (z.B. Großhandel) oder zu entsorgen und der Käufer für die Beschaffung eines komplett neuen Warenlagers (per Einrichtungsauftrag) verantwortlich zeichnet.

3.8 Wareneinkauf

Der Wareneinkauf bestimmt die wirtschaftliche Rentabilität einer Apotheke maßgeblich mit. Als eine der negativsten Auswirkungen des GMG sahen sich die Pharmazeutischen Großhändler zu Jahresbeginn gezwungen, die ihren Kunden gewährten Einkaufsvorteile drastisch zu kürzen. Für einen Apothekenmehrbesitzer bietet sich die Möglichkeit, durch einen gemeinsamen Einkauf Wirtschaftlichkeitsreserven zu erschließen. Allerdings sollte er hinsichtlich der Liefermodalitäten zwischen Direktbestellung und Großhandelsbestellung unterscheiden.

Bei der Direktbestellung handelt es sich um einen Einkauf unmittelbar ab Hersteller. Üblicherweise gewährt die Pharmazeutische Industrie bei größeren Bestellmengen höhere Rabatte, so dass eine gemeinsame Bestellung aller Verbundpartner mehreren isolierten Einzelbestellungen vorzuziehen ist. Sofern die Filialapotheken vernetzte Apothekenwarenwirtschaftssysteme unterhalten, können die Bestände der einzelnen Betriebseinheiten zu einem gegebenen Zeitpunkt elektronisch erfasst und in der Zentralapotheke zu einem Bestellvorschlag aufbereitet werden. Nach zentraler Auftragsvergabe erfolgt die Anlieferung der bestellten Waren wahlweise komplett an die Zentralapotheke (oder an eine über entsprechende Lagerkapazitäten verfügende Dependance). Die Sendung wird in ihrer Gesamtheit verbucht, gegebenenfalls zwischengelagert und zu geeigneten Zeitpunkten auf die Filialen verteilt. Alternativ kann die Warenzustellung auch an jeden Verbundteilnehmer gesondert entsprechend der ihm zustehenden Packungsmenge erfolgen.

Beide Vorgehensweisen sollen näher untersucht werden. Hebt das Unternehmensmodell auf eine zentrale Warenverarbeitung (v.a. Lieferschein- und Rechnungsprüfung, repräsentative Stichprobenziehung und Kontrolle kritischer Produktdaten und -eigenschaften, ggf. Reklamationsbearbeitung, Verbuchung, ggf. Zwischenlagerung) ab, um beispielsweise Personalaufwendungen im Beschaffungsbereich der übrigen Betriebsstätten zu minimieren, ist die zentrale Anlieferung Mittel der Wahl. Bestands- und Verfalldaten werden per EDV automatisch an die übrigen Betriebe übertragen. In den Dependancen beschränken sich die Tätigkeiten auf eine rudimentäre Eingangskontrolle und die Überführung der Waren in den HV- oder Lagerbereich. Existiert jedoch keine einheitliche Apotheken-EDV-Infrastruktur oder erscheint ein Transport aus der Zentralapotheke zu den Filialen aufgrund längerer Fahrtstrecken unrentabel, sollte eine nach Betriebsstätten getrennte Anlieferung vereinbart werden.

Auch bei den Großhandelsbestellungen wird das gestiegene Einkaufsvolumen im Verbund zu deutlichen verbesserten Einkaufskonditionen führen. Allerdings dürfte hier – bis auf wenige Ausnahmen - ausschließlich die dezentrale Bestell- und Belieferungsweise wirtschaftlich praktikabel sein. Es würde keinen Sinn ergeben, Großhandelsbestellungen zunächst an die Zentralapotheke weiterzuleiten und dort Personal und Ressourcen für die Aufbereitung und Weitergabe von Bestelldaten zu binden. Der schnellste und kostengünstige Weg besteht in der unmittelbaren Übertragung der Daten an die Auftragsannahmen der Pharmagroßhändler. Auch die Warentransfers sollten im direkten Austausch erfolgen. Viele Arzneimittel werden zeitnah benötigt; ein Umweg über die Zentralapotheke würde die Auslieferung nur unnötig verzögern. Ferner gilt zu bedenken, dass die Großhändler mehrmals am Tag beliefern: in ländlichen Regionen zwei bis dreimal täglich, in Großstadtlagen sogar durchschnittlich vier- bis sechsmal pro Tag. Würde man die zahlreichen Lieferungen, die für die einzelnen Filialapotheken bestimmt sind, zunächst in den Beschaffungsbereich der Zentralapotheke verbringen, dürften dort recht schnell Unübersichtlichkeit und die Gefahr von Verwechslungen erwachsen. Die Produkte müssten anschließend noch auf die Filialbetriebe verteilt werden. Die Kosten für den Aufbau eines Transportsystems (Personal, Pkw, Kraftstoff,

Wartungen und Reparaturen, Kfz-Steuer und Versicherung, Abnützung) würden in keiner Relation zum Nutzen stehen.

3.9 Servicequalität

Wertschöpfung wird innerhalb eines Unternehmens auf drei Ebenen realisiert:

- Idee, Design, Forschung und Entwicklung,
- Produktion bzw. Dienstleistungserstellung,
- Marketing, Verkauf und Vertrieb.

Während die Bereiche Idee, Design, Forschung und Entwicklung in öffentlichen Apotheken traditionell unterrepräsentiert sind, kommt den Ebenen Produktion beziehungsweise Dienstleistungserstellung sowie Marketing, Verkauf und Vertrieb eine um so wichtigere Rolle zu. Der Betreiber eines Unternehmensverbundes kann durch Benchmarking ermitteln, welcher Betrieb in welchem Segment besondere interne Servicequalitäten und Leistungsfähigkeiten aufweist. Aus diesen Erkenntnissen lässt sich beispielsweise eine Unternehmensstrategie entwickeln, die auf dem Prinzip der Diversifikation beruht. In diesem Zusammenhang ist zu berücksichtigen, dass die ApBetrO Filialapotheken als vollwertige Apotheken bezeichnet. So darf in einer Dependance beispielsweise das Laboratorium, ein Nachtdienstzimmer und ausreichender Lagerraum nicht fehlen. Der Betrieb muss stets der Arzneimittelversorgung Vorrang gewähren (§ 4 Abs. 1 ApBetrO). Solange der Verbundinhaber nicht gegen diese und andere apothekenrechtliche Bestimmungen verstößt, ist es seinem unternehmerischen Handeln freigestellt, bestimmte Wertschöpfungsschwerpunkte an dazu besonders geeigneten Standorten zu konzentrieren.

Eine idealtypische Vorgehensweise soll am Beispiel von Entwicklung, Produktion, Marketing und Vertrieb einer eigenen Kosmetikserie aufgezeigt werden. Die Präparateentwicklung wird am Filialstandort A positioniert, da das dortige pharmazeutische Personal über innovative Produktideen und verfahrenstechnologisches know how verfügt. Die eigentliche Herstellung der Eigenmarke erfolgt am Filialstandort B, zumal dort entsprechende maschinelle und personelle Ressourcen einschließlich ausreichender Produktions- und Lagerräumlichkeiten vorhanden sind. Business-to-Consumer-Strategien (B2C) werden am Standort C, der auch eine Versanderlaubnis unterhält, geplant und gemeinsam für alle Verbundaktivisten realisiert. Für weiterführende Literatur zum Thema Kosmetikherstellung in der Apotheke wird auf die Publikationen von Strobel, Köstler und Spielvogel (2003) verwiesen.

Sicherlich werden sich viele Apotheker auch über die externe Servicequalität ihrer Filialapotheke(n) respektive des gesamten Filialverbundes Gedanken machen. Die Servicequalität umfasst alle betrieblichen Maßnahmen, die ergriffen werden, um die Akzeptanz des Kunden für die betreffende Apotheke zu erhöhen (Stichwort: Kundenzufriedenheit). Unter dem Begriff lassen sich Aspekte, wie beispielsweise Servicekultur, Servicementalität, Servicezuverlässigkeit, Sortimentsbreite und –tiefe, Mitarbeiterzahl und -qualifikation subsumieren. Im Folgenden sollen drei typische Formen der Servicequalität diskutiert werden: Full-Service, Spezialisierung und Low-Service.

1. Full-Service

Full-Service war bislang die Maxime jeder eigentümergeführten Präsenzapotheke, um im Wettbewerb der Anbieter bestehen zu können. Zwar lässt sich bei vielen Individualapotheken bereits eine mehr oder minder ausgeprägte Tendenz zur Spezialisierung auf bestimmte Zielkunden, Ergänzungssortimente und Dienstleistungsbereiche feststellen. Als Beispiele mit hohem Wertschöpfungspotenzial seien an dieser Stelle Ernährungsberatung (Hennies [2000]), Verkauf von homöopathischen Arzneimitteln (Wiesenauer [1984]) und Hauttypbestimmung (Spielvogel und Köstler [2003]) genannt. Doch konnte es sich bislang kein Marktteilnehmer erlauben, die vom Kunden als apothekenüblich erachteten Kerndienstleistungen komplett unbesetzt zu lassen. Nachteilig hierbei ist jedoch, dass die Bereithaltung von Kapazitäten für die Leistungserstellung Kapital und Ressourcen bindet sowie Festkosten verursacht.

2. Spezialisierung

In Fällen, in denen die Übernahme einer oder mehrerer Filialunternehmen quasi zu einer Alleinstellungsposition am regionalen Markt führt, wird die Frage nach einer ausgeprägten Spezialisierung der Betriebe schnell zu Antworten führen. Zwar müssen Haupt- und Filialapotheken(n) hinsichtlich der Vorratshaltung von Arzneimitteln (§ 15 Abs. 1 ApBetrO) Vollsortimenter sein, um dem gesetzlichen Versorgungsauftrag zu genügen und Kundenwünsche zeitnah erfüllen zu können. Allerdings bietet sich die Möglichkeit zu einer ausgeprägten Spezialisierung der Verbundmitglieder hinsichtlich ihrer Ergänzungssortimente und des Dienstleistungsspektrums. Gleichzeitig werden Segmente, die zukünftig nicht mehr zum Kernleistungsspektrum des Einzelbetriebes gehören, an die Verbundpartner „outgesourct“. Zum Verständnis soll auf die unter (1) genannten Beispiele zurückgegriffen werden. Filialbetrieb A bietet Ernährungsberatung an, Filiale B spezialisiert sich auf die Betreuung von Homöopathiekunden, Filialunternehmen C führt exklusiv Hauttypbestimmungen durch und betreut verantwortlich das Produktsegment „Medizinische

Kosmetik". Die Leistungen können natürlich auch den übrigen Verbundpartnern auf Anforderung zur Verfügung gestellt werden, zum Beispiel im Rahmen von Aktionstagen, die in allen Filialen zum gleichen Thema abgehalten werden. Mittels dieser Spezialisierungsstrategie kann sich jede Filialapotheke mit einer auf ihre individuellen Stärken und Ressourcen zugeschnittenen Palette an Fähigkeiten präsentieren und so zu einem vielfältigen Serviceangebot im Apothekenverbund beitragen, das sich an eine breite Käuferschicht wendet. Gleichzeitig tritt für die Einzelunternehmen die betriebswirtschaftlich wünschenswerte Situation ein, dass ein Teil der ursprünglich für den Full-Service zu erbringenden Festkosten nun komplett entfällt beziehungsweise zu variablen Kosten umgewandelt wird für den Fall, dass Leistungen der Partnerapotheke in Anspruch genommen werden.

3. Low-Service

Ein Low-Service wird vor allem dort Einzug halten, wo Personal und Öffnungszeiten auf ein Mindestmaß reduziert werden. Weder sind mehr Kerndienstleistungen noch spezialisierte Leistungen im erforderlichen Umfang zu erbringen, da das knappe Personal durch reine Verkaufsaktivitäten gebunden ist. Finden die Kunden im Einzugsgebiet nicht mehr den bislang gewohnten beziehungsweise von Apotheken üblicherweise erwarteten Servicestandard vor, besteht nicht nur eine Gefahr für die Akzeptanz der neuen Filialapotheke. Der Ruf des gesamten Verbundes kann auf diese Weise Schaden nehmen, mit unvorhersehbaren ökonomischen Folgen.

Die erlebte Servicequalität wird im Zuge der Leistungserstellung immer wichtiger. Einweisung, Schulung, Kundendienst, laufende Anpassungen und zugehörige Dokumentation erreichen einen immer größeren Anteil der Wertschöpfungskette, unter Umständen jedoch auch der Kosten, sofern sie nicht honoriert werden. Als Fazit ist zu empfehlen, eine maßvolle Spezialisierung der Betriebseinheiten zu diskutieren und eine Reduzierung von Personal und Öffnungszeiten stets nur als letzte Möglichkeit in Betracht zu ziehen.

3.10 Qualitätsmanagement

Unternehmen, die als sogenannte lernende Organisationen ihre Betriebsabläufe einem kontinuierlichen Optimierungsprozess unterwerfen, besitzen ein stark erhöhtes Potenzial, auf Marktveränderungen rasch und bedarfsgerecht reagieren zu können. Die Standards, die in der Qualitätspolitik des Inhabers am Hauptstandort zum Ausdruck kommen, sollten auch auf die hinzutretenden Filialbetriebe übertragen werden. Die auf den Informationstransfer abzielende

Vorgehensweise wird sich maßgeblich an der Frage orientieren, ob die Hauptapotheke bereits mit einem Qualitätsmanagementsystem gemäß der Norm DIN EN ISO 9001:2000 arbeitet. Existiert ein zertifiziertes QM-System, können die dortigen Prozessabläufe als Richtschnur für eine Ausgestaltung der Filialorganisationsstrukturen herangezogen werden, wobei es wichtig ist, dass betriebliche Besonderheiten der Dependancen in der Darlegung des QM-Systems Berücksichtigung finden. Ist noch kein Qualitätsmanagementsystem implementiert, sollte die Chance genutzt werden, dessen Einführung in allen Betriebsstätten simultan zu betreiben. Der Unternehmensleiter dürfte bei der stark gewachsenen Fülle administrativer Tätigkeiten kaum noch selbst in der Lage sein, Planung und Einführung in eigener Person zu betreiben. Die Empfehlung ergeht, einen qualifizierten Projektmanager mit der Etablierung und kontinuierlicher Pflege des verbundsinternen QM-Systems zu beauftragen. Der Projektleiter (sog. QM-Beauftragter) wird in den einzelnen Betriebsstätten Qualitätszirkel gründen, Aufgaben und Verantwortlichkeiten delegieren, Audits durchführen, auf die fristgerechte Umsetzung des Implementierungszeitplanes achten und den Filialinhaber über erzielte Fortschritte und aufgetretene Schwierigkeiten auf dem Laufenden halten. Bei einfühlsamer, aber dennoch zielgerichteter Vorgehensweise wird sich über die Anforderungen der Norm hinaus ein Zusammengehörigkeitsgefühl der Betriebseinheiten (Organisation) entwickeln und eine verbundsspezifische Corporate Identity zur Ausbildung gelangen. Eine positive Fortentwicklung des Systems wird ganz wesentlich durch kontinuierliche Personalschulungen und die Erkennung, Förderung und Anerkennung individueller Kompetenzen von Mitarbeitern sowie deren konsequente Einbindung in betriebliche Entscheidungsprozesse gefördert. Auch einem wirksamen Kundenbindungs- und Reklamationsmanagement wird in Zeiten enger werdender Märkte eine stetig wachsende Bedeutung zukommen. Qualitätsmanagement ist keine Spielwiese für Theoretiker, sondern Mittel zum Zweck. Die getätigten Maßnahmen tragen maßgeblich zur Stabilisierung eines die Existenz der Organisation gewährleistenden wirtschaftlichen Fundamentes bei. Fortwährender wirtschaftlicher Erfolg wird realisiert, wenn die Kundenerwartungen unter Maßgabe rechtlicher Bestimmungen nicht nur erfüllt, sondern Schritt für Schritt übertroffen werden (Continuous Process Improvement CPI).

Danksagung

Für Tipps und wertvolle Anregungen bedankt sich der Autor bei den Herren Dietmar Becker, VSA Verrechnungsstelle der Süddeutschen Apotheken GmbH, München, Thomas Bald und Reinhold Galgon, beide Lauer-Fischer GmbH, Fürth und Stephan Wabel, Steuerkanzlei H. Wabel, Wunsiedel. Für die

Überlassung von Informationen und Materialien wird Herrn Werner Stemmermann, Hülsebeck Geschäftseinrichtungen GmbH, Oberhausen, großer Dank ausgesprochen. Frau Martina Dehner, Würzburg, und Frau Nikola Spielvogel sei für die kritische Durchsicht des Manuskripts herzlich gedankt.

3.11 Literatur

ATG Aktionsforum Telematik im Gesundheitswesen: Management-Papier „Elektronisches Rezept". GVG Gesellschaft für Versicherungswissenschaft und –gestaltung e.V., Köln (2001)

Brandes, D.: Die 11 Geheimnisse des ALDI-Erfolgs. 1. Auflage, Campus Verlag, Frankfurt, New York (2003)

Hennies, S.: Künstliche Ernährung und Ernährungsberatung. In: Braem, P., (Hrsg.): Apothekenübliche Dienstleistungen. Deutscher Apotheker Verlag, Stuttgart (2000)

Karst, K., Segler, T., Gruber, K.F.: Unternehmensstrategien erfolgreich umsetzen durch Commitment Management. 1. Auflage, Springer-Verlag, Berlin, Heidelberg, New York (2000)

Leetsch, W. (Hrsg.): Wirtschaftshandbuch für die Apotheke. 9. Ergänzungslieferung, Govi-Verlag Pharmazeutischer Verlag GmbH, Eschborn (2003)

Schlosser, E.: Fast Food Gesellschaft. Die dunkle Seite von McFood & Co. 1. Auflage, Riemann Verlag, München (2002)

Strobel, H., Köstler, G., Spielvogel, H.: Kosmetikherstellung in der Apotheke, Deutsche Apotheker Zeitung, Nr. 12, S. 79 – 81, Nr. 13, S. 81 – 85, Nr. 14, S. 74 - 76, Nr. 15, S. 126 – 129, Nr. 17, S. 66 – 69, Nr. 18, S. 74 – 77, Deutscher Apotheker Verlag, Stuttgart (2003)

Spielvogel, H., Köstler, G.: Hauttypbestimmung. In: Braem, P., (Hrsg.): Apothekenübliche Dienstleistungen. Deutscher Apotheker Verlag, Stuttgart (2003)

Wiesenauer, M.: Homöopathie für Apotheker und Ärzte. 10. Ergänzungslieferung, Deutscher Apotheker Verlag, Stuttgart (2000)

Witte, A., Zur Mühlen, D.: Apothekenbewertung: Kauf und Verkauf von Apotheken. 2. Auflage, Deutscher Apotheker Verlag, Stuttgart (2001)

4 Anhänge

4.1 Apotheken-Checkliste

zur Erstellung des Zustandsberichts einer in Betrieb befindlichen Apotheke

1 AUSSEN

1.1	**Fassade**	Zustand? Anstrich? Sauberkeit? Reichweite?
1.2	**Werbeanlagen**	Reichweite? Erkennbarkeit / Helligkeit? Logo / Namen? Sauberkeit?
1.3	**Schaufenster**	Reichweite? Attraktivität? Transparenz? Sauberkeit? (Blumen gesund? Tote Fliegen? Staub?) Dekoration?
1.4	**Eingangsbereich**	Zugänglichkeit? Zustand? Sauberkeit? Erkennbarkeit / Führung?
1.5	**Sonstiges**	Parkplatzsituation? Rampen / Rollstuhlaufzug? Blumenrabatte? Fahrradständer? Hunderinge / Wassernapf?

2 INNEN

2.1 Offizin

2.1.1 Allgemein

Platzverhältnisse?
Gesamteindruck?
Kundenführung?
Übersichtlichkeit?
Sauberkeit? (Oberböden!)
Raumausleuchtung?

2.1.2 Handverkauf

Ausrichtung?
Beleuchtung?
Kommunikation möglich?
Einzelplätze?
Platzangebot?
Höhe?
EDV-Situation?
Funktion?
Aufsteller zu dominierend?
Kinder und Rollstuhlfahrer: geeignet?
EC-Cash?

2.1.3 Sichtwahl

Übersichtlichkeit?
Themenorientierung?
Füllung?
Blöcke erkennbar?
Beleuchtung?
Indikation?

2.1.4 Freiwahl

Übersichtlichkeit?
Themenorientierung?
Füllung? (Regalleichen vorhanden?)
Beleuchtung?
Kategorien oder Depots?
Indikation?
Vollständigkeit?

2.1.5 Mittelelemente

Übersichtlichkeit?
Themenorientierung?
Füllung?

Beleuchtung?
Indikation?
Vollständigkeit?
Flexibilität?

2.1.6 Sonstiges

Kinderecke?
Beratungsplatz?
Literaturangebot?
Warteplätze?
Internetangebot?
Wickeltisch?
Platz für Kinderwagen?
Dekoration?
Wasserspender?
Schirmständer?
Infoplatz?
Einpacktisch?
Kassenplatz?
Multimediapräsentation?

2.2 Backoffice

2.2.1 Allgemein

Funktionen?
Sauberkeit? (Oberböden!)
Beleuchtung?
Teamorientierung?
Kommunikation?
Transparenz?
Kontrolle?

2.2.2 Spezialitätenlager

Regale / Schränke?
Ziehschränke?
Schubladenschränke?
Rollschränke?
Kommissionierautomat?
Größe?
Kapazität?
Lagerumsatzgeschwindigkeit?
Apotheken-EDV-System?
Kühlschrank?
BTM-Unterbringung?

2.2.3 Übervorrat	Größe? Übersichtlichkeit? Ein- und Nachräumaufwand? Sauberkeit?
2.2.4 Nachtdienstzimmer + Personalraum	Größe? Sauberkeit? Sitzgelegenheit? TV / Radio? Kochstelle? Handwaschbecken?
2.2.5 Büro	Erfordernisse?
2.2.6 Laboratorium	Einhaltung gesetzlicher und behördlicher Bestimmungen? Größe? Sauberkeit? Abzug? Geräte und Prüfmittel? Revisionsfähigkeit? Beleuchtung?
2.2.7 Sanitärräumlichkeiten	Sauberkeit? Dusche vorhanden? Beleuchtung? kundengeeignet?
2.2.8 Sonstiges	Anlieferschleuse? Weitere Funktionsräume? Deren Lage, Größe, Anbindung? Klimaanlage? Gesetzliche Aushänge vorhanden? Feuerlöscher? Fluchtweg(e)?

4.2   Muster eines Filialleiter-Arbeitsvertrages

ARBEITSVERTRAG

Zwischen

Herrn/Frau Apotheker(in) ...., Betreiber(-in) der

.... -Apotheke (Haupt-Apotheke) und der Filial-Apotheken:

1)   ....

2)   ....

3)   ....

- im Folgenden Apothekenbetreiber(in) genannt -

und

Herrn/Frau ....

wohnhaft in ....

- im Folgenden Arbeitnehmer genannt -

wird folgender Arbeitsvertrag geschlossen:

§ 1
Aufgabenbereich

(1) Der Arbeitnehmer wird als approbierter Apotheker für den Apothekenbetreiber eingestellt. Er ist verpflichtet, alle verkehrsüblichen Tätigkeiten und Verantwortlichkeiten eines approbierten Apothekers wahrzunehmen, insbesondere den Apothekenbetreiber als Apothekenleiter zu vertreten. Die Anstellung erfolgt in gleicher Weise für die Haupt-Apotheke und sämtliche Filial-Apotheken. Der Arbeitnehmer kann an allen Orten beschäftigt werden, an denen der Apothekenbetreiber eine solche Apotheke unterhält.

(2) Der Arbeitnehmer ist außerdem verpflichtet, die Regelungen einer eventuell bestehenden Betriebsordnung in ihrer jeweiligen Fassung einzuhalten.

Wenn eine solche Betriebsordnung besteht, wird der Apothekenbetreiber sie dem Arbeitnehmer aushändigen und Änderungen mitteilen. Der Arbeitnehmer ist verpflichtet, den Empfang der Betriebsordnung bzw. ihre Änderung schriftlich zu bestätigen.

§ 2
Leitung einer Filiale

(1) Der Arbeitnehmer wird auf Verlangen des Apothekenbetreibers als verantwortlicher Apotheker im Sinne von § 2 Abs. 5 Nr. 2 ApoG die Leitung einer Filial-Apotheke übernehmen. Der Apothekenbetreiber ist berechtigt, den Arbeitnehmer gegenüber der Behörde als Verantwortlichen für eine Filial-Apotheke zu benennen.

(2) Macht der Apothekenbetreiber von dem Recht nach Abs. 1 Gebrauch, sind dem Arbeitnehmer alle mit der Leitung der Filial-Apotheke zusammenhängenden Pflichten übertragen. Der Arbeitnehmer hat insbesondere

- das pharmazeutische Personal zu beaufsichtigen,
- dafür zu sorgen, dass die Apothekenbetriebsordnung jederzeit eingehalten ist,
- die durchgehende ordnungsgemäße Anwesenheit eines approbierten Apothekers sicherzustellen,
- dafür Sorge zu tragen, dass sämtliche sonstigen gesetzlichen Bestimmungen oder behördlichen Anordnungen eingehalten werden.

(3) Unbeschadet seiner Pflichten als Leiter der Filial-Apotheke hat der Arbeitnehmer alle Fragen der Leitung der Filial-Apotheke vorher mit dem Apothekenbetreiber abzustimmen. Der Arbeitnehmer hat den Apothekenbetreiber ständig über alle wesentlichen Vorgänge in der Filial-Apotheke zu informieren. Dem Apothekenbetreiber bleibt vorbehalten, allgemeine Richtlinien zur Leitung von Filialapotheken zu erlassen und jederzeit zu ändern.

(4) Macht der Apothekenbetreiber von dem Recht nach Abs. 1 Gebrauch, erhält der Arbeitnehmer eine auf den Betrieb der Filial-Apotheke beschränkte Handlungsvollmacht. Diese Handlungsvollmacht berechtigt den Arbeitnehmer zur rechtsgeschäftlichen Vertretung des Apothekenbetreibers

- im Rahmen des üblichen Apothekenbetriebs gegenüber Kunden und
- im Hinblick auf Rechtsgeschäfte, die zwingend für die Erfüllung der Pflichten eines Apothekenleiters nach dem Apothekengesetz und der Apothekenbetriebsordnung erforderlich sind.

Darüber hinaus ist der Arbeitnehmer nicht zur Vertretung des Apothekenbetreibers berechtigt. Der Apothekenbetreiber kann die Handlungsvollmacht jederzeit weiter einschränken oder vollständig widerrufen. Die beschränkte Handlungsvollmacht ändert nichts daran, dass der Arbeitnehmer verpflichtet bleibt, die Regeln über die Filialleitung einzuhalten, insbesondere sich bei allen Maßnahmen der Leitung zuvor mit dem Apothekenbetreiber abzustimmen.

§ 3
Arbeitszeit/Notdienst

(1) Die regelmäßige wöchentliche Arbeitszeit beträgt .... Stunden. Die zeitliche Lage wird gemäß den betrieblichen Erfordernissen durch den Apothekenbetreiber festgelegt.

(2) Der Arbeitnehmer ist darüber hinaus verpflichtet, Mehrarbeit zu leisten, soweit dies betrieblich erforderlich ist. Der Arbeitnehmer wird insbesondere Notdienstbereitschaften leisten.

§ 4
Vergütung

Die monatliche Grundvergütung beträgt brutto .... Euro. Darin ist die Vergütung von Mehrarbeit und Notdienstbereitschaften enthalten.

§ 5
Arbeitsverhinderung

Ist der Arbeitnehmer an der Erbringung seiner Arbeitsleistung verhindert, so hat er den Grund für die Arbeitsverhinderung und die voraussichtliche Dauer dem Apothekenbetreiber so frühzeitig wie möglich mitzuteilen. Im Übrigen gilt das Entgeltfortzahlungsgesetz.

§ 6
Urlaub

Der Urlaubsanspruch pro Kalenderjahr beträgt .... Arbeitstage auf der Grundlage einer Kalenderwoche mit 6 Arbeitstagen. Im Übrigen gilt das Bundesurlaubsgesetz.

§ 7
Geheimhaltung

Der Arbeitnehmer wird über alle Betriebs- oder Geschäftsgeheimnisse des Apothekenbetreibers sowie alle sonstigen ihm im Rahmen seiner Tätigkeit für die Haupt-Apotheke oder eine der Filial-Apotheke zur Kenntnis gelangenden Angelegenheiten und Vorgänge erkennbar vertraulicher Art Stillschweigen zu bewahren. Der Arbeitnehmer wird dafür sorgen, dass Dritte nicht unbefugt

Kenntnis erhalten. Die Verpflichtung zur Geheimhaltung besteht über die Beendigung des Arbeitsverhältnisses hinaus.

§ 8
Arbeits- und Geschäftsunterlagen

Die Anfertigung von Aufzeichnungen und Unterlagen aller Art erfolgt ausschließlich zu dienstlichen Zwecken und für dienstlichen Gebrauch. Der Arbeitnehmer wird alle Aufzeichnungen und Unterlagen jeder Art sowie davon etwa gefertigte Abschriften und Kopien oder Mehrstücke ordnungsgemäß aufbewahren und dafür Sorge tragen, dass Dritte nicht Einsicht nehmen können. Alle Unterlagen sind bei Beendigung des Vertrages oder bei Freistellung vor dem Zeitpunkt der Beendigung unverzüglich und unaufgefordert sowie vollständig an den Apothekenbetreiber zurückzugeben. Ein Zurückbehaltungsrecht ist ausgeschlossen.

§ 9
Nebentätigkeit

Der Arbeitnehmer verpflichtet sich, jede bei Vertragsschluss schon ausgeübte oder später beabsichtigte, entgeltliche Nebentätigkeit dem Apothekenbetreiber unaufgefordert und rechtzeitig mitzuteilen. Der Apothekenbetreiber ist berechtigt, dem Arbeitnehmer die Nebentätigkeit zu untersagen, wenn und soweit dadurch eine Konkurrenzsituation zu einer vom Apothekenbetreiber unterhaltenen Apotheke entsteht, gegen Vorschriften des Arbeitszeitgesetzes verstoßen wird, die ordnungsgemäße Erfüllung der Pflichten des Arbeitnehmers aus dem Arbeitsverhältnis gefährdet wird oder sonstige berechtigte Interessen des Apothekenbetreibers erheblich beeinträchtigt sind.

§ 10
Vertragsdauer

(1) Das Arbeitsverhältnis beginnt am .... und ist unbefristet.

(2) Die ersten 6 Monate gelten als Probezeit, während der das Arbeitsverhältnis mit der gesetzlichen Kündigungsfrist (2 Wochen) gekündigt werden kann.

(3) Nach Ablauf der Probezeit gelten beiderseits die gesetzlichen Kündigungsfristen. Verlängerungen der gesetzlichen Kündigungsfrist für den Apothekenbetreiber gelten auch für Kündigungen durch den Arbeitnehmer.

(4) Das Recht zur Kündigung aus wichtigem Grund bleibt unberührt. Eine fristlose Kündigung gilt im Fall ihrer Unwirksamkeit zugleich als fristgemäße Kündigung zum nächst zulässigen Termin.

(5) Jede Kündigung bedarf zu ihrer Wirksamkeit der Schriftform.

(6) Das Arbeitsverhältnis endet mit Ablauf des Monats, in dem der Arbeitnehmer das 65. Lebensjahr vollendet, ohne dass es einer Kündigung bedarf.

§ 11
Ausschlussklausel

Alle Ansprüche des Arbeitnehmers aus dem und in Zusammenhang mit dem Arbeitsverhältnis verfallen, wenn sie nicht binnen einer Frist von 2 Monaten nach Fälligkeit schriftlich geltend gemacht wurden. Nach Ablauf dieser Frist erlöschen alle Forderungen des Arbeitnehmers.

§ 12
Gesundheitserklärung

Der Arbeitnehmer versichert, dass er nicht an einer ansteckenden Krankheit leidet und keine körperlichen oder gesundheitlichen Mängel verschwiegen hat, die eine Tätigkeit als approbierter Apotheker ausschließen oder beeinträchtigen.

§ 13
Schlussbestimmungen

(1) Nebenabreden außerhalb dieses Vertrags bestehen nicht. Änderungen und Ergänzungen bedürfen zu ihrer Wirksamkeit der Schriftform. Das gilt auch für die Aufhebung des Schriftformerfordernisses.

(2) Sollten einzelne Bestimmungen dieses Vertrages ganz oder teilweise unwirksam sein oder werden, so berührt das die Wirksamkeit der übrigen Bestimmungen nicht. Lückenhafte oder unwirksame Regelungen sind so zu ergänzen, dass eine andere angemessene Regelung gefunden wird, die wirtschaftlich dem am nächsten kommt, was die Parteien unter Berücksichtigung der mit dem Arbeitsverhältnis verfolgten Zwecke gewollt hätten, wenn sie die Lückenhaftigkeit oder Unwirksamkeit bedacht hätten.

§ 14
Hinweis

Der Apothekenbetreiber weist darauf hin, dass auf das Arbeitsverhältnis weder Betriebsvereinbarungen noch Tarifverträge Anwendung finden.

...................., den ...., den ....

—————————————————   —————————————————
Apothekenbetreiber   Arbeitnehmer

5   Sachregister

Abschöpfungsgrad 30
Ärzte
-, Ärztehaus-Apotheke 26
-, Verordnungsvolumina 29
Apotheken
-, Center-Apotheke 24
-, Checkliste 223 ff.
-, Einrichtung 196
-, Modellrechnungen 48 ff.
-, Register 21
-, typen 21 ff.

Arbeitsrecht
-, Betriebsrat 39, 152 ff.
-, Filialleiter 148
-, Kündigung 149 ff.
-, Kündigungsschutz 38 ff., 150 ff.
-, sonst. Personal 149
-, Übersicht, Fallen 38 ff.
Arbeitsvertrag (Entwurf) 229
Ausdehnung, räumliche 116
Ausgangsposition, persönliche 13 ff.
Automatisierung 57, 198 ff.

Backoffice-Bereich 195
Berufsrecht 157 ff.
Betrieb, laufender 146 ff.
Betriebsbeginn 109
Betriebsrat 38 ff., 148 ff.
Betriebsverfassungsrecht 152
Botendienst 208
Break-even 55
Btm-Nummer 125

Checkliste
-, persönliche Voraussetzungen 20
-, Apothekenübernahme 225
Controlling 66

Ehepartnerapotheken 178
Eingangsbereich 190
Einrichtungsgrundriss 194

Entlastungseffekte 57
Erlaubnisbehörde 118

Faktoren
-, apothekenspezifische 32
-, Frequenz- 30
-, ortsspezifische 32
-, Umfeld 20
Farbe, Wirkung 188
Fassadengestaltung 187
Filialapotheke
-, Alternativen 72
-, Neugründung 36, 177 ff.
-, optimale Zahl 66
-, rechtliche Rahmenbeding. 75 ff.
-, schließen 68
-, Übernahme 36, 178, 180
-, Wege zur 35
Filialgründungskonzept 177
Filialleiter
-, apothekenrechtlicher Status 126
-, Arbeitsrecht 148
-, arbeitsrechtlicher Status 132
-, berufsrechtlicher Status 125
-, Haftung 135
-, handelsrechtlicher Status 134
-, persönl. Apothekenleitung 127
-, praktische Gesichtspunkte 213
- und oHG-Gesellschafter 126
-, zivilrechtlicher Status 134
Firmenrechtliche Anforderungen 136
Fremd- und Mehrbesitzverbot 87
-, verfassungsrechtlicher Status 105
Frequenzfaktoren 30
Full-Service-Apotheke 219

Gewerbe
- und Apotheke 84
-, Anzeige 124

Haftung
-, nach GMG 102

-, persönliche 89
Heilberuf, freier 78

Innenbereich, Apotheke 191
Irreführungsverbot 141

Kapitalverzinsung 59
Kartellrecht 123, 161 ff.
Kommissionierautomaten 57, 199 ff.
Kreise, benachbarte
-, Auslegung 116
Kündigung, Arbeitsverhältnis 150

Lagersysteme 199 ff.
Land-Apotheke 21
Lebenseinkommensmodell 16 ff.
Leitender Angestellter 132 ff.
Liquidität 64
Low-Service-Apotheke 220

Marktbeherrschung 162, 165
Marktpotenzial 34
Mehrbesitzerlaubnis 109
Mini-Max-Lösung 53
Morphologischer Kasten 185
Motive (Filialübernahme) 13 ff.

Nettoeinkommen 17 ff.

Öffnungszeiten 210 ff.
Offizin 192
OHG-Modell 37, 129 ff.
Operativer Gewinn 52 ff.

Pachtapotheken 114
Parkplätze 187
Partiarische Rechtsverhältnisse
-, nach GMG 102
-, Verbot 90
Personalkosten 48 ff.
Preis, strategischer für Filiale 181
Projektplan 185

Qualitätsmanagement 220

Rechtsschutz 121
Rentabilität 59
Ressourcen, persönliche 15

Schaufenster 198
Servicequalität 218
Sicherheitsgrad 55
Standortbegutachtung 21
Synergieeffekte 59 ff.

Tarifvertragsrecht 153

Übernahme
-, feindliche 180
-, freundliche 178
-, Checkliste 45, 225
Überwachung, berufsrechtliche 82
Umfeldanalyse 20
Umsatzpotenziale 27, 34
Unternehmen
-, Begriff 94
-, Zweck 95
-, Zweck nach GMG 99

Verantwortlichkeit
-, für Filiale 131
Verfassungsrecht
-, Beurteilung der Apotheke 104
Vermögensbilanz 18
Verordnungen 28
-, nach Arztgruppen 29
Versandhandel 208
Vielbesitzverbot 99

Wareneinkauf 216
Warenlager 43, 215
Warenwirtschaftssysteme 203
Werbeanlagen 189
Wettbewerbsrecht 154 ff.
Widerspruch 121
Wirtschaftliche Aspekte 47 ff.

Zweigniederlassungen
-, handelsrechtlicher Status 97